ROSA LUXEMBURG
战争与革命时期的一位女革命家

罗莎·卢森堡

【德】米夏埃尔·布里　【德】约恩·许特隆普夫　著
胡晓琛　高杉　译

中央编译出版社

没有平等的自由就是剥削
没有自由的平等就是压迫
团结是自由和平等的源泉

"共产主义［……］——让它的实践走得远远的，但上帝把它保留给我们，作为一种笼罩在有产者头上的持续威胁。这些有产者为了守住自己的财产，想要把所有其他人赶到饥饿和爱国荣誉的前线，并安慰他们说，生命并非至高无上。上帝把共产主义保留给我们，这样，这群由于粗鲁而不知进退的乌合之众就不会变得更加粗鲁；这样一来，完全由有资格享乐的人组成的社会——他们认为，臣属于他们的人们从他们那里染上梅毒便得到了足够的爱——至少可以带着噩梦上床睡觉了！这样，他们至少会失去向受害者宣扬道德的欲望，也会失去取笑对方乐趣！"①

卢森堡"极为深沉的灵魂不知隔阂或障壁为何物。对她来说，宇宙是一个活生生的变化过程。在这个过程中，杠杆和氧气罐不能取代自然界的作用；在这个过程中，人的斗争、搏斗、奋斗，个人斗争、世代斗争、等级斗争和阶级斗争等伟大斗争，都是变化的形式。因此，在这些形式中，她不希望任何人由于一切自会发生而放弃斗争；在这些形式中，她希望出现最活跃的斗争，因为斗争是最活跃的变化形式。"②

---

① Kraus 1920a: 5.
② Levi 1969: 130.

序　言

罗莎·卢森堡基金会是一家以德国—波兰革命家、马克思主义理论家罗莎·卢森堡女士命名的德国基金会。罗莎·卢森堡的政治遗产和著作是世界社会主义理论和实践的一部分，直至今日，它们依旧是基金会国际工作的指导准则、社会主义—马克思主义传统的核心支柱和实践灵感。

因此，我们很开心地看到，由知名德国左翼学者米夏埃尔·布里教授和约恩·许特隆普夫教授共同撰写的本书中文版经过漫长的前期准备，终于在2024年正式出版了！

近年来，罗莎·卢森堡基金会一直致力于系统地研究、整理、翻译和出版罗莎·卢森堡的著作、手稿、书信和札记等文献。目前，我们与武汉大学哲学院合作的中文版《罗莎·卢森堡全集》八卷本目前已经推进到第三卷。该中文版《全集》根据《罗莎·卢森堡全集》德文版、参考《罗莎·卢森堡全集》英文版、同时延续《卢森堡文选》中文版上、下卷的体例，采取以时间为序、结合文献与思想的内在关联上进行分卷，以更充足、更丰富的一手文献使人们全面客观地了解罗莎·卢森堡的思想、著作和革命活动。

除了翻译罗莎·卢森堡的经典文献本身，罗莎·卢森堡基金会（德国）北京代表处同时积极在中国推介欧洲左翼思想家最新的罗莎·卢森堡研究成果。翻译本书、把欧洲左翼学者最新的、较有影响力的罗莎·卢森堡思想的理论反思引入中国话语，就是这样的一种尝试。我们相信，知名德国左翼学者米夏埃尔·布里教授和约恩·许特隆普夫教授的最新研究力作，必将丰富中国的罗莎·卢森堡研究。

罗莎·卢森堡：20世纪的社会主义追寻者

卢森堡是欧洲左翼阵营中最不寻常的一个人物，正如作者在本书中提到："罗莎·卢森堡既不是像列宁那样的战略家、像托洛茨基那样的组织者、像考茨基那样的理论家，也不是像伯恩斯坦那样的怀疑论者，更不是像葛兰西那样的有机知识分子"。

在本书中，作者并没有对她进行简单僵化的划分和归类，而是进行了开放的解读：她的生活、她的愿景和决定、她的希望和理解——所有这些都在她所处时代的历史背景下得到解释——供读者自己解读。作为马克思主义者的罗莎·卢森堡，首先是个饱满的个人，她多才多艺，拥有那个年代的普通女性所不具有的博士学历；她对自然界的弱小生命、对世人持有一种悲悯的心理和无限的同情，两者的结合使得她思考社会问题背后的立场和出发点，永远都站在弱者和普通民众的立场上，为他们挣得自由、民主、平等和解放，甚至不惜付出生命的代价。

序　言

　　罗莎·卢森堡也是启蒙时代的孩子。她知道，如果没有启蒙运动，就不可能有为资本主义时代扫清道路的法国大革命。基于资本主义生产方式的现代权力和统治，其支配思想体现在国家、军队、学校、教会和公开讨论中。

　　对于罗莎·卢森堡而言，摆脱压迫和剥削必须从摆脱这种思想支配开始。这将是革命性变革资本主义社会条件的第一步，也是不可替代的一步。因此，她最关心的不是无产阶级组织成员人数的增加，而是他们自信心的增强和政治行动能力的提高。她关注的是无产阶级通过联合行动学会克服自身的无能为力，通过参与革命运动意识到自身的力量，通过日常斗争意识到自身真正的利益。因此，卢森堡的思想是有机的。她的理论和政治思考追寻的是一条通往解放的永久变革之路，而这种变革是不可逆转的。

　　这也是她所理解的社会主义的出发点。卢森堡全部的魅力在于"以改变世界与改变自我相统一的方式，践行了作为团结的解放运动的社会主义"。

　　作者在本书中完整地回溯了卢森堡整个生命历程中对社会主义的探索，不厌其烦地介绍了卢森堡探索社会主义的方法论，比如她如何提出问题，如何探索，探索过程的各个阶段以及最终令人扼腕惋惜地挫败，而从书中吸取现成的知识和结论并没有那么重要。

　　卢森堡提出以彻底的变革政治超越资本主义的社会主义战略，而这个探索的起点开始于她1893年制定俄属波兰社会主义战略的斗争；她在1898年初入德国社会民主党时，与伯恩斯坦之间著名的修正主义辩论,直至她对1917年俄国革命和世界上第一个社会主义国家的热情拥抱和冷静批判以及战后成立德国共产党和开辟社会主义新道路的战略设想等等。作者具有很强的问题意识,希望当今欧洲左翼从卢森堡的遗产中探寻"重塑和复兴的思想资源",同时卢森堡的思想也可以为今天的中国探索中国特色社会主义道路提供借鉴性的理论启示。

因此,我们希望通过本书,帮助读者接近罗莎·卢森堡本人,对罗莎·卢森堡有一个更全面的整体认识。

罗莎·卢森堡在当今时代的意义

自始至终,贯穿罗莎·卢森堡一生的是如先知般的她敏锐地抓住了资本主义的帝国主义时代特征,资本主义进入帝国主义阶段的经济、政治和社会危机:军国主义、殖民主义、侵略战争、被压迫民族的反抗运动等等。对她而言,"帝国主义是那些'从摇篮里就伴随着资本历史'的要素的逻辑强化",所以军国主义、侵略战争、殖民主义、强权政治都是帝国主义的资本主义的内在本质。当前,俄乌战争、巴以冲突、难民危机,这背后仍然闪现着西方帝国主义、霸权主义和殖民主义的身影。可以想象,如果卢森堡在世,她一定会揭露当今有些西方国家扩充军备的根源并斥责其危害性,强烈地提出反对战争、维护世界和平的要求。

作为同样来自被压迫民族出身的波兰,卢森堡是"第一批从世界资本主义的(半)边缘向中心看的马克思主义者之一",

因而她对被帝国主义奴役的人民深表同情。她对非洲、亚洲和拉丁美洲被压迫人民的起义进行了详尽的描述。尽管由于英年早逝,卢森堡没有亲眼见证第一次世界大战后世界上风起云涌的反帝反殖运动,但是她已经指出了被压迫民族通过革命斗争挣脱资本主义世界体系、实现民族解放的方向。在全球范围内,尤其是第二次世界大战以后,亚洲、非洲、拉丁美洲的许多殖民地、半殖民地国家掀起了争取民族解放的浪潮,并相继取得独立,在整体上催生出一大批的"南方国家",包括中国。

当前,在现有国际秩序处于混乱和危机之际,我们也许应该再一次引用卢森堡在其1918年的著名论战《斯巴达克联盟想要什么?》中所言,"在这一时刻,社会主义是人类唯一的救星。在资本主义社会正坍塌的墙上,《共产党宣言》中发出的火焰的预兆一样燃烧着:不是社会主义就是在野蛮中灭亡①!"

衷心地感谢

这样的一个翻译项目的顺利完成,取决于众多参与机构的合作和大力支持!在此,我想衷心地感谢为本书的翻译、校对和出版辛勤付出的单位和个人,包括但不限于中央党史和文献研究院、中央党史和文献研究院对外合作交流局、中央编译出版社!最后特别感谢罗莎·卢森堡基金会(德国)北京代表处

---

① 《卢森堡文选》下卷,人民出版社1990年版,第526页。

王俊燕博士,感谢她在组织本书的翻译、校对、出版各个环节中所做出的不懈努力!

扬·图洛弗斯基

罗莎·卢森堡基金会(德国)北京代表处首席代表

2024 年 1 月

(本文由王俊燕博士翻译)

前　言

　　政治左派不太清楚如何阐述他们关于个人和社会获得自由和解放的抽象思想，才能使这些思想为外人所理解，尤其是对外人来说具有吸引力。左派常常试图让过去的自由斗士来证明自己的意图，从而弥补这一不足。让我们记住斯巴达克联盟，这个组织在1916年偶然地成为罗莎·卢森堡（Rosa Luxemburg）、莱奥·约吉希斯（Leo Jogiches）、弗兰茨·梅林（Franz Mehring）和卡尔·李卜克内西（Karl Liebknecht）所领导的革命运动的教父；记住格拉古兄弟（Brüder Gracchus）、托马斯·闵采尔（Thomas Müntzer）和托马佐·康帕内拉（Tommaso Campanella）、雅克·卢（Jacques Roux）、诺埃尔·巴贝夫（Gracchus Babeuf）、罗伯特·欧文（Robert Owen）、弗里德里希·恩格斯（Friedrich Engels）、米哈伊尔·巴枯宁（Michail Bakunin）、斐迪南·拉萨尔（Ferdinand Lassalle）和彼得·克鲁泡特金（Pjotr Kropotkin）。后来，人们也选择了同时代人：奥古斯特·倍倍尔（August Bebel）和克拉拉·蔡特金（Clara Zetkin）、弗拉基米尔·伊里奇·列宁（Wladimir Iljitsch Lenin）和奥古斯托·桑地诺（Augusto Sandino），列夫·托洛茨基

（Leo Trotzki），约瑟夫·斯大林（Jossif Stalin）和毛泽东，帕特里斯·卢蒙巴（Patrice Lumumba），胡志明和弗朗茨·法农（Frantz Fanon）。如果今天有人进行示威游行，无论是在世界的哪个角落，都几乎看不到他们的形象。

有几个例外。几乎总是出现在那里，但又徘徊在一切之上，因此常常不被提及的是一个德国犹太人：来自特里尔的卡尔·马克思（Karl Marx）。除他之外，只有三个人的形象几乎随处可见：一个是在德国被谋杀的波兰犹太女子，一个是1967年在玻利维亚与他的德国女友一起落入凶手魔掌的阿根廷人，一个是被监禁多年、直至死后才于1937年被墨索里尼释放的意大利人：他们是罗莎·卢森堡、埃内斯托·切·格瓦拉（Ernesto Che Guevara）和安东尼奥·葛兰西（Ernesto Che Guevara）。这三个人不仅代表着十分罕见的言行一致，他们还代表着独立的思考，不服从于任何教条、更不必说任何机构。而且：这三个人都为他们的信念付出了生命的代价，而他们的死亡不是由自己阵营的敌人、而是由敌对阵营的敌人造成的，这在20世纪绝不常见。

此外，罗莎·卢森堡和安东尼奥·葛兰西还有一个共同点：他们从未落入不得不亲自行使国家权力的境地，更不用因参与独裁甚至极权统治而玷污了自己和自己的名声。社会民主党人和不完全自愿的德国共产党共同创始人罗莎·卢森堡避开了斯大林的崛起；1919年1月，她被一名国防军士兵用枪托殴打，随后，由于她还活着，被一名国防军军官射杀。社会民主主义者和意大利共产党的共同创始人安东尼奥·葛兰西从1928

前　言

年开始在他的祖国被监禁，直到病危。只有埃内斯托·切·格瓦拉作为政治精英在革命的古巴执政了一段时间，而他这个游击队员在那里并没有坚持多久。

切·格瓦拉如今仍在激发着年轻人的想象力，而葛兰西几十年来给知识分子留下了尤为深刻的印象。然而，对于3人中最复杂的罗莎·卢森堡，大多数人只知道她的名字和她的命运，却不了解她的思想和她毕生的工作——即使了解，大多也只了解对其扭曲的描述。

20世纪的社会主义充满了各种变数，像梦魇一样压在生者的头上，但同时也提供了经常被忽视的机会：与1917年之前不同，社会主义如今不再是一个模糊的概念——它有着70年的实践。从中，我们不仅认识到人们是如何持续诋毁社会主义思想的，我们还了解了社会主义绝不是什么。同时，我们对于社会主义可以是什么和应该是什么也更加清晰了。

这无疑是个梦魇，但是对于那些坚持"必须推翻那些使人成为被侮辱、被奴役、被遗弃和被蔑视的东西的一切关系"[①]的人来说却可以是建设性的。无论政治左派对70年的"现实社会主义"实践持何种立场，左派作为一个整体，都同样不能简单地避而不谈古拉格[1]、高墙和铁丝网。至少在他们还不明白只能通过系统地、反复地面对梦魇的具体内容，而不能通过排斥来消除这个梦魇的时候。为此，仅仅知道发生了什么是不够的——历史学家早就回答了这些问题。这是一个为什么和怎

[①] 《马克思恩格斯全集》第3卷，人民出版社2002年版，第207—208页。

么样的问题，而不仅仅是谁、什么、何时的问题。

政治左派不是从权力和对权力的狂热的岁月获得新的标准，以便用它们来衡量自己走的每一步和每一个决定，从而慢慢得出社会主义的新概念，而是经常把前辈们当作只会令他们尴尬的穷亲戚；他们不理解的是，这样一来就失去了唯一真正存在的机会。他们应该利用这个机会，不是为了获得赦免，而是为了扫清通往后资本主义社会的道路。由于对历史熟视无睹，人们充其量只是过去的囚徒，不是成为分析家，而是成为心理分析的对象。

20世纪的社会主义使所有的政治力量都受益，政治左派除外。这就是为什么它是唯一一个有兴趣最终将政治上停留在20世纪的社会带入21世纪的政治力量——尤其是通过恢复那些在刑讯室和党的会议上被剥夺了所有意义的从前的美德：对自己过去和现在的行为诚实；对自己的思想坦诚，尤其是在不遂己愿的时候；对对手也要，而且尤其要诚实。阴谋算计最多只能建立独裁专政，却不能鼓励任何人从剥削和压迫中解放出来。

而这一切都不会发生在罗莎·卢森堡身上。这位来自扎莫什奇的身材矮小的波兰人早就让自己从这个梦魇中解脱出来了——正如她早在1917—1918年就率先尝试在论述俄国革命的著作中分析即将到来的灾难一样。

在本书中，我们试图唤起人们对这位女性及其著作的兴趣，对欧洲左翼阵营中最不寻常的一位人物的兴趣。这位女性拒绝因其性别而受优待，因为她知道这种态度只会使拒绝平权得以合法化。这位女性思想家在自由和团结之中追求平等，而不是把平等与自由和团结对立起来、相互牵制。她身上有许多东西是政治左派如今必须重新学习的。因此，本书也不可避免地通过篇幅较长的引文，一再让卢森堡有自己发言的机会。

在我们看来，真相存在于卢森堡事业的矛盾整体中，而不在于她的这个或那个句子。而这一真相是具体的，与现实的矛盾发生冲突，并与矛盾共存。卢森堡希望在日益黑暗的时代产生解放的行动力。与此同时，她与无力感和绝望感作斗争，展示了工人，也就是她所说的群众，为了自己的利益、从自己的认识出发、用自己创造的组织形式并将自己的事情掌握在自己手中的可能性。具体的真相还包括，卢森堡凭借自己的意志促进团结的解放，也揭示了传统的思维和行为方式、组织结构和文化所代表的枷锁。由此可见，创造新的东西是多么困难。她自己的最后一次伟大尝试，即德国共产党的成立，就证明了这一点。

罗莎·卢森堡既不像马克思那样主要是一个理论家，也不像倍倍尔或列宁那样是党的领袖。她的活动领域主要是作为记者和演说家。正如她在社会民主党的一次大会上所解释的那样："引导我们走向胜利的唯一的暴力手段是在日常斗争中对工人阶级进行社会主义启蒙教育。"[①] 而且她留下了学术著作，例如她的博士论文和她的经济学著作。她还作为党的领导人活跃在波兰社会民主党中，并在1918年底成为德国共产党的创始人。但她工作的重点是对工人进行书面和口头宣传。她想直接接触他们，激励他们自己采取行动，帮助他们在时代的前沿

[①] 《卢森堡文选》上卷，人民出版社1990年版，第44页。

采取行动。她的领导思想也与此相符:当她说社会主义政党的任务不是用命令唤起群众行动时,这表达了她自己对此的理解:"责任只是在任何时候无畏地'说出是什么'[她一再引用斐迪南·拉萨尔的这句话——作者注],即向群众明确提出他们在特定历史时刻的任务,根据情况宣布政治行动纲领及口号"①。她还补充道:"社会主义尽可把是否以及何时发展革命性群众起义的问题留给历史本身去关心。"②

卢森堡的生命戛然而止。她成了社会民主党右翼领导层唆使法西斯势力攻击斯巴达克派的牺牲者。去世的时候她还不到48岁,既没能走完她的生命,也没能完成她的毕生事业。她探索民主解放的社会主义来取代帝国主义、殖民主义和战争的过程仍未完成。在社会民主主义和布尔什维克共产主义之间发生敌对分裂的时刻,工人运动在社会主义替代方案的两极中失去了它最重要和最有影响力的女主角。

本书试图重构罗莎·卢森堡所遵循的最重要的方法。本书首先介绍了罗莎·卢森堡最重要的事业——她自己的生活,其特点是通过说出真相来改变世界。随后回顾了卢森堡1918年在狱中及德国十一月革命期间,对第二国际马克思主义及其在"一战"中的失败的评述,以及她近三十年前在瑞士成为一名马克思主义者的历程。从这一点出发,她在第二国际马克思主义的框架内提出了革命现实政治的概念,并说明了所有既定的确定性如何受到1905年第一次俄国革命的挑战。这是向新的、

---

① GW 4: 289.
② 同上。

进攻性的群众行动战略过渡的分水岭,这种战略在德国由于社会民主党领导层的抵制而失败。同时,罗莎·卢森堡也明白,马克思的政治经济学著作过于有限,无法把握帝国主义时代新的行动形势,她开始为新的革命理论奠定基础,但没能完成。胜利的布尔什维克的政策对她构成了最大的挑战,因为在她看来,它以解放的名义破坏了解放的基本条件。罗莎·卢森堡把她生命中的最后两个半月完全献给了解放的左派在革命时期的革新。最后,本书概述了对罗莎·卢森堡生活和工作的接受史的一些核心要素。

罗莎·卢森堡首先是一种挑战。她毕生事业的特点是,她以最大的决心与解放的矛盾作斗争。她乐此不疲地检验了所有现存的思想、政治和经济形式,看看它们在多大程度上被证明是"最慷慨的人性"的团结发展的形式。由此,她产生了不可遏制的革命活力,同时也产生了永远忠于自己、在革命"事业"中永不忘记自己和背叛自己的愿望。她所崇拜的歌德曾在诗中写道:"如果你想步入无限,只要在有限中走向四方。(Willst du ins Unendliche schreiten, Geh nur im Endlichen nach allen Seiten.)"这就是罗莎·卢森堡所做的,直到穿着德军制服的凶手迫使她停了下来。我们主要希望通过本书,帮助读者接近卢森堡本人。在野蛮化的势头日益严重的时代,她所倡导的相互团结、与大自然和谐相处的民主社会主义具有新的意义。本书以两位作者发表的三部著作[①]为基础,加以总结和扩展。

---

① Brie 2011,2018;Schütrumpf 2018a.

这样就有可能对罗莎·卢森堡的工作有一个更全面的整体看法。

罗莎·卢森堡的著作和书信引用自柏林卡尔·狄茨出版社出版的《全集》（缩写为 GW）和《书信集》（缩写为 GB）。马克思、恩格斯以及列宁的著作引用自《全集》，同样是由卡尔·狄茨出版社出版的。同样非常重要的是由霍尔格·波利特于 2015 年在卡尔·狄茨出版社以"1905—1906 年的工人革命"为题出版和翻译的 1904 年至 1908 年的波兰语著作，这些著作与 1905 年沙皇帝国的革命有关（缩写为 AR），以及卢森堡 1908—1909 年的著作《民族问题与自治》（缩写为 NA）。所有引文都根据新的正字法进行了调整。本书省略了详细的人名索引，更多信息请参考所引用的罗莎·卢森堡著作的版本。

米夏埃尔·布里、约恩·许特隆普夫

2021 年 1 月

目　录

第一部分　向我们显示奇迹！你的奇迹何在？……………… 1
第二部分　恩格斯和考茨基受损的权威 …………………… 30
第三部分　"成熟的马克思主义者"和波兰问题 …………… 46
第四部分　20世纪之交的革命现实政策的构想 …………… 74
第五部分　米勒兰事件——社会主义者入阁作为理论和
　　　　　战略的试验案例（1899—1902年）………… 104
第六部分　突如其来的电气时代——作为转折点的1905年
　　　　　俄国革命 ……………………………………… 132
第七部分　处于守势（1907—1917年）…………………… 161
第八部分　帝国主义时代和资本积累 ……………………… 183
第九部分　1918年的著作《论俄国革命》——一首民主
　　　　　社会主义的交响曲 …………………………… 208
第十部分　在社会民主党和布尔什维克之间 …………… 226

第十一部分　十一月革命——在通往新起点的道路上 …… 258

第十二部分　被轻视，被赞赏——但也不可或缺？……… 286

注　释 ……………………………………………… 306

参考文献 …………………………………………… 315

第一部分　向我们显示奇迹！
你的奇迹何在？

"你曾问我缺少什么，其实缺少的是生活！"①

罗莎·卢森堡是一位充满激情的植物学爱好者。她早在苏黎世大学研究社会科学和人文科学之前，就攻读了生物学，不仅如此，大自然的吸引力还给她带来毕生的影响。自然风光和生命力量的比喻贯穿了她的著作②。卢森堡对社会主义的愿景来自于自然，来自于动物界和植物界、起伏的山峦和奔腾不息的河流。即使在她逝世一百年后，她本人、她的思想和活动仍可免遭冷漠的划分和僵化的归类。无论是在马克思列宁主义思想史的规整排列的园地里，还是在自由主义的肤浅美丽的风景园中，都没有她的一席之地。罗莎·卢森堡的遗产就像野性的大自然。它使人不安，因为它充满活力地对抗所有僵化的规则。卢森堡的遗产伴随着人类的每一个新的开端，不断重新繁衍生长，打破哪怕是最坚硬的石棺，摆脱禁锢它的外壳。² 但

---

① GB 1：159.
② 参见2016年问世的《卢森堡奇妙的植物标本收藏》（Luxemburg 2016）。

是,她的著作究竟为什么拥有巨大的爆破力?

许多政治家可以用**一个**概念来概括,但卢森堡却是一个充满了生动矛盾的空间。尽管她小心翼翼地屏蔽自己的个人生活,并细致入微地保护自己的自由空间,但她的个人生活和政治活动仍然只是同一个充实的生活的两个方面。卢森堡与世界的关系和与自我的关系是密不可分的。她总是随时准备好牺牲自己的生命——从高中时代起,而后在1905—1906年的俄国革命中,在俄国和德国的监狱中,以及在德国的十一月革命中,都是如此。她享受生活——随着年龄的增长,她对生活的享受也越来越自觉和专注。要想理解卢森堡,除了阅读她的著作之外,还必须要阅读她的书信。这些书信不仅仅是对她的文章和著作的补充,还与她的文章和著作拥有同等价值。卡尔·克劳斯(Karl Kraus)认为,卢森堡的狱中书信是"德语世界中独具特色的人性和文学的文献"[①]。只有从这些书信中,人们才会明白,充实饱满的生活对作为一个社会主义者的她来说意味着什么。卢森堡的政治与理论著作和她的书信彼此交织,反映了她生活中的各种矛盾,不理解这一点就不能理解卢森堡。我们不能仅仅用她的著作来衡量她的生活:她没有像列宁一样建立一个国家,也没有像马克思一样写出《资本论》那样的千年名作。她的政治影响有限,她的经济著作虽然重要,但是和同时代的其他马克思主义者的经济著作相比又并不出类拔萃。

如果我们以其著作的直接影响来评价卢森堡,那么便不能

---

① Kraus 1920b: 5.

认识到她真正的长久不衰的意义,因为让卢森堡超群绝伦的是她的生活本身。卢森堡的"主要作品"不仅是她的哲学作品,而且是"她所践行的模范生活"①。卢森堡的天才体现在这种生活之中。她的生活兼具高度的政治性与高度的个性;她既冒着生命危险义无反顾地参与了实践,又进行了深入的理论反思;她既作为才华横溢的记者和演说家面向大众,又全身心关注了自己,隐退于绘画、音乐和动植物之中。她总是"从早到晚仅仅"埋头于写作、绘画和植物学。此时,她如醉如痴②。不久后,她又马上从一个群众集会赶往另一个群众集会。这些活动并非互不相干。这些极点构成了引人入胜、相互改变的矛盾。她自己也清楚这一点:"顺便说一句,在生活中的我总是与我所做的事情有着显著的矛盾。"③ 正如瓦尔特·延斯(Walter Jens)所写的那样,她试图过这样一种生活——"在这种生活中,个人和政治动物形成了一种和谐的、以自我认同和向世界敞开胸怀为特征的存在。"④ 卢森堡以改变世界与改变自我相统一的方式,践行了作为团结的解放运动的社会主义,至今仍堪称楷模。

1918年11月,她刚刚出狱,就在一篇赞成立即废除死刑的文章中这样写道:

---

① Caysa 2017:38.
② GB 5:74,234.
③ GB 5:28.
④ Jens 1995:13.

"在帝国主义种族灭绝的四年中,血流成河。现在,每一滴珍贵的琼浆都必须被小心翼翼地放置在水晶碗中珍藏。最无所顾忌的革命热情和最宽广的人性——这才是社会主义的真谛。一个世界必须被推翻,但每一滴流下的眼泪,即使被擦去了,也都是一份控诉;而一个急于采取重要行动的人,由于粗心大意踩死了一只可怜的虫子,这就是犯罪。"①

这种对社会主义的双重要求——热情和人性,首先是一种生动的自我要求。在写社会主义的同时,她也在写自己。

罗莎·卢森堡持久不衰的个人魅力主要源自她成功驾驭的生活本身,源自她的坚决彻底和义无反顾的精神。据说,希腊哲学家赫拉克利特曾说过,决定一个人的生活成败与否的是作为"神灵"的人的性格。② 在下文中,我们将勾勒出卢森堡生活的轮廓,描述她的"神灵"——采取提纲挈领的方式,因为恰恰在此必须放弃任何追求完整无缺的努力。

在阅读卢森堡的政治和理论著作的时候,我们必须懂得今天已经普遍被淡忘的第二国际的马克思主义语言。许多关键词已经失去了活生生的对应关系,或者必须首先重新建立起对应关系。她在谈及工人阶级或无产阶级、改良和革命、政党和社会主义时那种理所当然的态度,是来自另一个时代的。但是,如果我们透过这种语言,破解其背后的生活真相,那么我们就

---

① GW 4: 406.
② Heraklit 2011: 325.

会发现她的魅力超越整个世纪仍经久不衰的原因——是她与世界的共情关系。她到处都在寻找一个"你",并与作为"你"的世界建立联系。这样做的力量来自她自身个性的力量,来自她的"灵魂"。她在1899年给约吉希斯的一封信中说:

> "尤其是写作的形式并不能使我感到满足,我觉得'在我的灵魂里',一个全新的独创的形式正在成熟,它摆脱和突破了公式和模板——自然仅仅通过精神和信念的力量。我渴望以这样一种方式来写作:我要像闪电一样影响人们,冲击他们的头脑,当然不是通过激情,而是通过广阔的视野、信念的力量和表现力。"①

罗莎·卢森堡既不是像列宁那样的战略家、像托洛茨基那样的组织者、像考茨基那样的理论家,也不是像伯恩施坦那样的怀疑论者,更不是像葛兰西那样的有机知识分子。她是一个完全旧约意义上的,却又十分现代的先知,是一位"使人们摆脱奴役的领路人"②。她呼唤自由与平等、自决与团结、同情与干预行动的不可分割的统一。在阅读格哈德·豪普特曼(Gerhard Hauptmann)的小说《埃马努尔·昆特》(Emanuel Quint)时,她看到了自己的影子,她在1917年3月5日致狄芬巴赫(Hans Diefenbach)的信中这样写道:

---

① GB 1: 307.
② Veerkamp 2013: 53.

"您见过汉斯·托马（Hans Thoma）的基督画像吗？在这本书中，您将看到的基督显圣是这样的：他瘦削的身影笼罩在红光之中，他穿过庄稼地，在他模糊身影的左右，柔和的紫色光波轻柔地从银色的谷穗上掠过。在书中的众多问题之中，有一个问题紧紧抓住了我，我在其他地方从未见过对这个问题的描述，而我在自己的生活中对这个问题有着切身体会：这个人的悲剧是，在他向众人布道的时候，他感到，每一句话刚刚脱口而出，便已经在听众的大脑中变得粗硬和僵化，形成一幅扭曲的画面，于是布道者便被死死地钉在了这幅他自己的扭曲的画面上，他的弟子们最后围着他，用粗暴的声音狂喊：'向我们显示奇迹！你这样教导我们。你的奇迹何在？'"[①]

卢森堡发现了与自己相应的"你"，与之建立起生动的联系。因此，她的自我和她的行动、她本人和她的著作、她的人格和她的活动之间都是密不可分的。她没有消失在那个"你"的后面，没有让自己从属于它，也没有与之融合，而是生活在矛盾之中。她在现实中寻找符合自己的东西：昂着头让世界变得更富于人性的渴望；希望获得完全解放的彻底精神；完全打动对方的刻骨铭心的爱，存在于每一片树叶、每一声鸟鸣、每一个悦耳声响中的美丽；解释一种新的世界观的思想。在她看来，回应她的呼唤的是一个对话中的"你"。所有不是以

---

① GB 5：185.

"你"的身份回应她的东西,她都认为是难以接近的,是一个注定灭亡的世界的阴影。如果某样东西在她看来没有生机、不是完全真实的,她就会感到厌恶。在她的信中,随处可见类似的表述——"我讨厌见到人。我只想和动物生活在一起。"① 她不想在与外界的接触中失去自我②。她在战争期间的一封狱中书信中这样写道:

"至于我,我以前就从来没有软弱过,近来我变得像磨光的钢铁一样坚硬,无论是在政治上还是在个人方面,我都不会做出丝毫让步。"③

而与此同时,她也有极端脆弱的另一面。她在 1917 年 3 月 30 日给她的朋友汉斯·狄芬巴赫(Hans Diefenbach)的信中对此写得很清楚:

"我正艰难地建立起内心良好的平衡,昨晚入睡前,绝望的情绪又突然攫住了我,比黑夜还要阴暗。今天又是灰蒙蒙的一天,没有太阳,只有寒冷的东风……我感到自己就像一只冻僵的大黄蜂;您在刚开始上冻的秋日的早晨,在花园里见到过这样一只大黄蜂吗?它一动不动地仰面朝天躺在杂草中,纤细的腿蜷缩着,身上覆盖着白霜,

---

① GB 3:85.
② GB 2:290.
③ GB 5:151.

就像死了一样。直到太阳暖遍了它的全身，它的腿才开始慢慢地抖动伸展，然后它的小身体翻转过来，终于嗡嗡着笨拙地飞到空中。我以前总是蹲跪在这些冻僵的大黄蜂面前，用口中呼出的热气唤醒它们复苏。要是太阳也能从死亡般的冰冷中唤醒我这个可怜的人，那该有多好！"①

卢森堡的首要原则是："永远保持自我，完全不管周围的人与其他人怎么看"。她还补充说："我是……理想主义者，并且矢志不移，无论是在德国还是在波兰运动中。"② 她在他人和世界中寻找符合她的内心的东西。当她着重谈论社会主义，谈论发动起来的人们的自发创造精神，谈论政党的任务，谈论前资本主义或后资本主义社会——她总是从令她感到鼓舞并产生共鸣的方面来谈论这些问题。当她谈论贫民院中的死亡情况、殖民主义或战争的牺牲者、遭到鞭笞的水牛时，她同时也表达了自己的哀痛。她反映世界，同时在世界中得到反映。在她与世界之间不存在保护墙和隔离墙。从这种紧密直接的关系中形成了她的突出的优点和弱点。应当注意到，由此也造成了她思想的局限性。她的无条件性遇到了受条件制约的现实世界。她的"本性的统一"是矛盾的统一，主要是"她无限的同情心，深厚的人性，以及她能看透一切并批判一切的敏锐理智之间的统一"③。

---

① GB 5: 195.
② GB 1: 323.
③ Roland-Holst 1937: 41.

在苏黎世，罗莎·卢森堡已成为一名马克思主义者——起初并没有摆脱正统马克思主义的特征。即便如此，她也从未落入在象牙塔终老的风险。不安分的思想和活泼的性格保护了她，而这两者来自无法满足的对生活的渴望。她很早就在自己的著作中找到了合适的表达方式：论战。一百年后，人们可以说：罗莎·卢森堡是世界文坛最杰出的论战家之一。几乎没有人能达到她的水准，这不仅限于她的那个时代。她的著作具有论战的基本特征，其中大部分是为时事写就，因而常常保持难以置信的新鲜感。正如库尔特·图霍尔斯基（Kurt Tucholsky）为20世纪的政治讽刺文学所做出的贡献一样，罗莎·卢森堡以看似轻松但终究训练有素的手笔在政治论战中取得了成功。

在苏黎世，卢森堡还遇到了莱奥·约吉希斯。他们之间的政治关系是共生的。通过在苏黎世大学和在瑞士各个流亡者圈子中的学习，罗莎·卢森堡在几年内成长为一名受过出色教育的马克思主义者。她不仅很快被视为波兰王国和立陶宛社会民主党的理论家（那个时代对她的女性身份当然还不够尊重），而且她确实具有顶尖科学家的理论能力。这一点最迟也由她独立提出的资本积累理论（1913）得到了证明。尽管如此，她对理论本身的兴趣并不大。虽然在学业结束时，她撰写并发表了相当多的文章，但大部分是政论文——文章关注行动而非理论。她想产生影响，想改变，想唤醒大众。多年来，确定政治重点的并不是她，而是莱奥·约吉希斯。与他们两人相识已久的克拉拉·蔡特金在回忆时写道："他是她在理论和实践上永远保持警醒的良心。"①

莱奥·约吉希斯——比罗莎·卢森堡大4岁——是维尔纽斯一个非常富有的犹太家族的后代，已经在立陶宛从事了多年的密谋活动，并在那里蹲了几个月的监狱；他还做过俄国军队的逃兵。约吉希斯在学习动物学时认识了罗莎·卢森堡，但很快就把她带进了国民经济学和政治学领域。他不仅成为罗莎·卢森堡在社会主义问题上的导师，也是她第一位生活伴侣。罗莎·卢森堡常常是他的代言人；如果没有她，这位母语是俄语的写作障碍者一直不会被听见——在波兰语和德语的语言区更是如此；他后来主要从罗莎·卢森堡那里学会了这两种语言。他们的私人关系从来都不是一帆风顺的，1907年分手后，他们仍保持着密切的联系，不仅是政治上的——即使罗莎·卢森堡在此期间曾给自己找了一把左轮手枪，以阻止那个威胁要杀死他们两个的被抛弃者。约吉希斯受过高等教育，但不是一个能写作的人，甚至不是一个理论家。他是一个实干的革命者，不仅有权威，而且独断专行——特别是在他的青年时期，这不仅使他获得了认可，也给他带来了一些终生的敌人。在19岁的时候，约吉希斯已经掌握了独行密谋者的多样手段：从地下鼓动到伪造文件和将有危险的人偷运到国外，再到独自组织的罢工。1887年，就连那些暗杀俄国沙皇亚历山大三世的幕后黑手也遇到了麻烦，他们向这位20岁的独行侠求助，要求把两个被追捕的人送到国外——约吉希斯经验老到地完成了任务。30

---

① 转引自 Roland-Holst 1937：21.

年后，在第一次世界大战期间，组织斯巴达克联盟反对民族屠杀的地下斗争落在了他的肩上。和罗莎·卢森堡一样，他也是被谋杀的。1919年3月，在罗莎·卢森堡死后两个月，他在柏林—莫阿比特的看守所中被人从背后枪杀。

毫不奇怪的是，许多反对者认为卢森堡是不好相处的，并为此谴责她；尤其是那些不敌她的犀利笔锋和敌不过她在社民党党代表大会上的尖锐言辞的人。然而，有些人不仅对她进行报复，谴责她是个爱吵架的女人，而且还试图公开羞辱她。罗莎·卢森堡并没有得到造物主的宠幸：1.5米的身高、不相称的大脑袋、长鼻子和她通常会设法掩盖的髋部残疾，给社会民主党中从不缺乏的那些头脑简单的人提供了通过廉价的嘲弄来弥补自身劣势的机会。罗莎·卢森堡无疑受到了这一切的影响，她以自嘲的方式尽可能地保护自己。她解释说，她更喜欢高大强壮的女仆——一百年前的家务活动仍然需要一整天的工作时间——因为不然的话，她担心来访者会以为他们来到了一个矮人之家。

对于男人，她也更喜欢那些不只有思想而且身材高大的人。然而，比起她的追求，追求她的人更多。在社会党国际局一次会议（1907年）即将闭幕的时候诞生了一张合影：光芒四射的罗莎·卢森堡被几十名大多年长的男子围在中间；这是一张罕见的散发着个人魅力的照片。也有不少年轻男人对她着迷。除了莱奥·约吉希斯，她的所有伴侣都比她年轻：克拉拉·蔡特金的儿子科斯佳·蔡特金（Kostja Zetkin，1885—1980）当时大约比她小14岁，保尔·列维（Paul Levi）比她小 12 岁，医生汉斯·狄芬巴赫（Hans Diefenbach，1884—1917）比她小 13 岁。狄芬巴赫曾为在保护性监禁中服刑的罗莎·卢森堡挺身而出，并因此——像许多政治反抗者，尤其是斯巴达克联盟的活跃分子一样——被送上前线，他在那里被一枚法国榴弹炸死了［据克拉拉·蔡特金在 1917 年 11 月 7 日给玛蒂尔德·雅各布（Mathilde Jacob）的信中所说①］。在公开场合，罗莎·卢森堡——除了她的假婚姻外，她从未结过婚，也没有孩子——对她的私生活总是非常谨慎。因为在假正经的威廉二世时代的德国，独自旅行的女性都被认为是有伤风化的——特别是如果她们像罗莎·卢森堡那样露面的话。

普遍存在的双重道德标准使她没有公开表达她所有的观点："顺便说一句，关于冯·施泰因夫人……恕我直言，但她是一个蠢妇。当歌德抛弃她时，她表现得就像一个唠叨的洗衣妇，我认为女人的性格不是表现在爱情开始时，而是在爱情结束时。"②

罗莎·卢森堡被迫"谨慎"的程度表现在，她与保尔·列维的关系直到 1983 年才为人所知，这时两人都已去世几十年了。列维的家人公开了他与罗莎·卢森堡的大部分通信。列维曾在世界大战前不久的法兰克福审判中担任她的律师，她的罪名是在战争中煽动士兵抗命。1919 年，列维继承了卢森堡在德国共产党中的领导地位。两人在 1914 年有过短暂而热烈的交往；友谊和信任一直保持到罗莎·卢森堡去世。保尔·列维挽

---

① Zetkin 2016a: 355.
② GB 5: 54.

救了她的遗稿,并在激烈的攻击之下于 1922 年出版了《论俄国革命》,这是罗莎·卢森堡被引用最多和被误解最多的作品,其中有一句著名的——仿佛是不假思索随口说出的——绝对命令:自由始终是持不同思想者的自由。

她最重要的传记作者之一彼得·内特尔(Peter Nettl)认为,"有教养"是最简洁地描述她生活态度的词语。"她把她的私人关系保持得像她的财产一样整齐有序:每个人都有一个固定的位置,只有在得到邀请时才允许接近,即使如此,也只能一步一步来。但她与人的关系并不冷淡,也不死板。在她亲密的圈子里,她收获了忠诚和奉献,如果她允许的话,这种忠诚和奉献会变成一种自发的爱。"[①]

罗莎·卢森堡不属于社会民主党的领导群体——那是一群年长的男人。但她在很长一段时间内受到了倍倍尔的特别重视。她在 19 世纪 90 年代末与伯恩施坦的争论中赢得了自己在党内的地位。倍倍尔这位社会民主党主席是一个诚实的人,同时也是一位想要避免自己毕生事业失败的策略家,他对这个年轻女人很有好感,同时也为自己的目的利用她。就卢森堡自己而言,她真诚地被这位伟大的老男人迷住了。在当时的一次党代会上,她在公开场合顺嘴说了一句"奥古斯特,我爱你"。他自己则在一封信中写到她,固化了她的性别角色:"她是一个非常聪明的女人,她将像个男人一样不负众望。"[②]

1906 年,当伪装成德国记者安娜·马奇克(Anna Matschke)

---

① Nettl 1967: 42.
② 转引自 Krauß 1999: 27.

的罗莎·卢森堡在华沙落入沙皇警察的圈套时,倍倍尔也使出浑身解数,保护她的生命安全,并为她赎买了自由。然而,在她获释后,她拒绝了倍倍尔提出的用党主席团的资金在经济上帮助她的提议——她在被监禁期间也拒绝了请求德国总理得到俄国人的外交干预以使她获释的建议。首先,她仍然是一个公民,一个法国大革命意义上的公民——自信并且考虑自己的自由,这在德国是很罕见的。她拒绝了迫使她依赖他人的感激之情。为此,她乐于付出较高的代价,有时是非常高昂的;她的一个朋友甚至认为过于高昂了。罗莎·卢森堡不喜欢躲藏。她只在公开斗争中感到自由。

她不喜欢冷漠;但正是从反社会党人法时期,冷漠开始在前辈英雄之间蔓延。1907年初的一个星期天,罗莎·卢森堡和她来自斯图加特的老朋友克拉拉·蔡特金——一位坚定拥护妇女平权的女性先驱——应邀与卡尔·考茨基(Karl Kautsky)的家人聚餐。两位女士还去散了步,而且迟到了。因此,在场的社会民主党主席奥古斯特·倍倍尔打趣地说,那些等待的人已经在担心最坏的情况了。罗莎顽皮地说,如果她们遭遇了什么不幸,人们可以在她们的墓碑上写上:这里安息着德国社会民主党的最后两个男子汉。

在苏黎世大学学习期间,罗莎·卢森堡是"国际女大学生协会"(1895—1911)的共同创始人。较早的"苏黎世女大学生联合会"(1887—1899)要求女性在大学事务中享有积极的选举权,"国际女大学生协会"与之不同,还追加要求消极的选举权,即女性被选进大学委员会中的资格。在"国际女大学生协会"的共同创始人中，最知名的是摄影家安妮塔·奥格斯堡（Anita Augspurg），她比罗莎·卢森堡大14岁，36岁才开始求学，但在罗莎·卢森堡之前获得了博士学位。回到慕尼黑后，安妮塔·奥格斯堡不仅投身于选举权运动与和平运动，而且还成为国际女同性恋运动的先锋。

以安妮塔·奥格斯堡和明娜·考尔（Minna Cauer）等人为代表的选举权运动与女大学生和妇女运动中的反资本主义与社会主义派别之间，一再出现紧张关系，直到第一次世界大战期间才有所缓解；后者受克拉拉·蔡特金的影响，也要求女性的经济平等，罗莎·卢森堡作为学生也加入了这一派。

在搬到柏林并加入社会民主党后，罗莎·卢森堡以极为审慎的态度致力于妇女平等问题，但这并不是因为她改变了立场。那些不仅在法律上被剥夺了投票权，而且几乎被剥夺了所有公民权的女性，将社会民主党视为一个积极的、保护性的空间，可以在其中就妇女平等交换意见。然而，最初社民党领导人也想把罗莎·卢森堡推向这一领域，但是她立即认识到了其中的弊端。男女之间的这种分工加固了当时塑造所有政治组织（包括社会民主党在内）的父权制结构。克拉拉·蔡特金——欧洲社会主义妇女运动的领袖，比罗莎·卢森堡大14岁——终生都在争取罗莎·卢森堡参与妇女杂志《平等》的工作；但罗莎·卢森堡很少听从克拉拉·蔡特金的敦促。罗莎·卢森堡并不认为自己是"女性政治家"，而是"政治家"——与她的男性同事平等。为了不损害这一点，她对女性问题避而不谈。

顺便说一句，罗莎·卢森堡的推托并没有改变她和克拉拉·蔡特金的友谊；即使当罗莎·卢森堡与克拉拉·蔡特金的小儿子、比她小14岁的科斯佳建立关系时（1906/07—1912），这两个女人之间的不愉快也只是暂时的。

在政治上，年长者和年轻者之间的平衡在她们认识不久后就发生了变化。克拉拉·蔡特金感情充沛，是一位成功的杂志编辑和有影响力的鼓动者；罗莎·卢森堡绝非没有激情，而且还具有使人群沸腾的才能，是更加善于分析的人。承认这一点对克拉拉·蔡特金来说从来不是问题——虽然她也没有摆脱虚荣心。在1918年十一月革命中，她还写信给罗莎·卢森堡："哦罗莎，有些问题我不得不和你讨论。你知道我对自己的判断有多么不自信。而我在这里［只］有一群友好的人，他们的意见和观点［虽然］可以启发我，但没有人对形势的判断会对我的自我定位和自我理解起决定性作用。"①

有一个永恒的悖论：卢森堡是看得见的盲人。当谈到工人对于克服他们对资本主义的依赖的判断能力时，她是个极端的乐观主义者。每一次斗争似乎都令她超越了此时此地。既定的制度、自给自足的生活对她来说是难以忍受的。她能够敏锐地将1905年俄国革命视为人民最活跃的自我组织和自我赋权的表现，而近乎完全忽视了建立牢固组织的不可或缺的作用，或者将其视为统治工具进行攻击。她坚持超越所有民族、种族和性别界限的阶级团结，并因此拒绝接受特殊的"犹太人的痛苦"，拒绝接受反对父权制或反对一个民族对其他民族的霸权

---

① Zetkin 2016b: 495.

的斗争自主权。对她来说，一切都是共同的社会主义斗争，不应该出现任何裂痕。然而，正因为如此，对于在承认这些裂痕甚至分裂的同时，除了呼吁达成共识之外如何才能实现团结政策的问题，人们在她的著作中几乎找不到任何在战略上令人信服的答案。

关于卢森堡与她所看到的世界的选择性共生关系，只需举几个例子就够了。她写道，马克思"最宝贵的遗产"是两种对立之间的联系："在理论上进行深化，以便以坚定的原则指导我们的日常斗争；坚定的革命毅力，以便使我们无愧于我们所迎接的伟大时代。"① 她赞赏政治性群众罢工的话语也表达了她对自己的工作的期望："从群众罢工与街头战斗的漩涡、风暴和火焰中，产生了清新、年轻、有力和充满生活乐趣的工会，就像从大海的浪花中升起来的维纳斯一样。"② 1915 年，关于社会主义组织的活动她这样写道：

> "可是，如果我们满足于去做眼前所要求我们去做的事情和其他事情，我们这些渴望自由人性的灵魂就不配在社会主义的源泉痛饮，由此获得新的生命。我们为组织和通过组织所做的工作，必须像一个满满地装着社会主义思想的碗一样。只有这样，社会主义思想才能获得真正的意义和高度的尊严。"③

---

① GW 3：184.
② 《卢森堡文选》下卷，人民出版社1990年版，第57页。
③ GW 7.2：936.

她认为自己是表达这种思想的人。没有这种思想,这个碗对她来说就只是一个没有生命的外壳和个人的地狱。她宁愿遭遇失败,牺牲自己的生命,也不愿以有悖于自己的崇高目标的身份苟且生活,这源于她人格的最深处与她所支持的世界性运动的直接统一。她把自己视为"一块充满无限可能的土地"①,并在现实中寻找这种同样打破限制的运动、人、思想和形式。

从她的书信中可以看出,她总是在完善自我,完善与其朋友和情人的关系,不断进行自我反思,并规劝他人保持诚实和坚定。她在许多书信中常说的一句话是:"保持开朗!"对她来说,与命运抗争意味着,永远不要过久地放弃以自信、赞许的态度享受眼前生活的能力。她寻求最直接的与"你"的关系,这也许是一只大黄蜂、一只鸽子、一朵花,也许是情人、女友,也许是一处景色、淡淡的月光,她同时又与之保持距离,不失自我。被她深深吸引的人都会对她拥有两种丰富的感受——宽宏大量与防范抵御。所有这些都体现在卢森堡1917年1月给汉斯·狄芬巴赫的信中,她这样写道:"现在,我告诉您,亲爱的汉斯,如果我最好的朋友有朝一日对我说,他要么卑鄙无耻,要么因痛苦而死,只能选择其一,那么我会极其冷静地回答:去死吧。"②

在狱中——保持自我与拥抱世界

一个人在被剥夺了隐私保护空间时,性格会尽显无遗。监

---

① GB 5:157.
② GB 5:158.

狱就是这样的场所。想了解纳尔逊·曼德拉其人，必须造访罗本岛，这是一个在大西洋上，距离开普敦12公里的监狱岛，他在那里的一间四平方米的狱室中度过了20年。罗莎·卢森堡在第一次世界大战之前就已多次遭到监禁。在大战期间，她在位于柏林巴尔尼姆街的"女子监狱"坐了一年牢，出狱后不久，1916年春，她被以"预防性监禁"为由关押在佛龙克和布雷斯劳，1918年11月才获得释放。她利用"强制的清闲"①，在柏林监狱中写作了《尤尼乌斯小册子》，并分析了对她的《资本积累论》的批评，写下了《反批评》。在后来的监狱生活中，她翻译了俄属乌克兰社会革命作家弗拉基米尔·戈·柯罗连科（Wladimir G. Korolenko）的回忆录的第一部分，并为其写了一篇序言，她还将许多文章偷运到监狱外。此外，她还研究了俄国革命。她这样描述被送入柏林女子监狱后的迎头一棒：

"俄国宪兵护送我时，因为我是政治犯而对我尊重有加，而柏林的护卫则向我表明，我是什么人完全'无所谓'，把我与九个'女同行'塞进一个车里。唉，所有这些终究都是鸡毛蒜皮的小事，您永远不要忘了，不管遇到什么事，都要平静开朗地对待生活。我目前，即使在这里，也保持一定程度的平静开朗的心态。顺便说一句，为了不让您对我的英雄行为产生夸张的想象，我想懊悔地承

---

① GB 5：130.

认,那天当我必须两次脱去衬衫,让人触摸搜身时,我仅仅勉强忍住了眼泪。我当然直到现在还为这么软弱而生自己的气。还有,第一个晚上令我惊恐不安的并不是牢房,不是我突然离开了活生生的世界,而是——您猜一猜!——我只能不穿睡衣、不梳头就去睡觉这个事实。这里有一句经典引文必不可少。您还记得《玛丽亚·斯图亚特》第一幕吗?玛丽亚·斯图亚特的首饰被收走时,她的奶妈肯尼迪夫人说,'失去生活中的小饰物'比承受巨大的考验更残酷。(您可以查阅一下,席勒比我在这里表述得更优美。)"①

她的狱中书信与其理论和政治论述同样令人赞叹,她在狱中以坚强的意志竭尽全力地**生活**,这是她写下这些书信的前提。她写道,她所尊崇的信条是:"一个人在任何时候都必须作为一个完整的人去生活。"② 第一,只要有可能,并且狱卒及其头目允许,她就努力把监狱也变成一个适于生活的地方,在极其不利的条件下,赋予监狱故乡的特征。她尽可能保持以前的习惯。她的居所对她来说总是至关重要,必须物如其人,井然有序,尽可能接近自然。在条件允许的情况下,她把狱中陋室也布置得"温馨舒适"。在佛龙克监狱,她开辟了一小块园地,种植花草。她尽可能使每天的生活形成规律。第二,她继续与朋友们保持对话往来,并建立新的联系。不能直接沟通,

---

① GB 5:47.
② GB 5:177.

她就通过大量书信进行对话交流。第三,她仍然积极过问政治,继续用她的话语给人们以启迪。第四,她利用这些时间在理论上和文化上进行思考。至少在佛龙克监狱,她可以借助自己的人格魅力受到优待①。

在狱中书信中,她为自己和他人创造了一个属于自己的世界。她的朋友亨利特·罗兰·霍尔斯特(Henriette Roland Holst)在谈到这些书信时说,其中一些书信算得上是"世界文学中最美丽的散文诗"②。她一再用如下的话告诫自己不要愤怒和绝望:

> "顺便说一下,只要我牢记为自己制定的生活准则,就会易于承受所有一切:做个好人是最重要的!简单直白地说,就是好好做人——这能使一切问题迎刃而解,而且胜于全部聪明才智和自以为是的行为。"③

这些信不是"灵魂的倾诉",而是自我陈述,也是为了通过这些信振作自己,并给其他人提供支持。它们是直接反思的艺术品。卢森堡在与"外界"的联系上做了大量的工作,从文学上改造了她周围的、甚至是现在离她很远的世界,使得她不仅可以承受,而且可以生活在其中。³ 在汉斯·狄芬巴赫去世前不久,她向他描绘了夏季去瑞士旅行的田园风光,并在监狱的

---

① 参见监狱长恩斯特·多斯曼博士的回忆录,见 GW7.2:971 和 995。
② Roland-Holst 1937:153.
③ GB 5:183.

围墙之中说道："主啊，世界和生命是那么美丽！"①

诚言

卢森堡在演讲和文章中一再重申："正如拉萨尔所说，最具革命性的行为是且永远是'大声地说真话'。"② 福尔克尔·凯撒（Volker Caysa）认为这一点是卢森堡生活态度的核心。凯撒在说明这一点的时候使用了"parrhesia"（诚言）这个希腊语概念，意思是自由地谈论一切。这个概念最早起源于古希腊的城邦民主制，米歇尔·福柯于1982年至1984年在法兰西学院的讲座中对这个概念进行了详尽的阐述。关于卢森堡，凯撒这样写道："诚言政治是她的政治生活（艺术）哲学的中心点，即公开、自由、冒险地讲真话，无保护地、不受到统治者保护地（在不受到权力保护的意义上）以生存受到威胁为代价，吐露真言。她说真话，吐真言，不惧怕自己的生存受到威胁，即使在得不到支持，必须独自担当，甚至可能也得不到她所属党派和集体的支持的情况下，也要这样做。"③

在卢森堡那里，诚言有不同的层面。**第一**，从中产生出创造和保持政治空间的要求，持不同思想者的自由作为最高财富受到保护。就连敌人作为言说者也应不受侵犯。只有在自由表达的空间中，才能发展自我赋权和自决。因此民主对她来说并

---

① GB 5：189.
② GW 2：36，也见 GEW 7.2：577 中的脚注，给出了引用拉萨尔的出处。
③ Caysa 2017：14.

不是过渡阶段，无产阶级专政应该拥有"自由的、不受限制的报刊……不受阻碍的结社和集会生活"。否则，怎么可能实行"广大人民群众的统治"① 呢？她这样质问。

第二，卢森堡的诚言不能与不负责任的胡言乱语混为一谈。在关于"诚言"的讲座中，福柯首先强调了诚言者特别是在自身存在受到威胁的情况下的自我承诺："使用诚言的诚言者是诚实的人，这就是说，有勇气冒着风险说出真话的人，并且是冒着风险说出与自己相关的真话的人，恰恰在这个意义上他是真理的宣讲者。"② 真理首先存在于言说者的内心和言说者自身，首先是自我表达，由自己的行为担保。

卢森堡令人缅怀的地方主要是：她作为一个社会主义者极其彻底地义无反顾地面对生活中的矛盾，她的态度超出了极限，达到了可能威胁到自己的安危，失去生命的程度。1913年，当检察官以可能出现逃跑危险为由，打算对她立即施行拘留关押时，卢森堡在结束她的辩护发言时，在法庭上大声疾呼："社会民主党人是不会逃跑的。他敢做敢当，笑看您的惩罚。您就对我做出判决吧！"③ 这种敢说敢当的态度是她的鲜明特点，她在这方面也是极端彻底的，这使她成为一个当之无愧的诚言者。她的言谈的真来自生活的真，诚言首先是在表达蕴含在自己生活中的真。她履行了圣约翰的启示："你既如温水，

---

① 《卢森堡文选》下卷，人民出版社1990年版，第500页。
② Foucault 2010: 94.
③ GW 3: 406.

不冷也不热，所以我必从我口中把你吐出去。"①

第三，诚言让听者承担责任。其他人也不能是温水。她认为在政治上和人性上都应当如此。在为写作《尤尼乌斯小册子》做准备时，她曾经写信给科斯佳·蔡特金："今天我去歌剧院听音乐会，贝多芬的钢琴协奏曲美妙动听。我在听音乐的时候，心中又涌起了对那些人类败类的刻骨仇恨，而我不得不在他们当中生活。我感到，现在必须就正在发生的事情写一本书，这是一本无论男人还是女人，甚至最年长的人，都没有读过的书，一本棒打这群败类的书。"② 她打算通过诚言要求，也就是说，用话语的威力强迫他人过诚实的生活，在个人关系中也同样如此。她对自己的要求和她对"群众"的要求——通过自己的力量解放自己，不要让自己被套上新的枷锁——是密不可分的。她坚决反对那些不是同时在团结中丰富生命的自我转变的社会变革。

诚言作为对别人的要求也渗透到她的个人关系中。在1895年3月21日她写给伴侣莱奥·约吉希斯的一封信中，我们可以读到：

"哎呀，你这个宝贝！你知道吗，我有很残忍的打算！真的，我在这里把我们的关系在脑海中过了一遍，等我回去以后，我要用爪子紧紧地抓住你，直到你发出尖叫，你就等着瞧吧！我将让你不得安宁。你必须屈服，必须投降

---

① 《启示录》第3章第16节。
② GB 5：28。

和服从,这是我们继续一起生活的条件。我必须摧折你,磨去你的犄角,否则与你在一起就令我不能忍受。你是个坏人,我在琢磨了你的整个精神面貌之后,现在对此十分肯定,就像知道太阳在天上一样。我要遏止你内心的愤怒,我发誓,绝不让这些小苗疯狂生长。我有权这么做,因为我比你强十倍,我完全有意识地谴责你的性格的这个最突出的一面。"①

第四,罗莎·卢森堡的诚言是诚实现实的产物:诚实的关系、诚实的生活方式、诚实的政策,也可能是恩斯特·布洛赫(Ernst Bloch)所说的"前假象"。她的语言实践是对人们在真实生活中可能成为现实的东西的生动预测。在《论俄国革命》一文中,她与新兴的布尔什维克特色"现实社会主义"针锋相对,表达了自己的看法:"社会主义的社会制度只应当而且只能是一个历史产物,它是在它自己的经验的学校中,在它得到实现的那一时刻,从活的历史的发展中产生的;历史归根到底是有机自然界的一个部分,它同有机自然界完全一样,有一个好习惯,总是在产生实际的社会需要的同时也产生满足这一需要的手段,在提出任务的同时也提出解决的办法。"② 这种社会主义将是一个生机勃勃的多元化社会。

第五,卢森堡的诚言是从马克思主义中产生的。正如彼

---

① GB 1:56f.
② 《卢森堡文选》下卷,人民出版社1990年版,第501页。

得·内特尔所强调的那样:"她做到了列宁、考茨基和其他同时代的人所没有做到的事情,即她懂得,必须使马克思主义充满活力。……列宁择而取之,她则包罗万象;考茨基注重形式,她则注重实际;普列汉诺夫笼统抽象,她则富于人性。"①她的思想"是在不断运动中对历史经验的丰富反思"②。卢森堡践行了这些马克思主义的矛盾对立,并亲自将其发动,以促进工人阶级的自我解放。对她来说,马克思主义既不是纯粹的学说,也不是信奉者的标志,既不是形式化的意识形态,也不是纯粹的政治工具,而是生活实践和唯一可取的——革命的——现实政治。卢森堡要面对的是,正如她在1903年所写的那样,"不能否认马克思对他的一些学生在理论的活动自由方面有着某种难以摆脱的影响"③,有一种"为了在思想上'保持马克思主义的立场'而小心翼翼唯恐偏离马克思思想方法的态度"④。这种态度"在某些情况下对于思维劳动来说,可能是和另一极端,即正是为了不顾一切地证明'自己思想的独立性'而拼命设法完全摆脱马克思思想方法的态度是同样有害的"⑤。当然,这也提出了一个问题:在马克思主义范围内是否——或者说,哪种马克思主义——可以富有成效地承受住卢森堡所践行的矛盾对立。

---

① Nettl 1967: 24.
② Löwy 2020: 40.
③ 《卢森堡文选》上卷,人民出版社1990年版,第472页。
④ 同上。
⑤ 同上。

自由总是与己不同者的自由

罗莎·卢森堡反对一切机会主义,她要求,为了使自由成为真正的自由,而不是隐蔽的强迫顺从,必须积极促进他人作为与己不同的人的自由。在这方面,她走在了现代社会运动的前面。她致力于创造一个生机勃勃的世界,不同的世界在这个世界中都能拥有一席之地。自由中的平等是各种不同的人的平等。在她的理解和实践中,作为一个自由人的态度,恰恰包括给其他人机会,让他们**作为与己不同的人享有自由**。而在这种自由作为一项权利之前,它要求人们自己采取行动,从而消除一切剥削和压迫——也包括对不同思想者的剥削和压迫。

任何人都不是自然而然或与生俱来就拥有自由。人的尊严和自由都不容侵犯,都需要受到保护。任何人要想长久地贯彻自己的权利,都必须承认其他人拥有权利,并使其他人能够行使权利,否则,他便会成为剥削者和压迫者。尤其是,为了使自己是自由的,就必须给予其他人自由、为其他人去争取和实现自由,否则,他就只能靠掠夺或赎买而获得自由。

罗莎·卢森堡对自由的理解与市场自由主义的自私自利或对自我实现的崇拜相去甚远,她本人所践行的作为社会道德的自由,是为其他人的自由而斗争的自由。如果公民们仅仅反抗对自己的压迫,那么,这个社会则不是一个自由人的社会。经验告诉我们,如果这样做,那么在力量对比对他们有利、利己主义占上风的情况下,他们便会反过来压迫其他人。如果虽然自己可以从这种压迫中得到好处，但是仍然反抗对其他人的压迫，那么这样做的人才是真正自由的。卢森堡所理解的自由是创造这样一种社会关系的行为，这种社会关系可以为其他人提供获得自由的条件。这既涉及自由财富的根本问题，也涉及消除不利于克服社会不平等的特权。但是，不彻底改变所有制关系和力量对比关系，不克服利润对经济和社会的支配地位，就不可能解决这些问题。她因此是一个社会主义者。

在一个社会中，只有每一个个人都是自由的，这个社会才可谓是自由的社会。但是，只有每个个人的自由发展有助于所有人的共同发展，这才是可能的。卢森堡认为，只有盲目轻信或玩世不恭的人才会相信，我们可以袖手旁观，市场的"看不见的手"或国家的"看得见的手"会安排一切。确切地说，这就等于贪图安逸或胆怯无能地将对自由的责任推卸给他人，而因此变得不自由。在这个意义上，政治对卢森堡来说，一直都是以对抗的形式参与解放性的共同实践。

在罗莎·卢森堡看来，囤积钱财的自由是残酷的剥削压迫，它使资本增殖达到登峰造极的地步，资本增殖统治着全社会，将财富、贫困、健康和疾病、教育和文盲、和平和战争分配到互相对立的社会群体、阶级和民族中，分配到地球的各个部分。占世界人口极小份额的人口消费全球大量资源的自由，被她谴责为残暴的统治。西方扩充军备的"自由世界秩序"对她来说，是军国主义的帝国主义政策。可以想象，如果卢森堡在世，她会把现今盛行的获取遗传密码和将知识据为己有的自由，斥责为犯罪性的掠夺；她会把毁灭地球生物多样性斥责为野蛮。

自由主义社会最根深蒂固的偏见之一是：自由与平等正义相对立。罗莎·卢森堡所理解的自由则以团结互助为基础。只有使其他人能够自由生活的人，才会采取公正的行动。这种基于团结互助的自由概念以在与己不同的人的自由中实现平等为目标，不仅以极端批判的态度反对将自由变成优先使用社会特权的野蛮，而且还反对为这种野蛮创造条件的所有社会结构，以及保障这些社会特权的统治关系。卢森堡一再使用"社会主义还是野蛮"的表述也可以被套用为"自由还是野蛮"。而"自由还是社会主义"的说法对她来说，则会像"自由还是自由"的说法一样荒谬。罗莎·卢森堡为我们留下了这个以其生命为证的遗产，这就是她的奇迹所在。

第二部分　恩格斯和考茨基受损的权威

"马克思主义包含两个基本要素：分析、批判的要素，以及作为革命要素的工人阶级的积极意志的要素。而那些只把分析、只把批判付诸实践的人，并不是拥护马克思主义，而是对这种学说的可悲的、腐朽的模仿。"①

我们重新站到马克思身边——但是是哪个马克思呢？

在一生中的最后一次公开演讲中，罗莎·卢森堡在1918年12月31日的建党大会上解释德国共产党党纲时宣告："现在，同志们，我们今天经历着这样的时刻：我们重新站到马克思身边，站到他的旗帜下面来了。"② 她指出，要重新建立（马克思主义）理论和实践的统一。卢森堡早在1905年1月马

---

① GW 2: 224.
② 《卢森堡文选》下卷，人民出版社1990年版，第542页。

克思的《剩余价值理论》出版时就告诫说，任务是"真诚而勤奋地研究马克思的基本著作，并在他的科学理论和社会民主党基于这些理论的实践之间找到处处可见的桥梁，以便在日常斗争中把自己和群众从所面临的思想退化和浅显化中拉出来"①。

但是，卢森堡1918年指的是哪个马克思，他的哪种理论方法？在党代会的发言中，卢森堡区分了马克思和恩格斯1847年底至1848年初在《共产党宣言》中倡导的立场和他们在巴黎公社被镇压后形成的观点。卢森堡说，在1848年革命前夕，"那时他们两人（无产阶级运动的所有领袖人物也同他们一样）认为，人们直接面临着实现社会主义的任务；只需要完成政治革命，掌握国家的政权，就可以直接使社会主义成为有血有肉的现实。你们知道，在这以后，马克思和恩格斯自己对这一观点作了彻底的修正。"②从那时起，他们就对最高纲领和最低纲领作了区分。

卢森堡在《共产党宣言》1872年德文版序言中发现了对《共产党宣言》策略的这种修正。马克思和恩格斯在序言中写道：

"不管最近25年来的情况发生了多大的变化，这个《宣言》中所阐述的一般原理整个说来直到现在还是完全正确的。某些地方本来可以作一些修改。这些原理的实际运用，正如《宣言》中所说的，随时随地都要以当时的历

---

① GW 1.2: 476.
② 《卢森堡文选》下卷，人民出版社1990年版，第535—536页。

史条件为转移,所以第二章末尾提出的那些革命措施根本没有特别的意义。如果是在今天,这一段在许多方面都会有不同的写法了。由于最近25年来大工业有了巨大发展而工人阶级的政党组织也跟着发展起来,由于首先有了二月革命的实际经验而后来尤其是有了无产阶级第一次掌握政权达两月之久的巴黎公社的实际经验,所以这个纲领现在有些地方已经过时了。特别是公社已经证明:'工人阶级不能简单地掌握现成的国家机器,并运用它来达到自己的目的。'"①

现在,在1872年版《宣言》的这篇序言中,是绝对看不出来"彻底的修正"的。马克思和恩格斯反而补充了在无产阶级革命中取代资产阶级国家机器的重要性。同时,他们预计西欧和中欧的资产阶级制度将在较长一段时期处于相对稳定的状态,从而爆发与1848年革命形势有根本性不同的阵地战。他们在很大程度上承担了批判与团结地指导德国社会民主党的角色,而1880年来自法国的请求使他们有机会直接参与制定一份社会党的党纲。

最高纲领和最低纲领

1879年,在茹尔·盖得(Jules Guesde)和保尔·拉法格

---

① 《马克思恩格斯文集》第2卷,人民出版社2009年版,第5—6页。

（Paul Lafargue）的领导下，**法国工人党**（POF）成立了。两人都找到了马克思和恩格斯，请求他们帮助制定一份党纲，这份党纲将在1880年11月举行的哈佛尔党代会上进行讨论和表决。同年5月初，在恩格斯位于伦敦瑞琴特公园路122号的公寓会面时，撰写了一份由两部分组成的文件。第一部分即序言，是由马克思撰写的。接在这个序言之后的是一份带有社会民主要求的简要目录，也被称为"最低纲领"，这是从这4位参与者的讨论中形成的。这份纲领具有明确的政治战略功能：它有助于毫不妥协地将自己与法国那些被称为"可能主义者"的社会主义派别划清界限，后者的战略旨在尽可能充分地利用资产阶级社会现有的可能性，但不包括进行无产阶级革命。马克思对最高纲领和最低纲领的区分，在源头上划清了与这种"改良主义"观念的界限。为当下的可能性而进行的斗争显然从属于最终目标——"生产者阶级的革命活动"和"使全部生产资料归集体所有"。

在党纲的序言中，马克思提出了他的批判性无产阶级共产主义的理论基础。如果有一份文件表达了马克思共产主义的精髓，那就是这份文件，尽管它很少被引用。现将其全部内容转载如下：

"鉴于
生产者阶级的解放是不分性别和种族的全人类的解放；
生产者只有在占有生产资料之后才能获得自由；
生产资料属于生产者只有两种形式：

（1）个体形式，这种形式从来没有作为普遍事实而存在，并且日益为工业进步所排斥；

（2）集体形式，资本主义社会本身的发展为这种形式创造了物质的和精神的因素；

鉴于

这种集体占有只有通过组成为独立政党的生产者阶级或无产阶级的革命活动才能实现；

要建立上述组织，就必须使用无产阶级所拥有的一切手段，包括借助于由向来是欺骗的工具变为解放工具的普选权；

所以，法国社会主义工人确定其经济方面努力的最终目的是使全部生产资料归集体所有，并决定提出下述最低纲领参加选举，以此作为组织和斗争的手段。"[1]

"最低纲领"分为政治纲领和经济纲领。政治纲领要求在新闻出版、集会和结社上的全面自由，废除对雇佣工人的歧视性法律；教会财产国有化，普遍武装人民和扩大地方自治。经济纲领的重点是限制工作日，禁止童工，法定最低工资，男女工资平等，社会负担费用的综合技术教育，工人基金的自我管理，工人参与工场劳动规则的制定。还包括要求撤销所有私有化，把国营工场转为工人的合作所有，以及废除一切间接税，通过3000法郎以上的累进所得税和2万法郎以上的遗产税来

---

[1]《马克思恩格斯文集》第3卷，人民出版社2009年版，第568页。

专门为国家开支提供资金①。

1880年**法国工人党**纲领成为后来**爱尔福特纲领**的蓝本。恩格斯的知己卡尔·考茨基和爱德华·伯恩施坦（Eduard Bernstein）负责起草纲领草案——考茨基负责"原则"，伯恩施坦负责接下来的要求。**爱尔福特纲领**在结构和笔法上与法国党纲领相似，并成为所有其他马克思主义国际社会民主党纲领的范式。它还采取了远远超出工人阶级的立场："德国社会民主党进行斗争并不是为了争夺新的阶级特权和优先权，而是为了废除阶级统治和阶级本身，为了使所有的人不分性别和出身都具有同样的权利和同样的义务。从这种观点出发，他们在今天的社会里不仅反对对于雇佣工人的剥削和压迫，而且反对任何种类的剥削和压迫。不管这是针对一个阶级、一个政党、一种性别，还是一个种族的。"② 它还阐述了在1889年**第二国际**成立大会上确立的斗争的国际层面。同时，伯恩施坦在1900年正确地写道，马克思对法国党纲领的介绍语句仅限于"现代工业的总趋势，表明个体逐渐被集体形式消灭"，而爱尔福特纲领的特征是"对结果的戏剧性描述"，它与其说是分析研究不如说是"起诉书"。③

对"冒牌马克思主义"的清算

罗莎·卢森堡对她所谓的社会民主党冒牌马克思主义的清

---

① 《马克思恩格斯全集》第25卷，人民出版社2001年版，第658页。
② SPD 1891a.
③ Bernstein 1900a: 5.

算在第一次世界大战前就已经开始了,她开始谴责考茨基的"疲劳战略",在她看来,这相当于把社会主义仅仅作为革命的空谈来宣扬,实际上是建议进行防御,等到决定性的时刻再去夺取政权。1918年,她仍在监狱里,她的清算正如她自己所说,变得更加尖锐。同年春天,德国军队参与镇压芬兰苏维埃共和国,她写道:"芬兰的英雄事迹等,在**旧德国社会民主党**和**第二国际**的计算之下。他们摧毁了旧的权威和恩格斯—卡[尔]·考[茨基]的策略。"① 卢森堡认为,"恩格斯的策略纲领(1895)"② 已经不适用于帝国主义时代了,而好事已经变成了折磨。发动新攻势的必要性没有被考虑到。

罗莎·卢森堡所说的"恩格斯的策略纲领"是恩格斯对以马克思主义为导向的社会民主党战略的思考,这是他去世前不久在《卡·马克思〈1848年至1850年的法兰西阶级斗争〉一书导言》中阐明的。对此,他不得不针对对他的文本的干预而为自己辩护,但没有成功。社会民主党主席团曾要求党要无条件地作为一个符合法律规定的政党存在。《前进报》上的一篇题为《今天如何进行革命》的社论也挑选了个别引文,因此恩格斯愤怒地写信给考茨基,说他自己看起来是"一个温顺平和、无论如何都要守法的人",必须做些什么,"以消除这个可耻印象"③。

恩格斯建议的战略非常明确。他认为,投给社会民主党的

---

① GW 7: 1093.
② 同上,1094.
③ 《马克思恩格斯文集》第10卷,人民出版社2009年版,第699页。

选票的增长将继续成为"不可遏止的,并且是平稳的,正如自然界中发生的某种过程一样"。到 20 世纪末(也就是 5 年后!),社会民主党将赢得"社会中间阶层的大部分,小资产阶级和小农"并成为"国内的起决定作用的力量","其他一切势力……都得向它低头"。他的结论是:"我们的主要任务就是不停地促使这种力量增长到超出现行统治制度的控制能力,不让这支日益增强的突击队在前哨战中被消灭掉,而是要把它好好地保存到决战的那一天。"① 一方面,社会民主党不应让自己被挑起武装冲突,但另一方面,它应该保持对德意志帝国及其国家权力的一贯反对态度。倍倍尔坚决敌视资本主义的立场也与恩格斯一样:"不给这个制度一个人或一分钱。"

伯恩施坦在 1903 年完全打着社会民主党选举成功的旗号所写的话并没有错,"社会民主党绝不仅仅是因为马克思而变成现在这个样子的,实际上在重要问题上是**与马克思相对立的**"②;"如果想现在就把社会民主党的选举成功称作马克思主义在实践上的成功或实践的马克思主义的成功,那是……对事实的强奸。**修正的马克思主义的成功**在这里会是更正确的。……虽然德国社会民主党今天打着马克思主义的旗号斗争,但却比 1878 年以前的议会化程度要高得多,当时拉萨尔即使不是在马克思的前面,也是与马克思并列的社会民主党的

---

① 引自《马克思恩格斯全集》第 29 卷,人民出版社 2020 年版,第 638 页。在《新时代》杂志刊载的文本和 1895 年出版的单行本《1848 年至 1848 年的法兰西阶级斗争》中,"不让这支日益增强的突击队在前哨战中被消灭掉,而是要把它好好地保存到决战的那一天"被删去。

② Bernstein 1903:262f.

领路人。"① 恩格斯在马克思的著作《法兰西阶级斗争》的导言中，对这种具有严格的组织完整性的议会斗争形式给予了较高的赞誉。只是人们忘记了，这是恩格斯有意在相对平静的时期推行的一种革命战略。而对恩格斯来说，这是为同样使用暴力手段的进攻战做准备的阵地战，然而它却转变为和平共处。其结果是相应的。卢森堡1918年在狱中做出总结："旧的德国社会民主党是一个中间物。它的两个要素是：激进的空话和机会主义的实践。革命的理论和纯粹的议会政治。"②

在讨论新成立的共产党的纲领和战略时，卢森堡将恩格斯与考茨基的策略与马克思和恩格斯在《共产党宣言》中的战略进行了对比。但在她看来，差异在哪里呢？卢森堡首先看到的是，与1847年底至1848年初不同，马克思和恩格斯在巴黎公社被镇压后的出发点是，"无产阶级还要经过遥遥无际的道路才能使社会主义成为现实"③。然而在1918年底，很明显，《宣言》的应急方案和斯巴达克联盟的方案基本上是一致的。她的结论是，必须反对"把间接的、所谓的……最低要求同作为最高纲领的社会主义最终目的分离开来"；"对我们来说今天没有最低纲领和最高纲领；最低和最高纲领一样，都是社会主义；这是我们今天必须贯彻的最低限度的工作。"④ 卢森堡看到了改良和革命这两个计划重合的原因在于，随着第一次世界大战的

---

① Bernstein 1903: 263.
② GW 7.2: 1092.
③ 《卢森堡文选》下卷，人民出版社1990年版，第542页。
④ 同上，第544页。

结束，资本主义进入了最后的危机，只能有两条出路——无政府状态和野蛮主义或民主和社会主义："社会主义之所以成为必然性，不仅是因为无产阶级不再愿意在资本家阶级给他们准备的生活条件下生活了，而且还因为，如果无产阶级不履行他们的阶级职责和实现社会主义，我们大家一起都要面临灭亡。"①

毫无疑问，罗莎·卢森堡始终唯一接受的"主义"就是社会主义；这对她来说已经绰绰有余了。1918年12月31日，来自各个派别的左派人士，包括许多支持马克思主义思想的名人参加了德国共产党成立大会，她在会上的演讲中重新回到了马克思主义。为了不吓到任何人，她区分了"官方的马克思主义"和"真实的、纯粹的马克思主义"——但更倾向于为新政党提供一个不同的参考。她没有宣布："我们重新站到马克思主义身边"，而是说，"我们重新站到马克思身边，站到他的旗帜下面来了。如果我们今天在我们的纲领中宣称：无产阶级的直接任务不是别的，而是——用几句话概括起来——使社会主义成为事实和行动并且把资本主义彻底消灭，那么我们就站到了马克思和恩格斯1848年采取的而且他们从来没有在原则上背离过的那一立场之上。"②

在1918—1919年的德国小规模革命结束时，没有发生毁灭，也没有社会主义，而是经历了漫长的不稳定时期和脆弱的魏玛共和国，在大萧条中被精英们抛弃并交到了希特勒和纳粹

---

① 《卢森堡文选》下卷，人民出版社1990年版，第543页。
② 同上，第542页。

党手中。一百年后的今天，面对新的大危机出现的问题是，罗莎·卢森堡一再提到的马克思的遗产给我们带来了什么战略上的帮助？我们可以从罗莎·卢森堡那里学到什么，以便在今天的决策情况下找到引导政治方向发生根本变化的方法？这不是现成的知识，但也许是立场，是她工作和活动中公开的矛盾，首先是她的探索过程和引发的争论。

对罗莎·卢森堡的作品进行解放性的解读绝非易事。要想实现这种解读，读者需要自己发现卢森堡从正统马克思主义的思维模式和第二国际，特别是其德国堡垒——社会民主党的组织结构中解放出来的过程息息相关；同时，读者有意愿去做的也不是吸取现成的知识，而是首先掌握问题的提出和探索的形式，作为阅读的最重要结果。

第二国际的正统观念把社会主义政策的矛盾处理成"理论"和"实践"、"改良"和"革命"、"群众"、"党"和"领导"、"此时此地"和"彼时彼地"、"我们"和"他们"、"民主"和"专政"的外在并存。随着第一次世界大战的爆发，这种并存关系变成了一种致命的对立关系。对罗莎·卢森堡著作的解放性解读也很困难，她在开始进行创造性探索时，从来没有被限制在一个僵硬的"立场"上，而是想办法处理社会主义政策的矛盾，以及建议、接受和概括政治上解决这些矛盾的**解放性**形式。她为确定解放性地解决矛盾的办法而找到的语言形式本身就处于变化之中，代表着过渡，要求读者摆脱简单的"非此即彼"。罗莎·卢森堡不是一个典型的教条主义者，而是一个典型的探索者。以下对卢森堡著作的分析，试图理解她是如何遵循这一要求的——与马克思一起并通过马克思制定帝国主义时代的革命战略。在这样做的过程中，她发展了今天所需要的方法——以彻底的变革政治超越资本主义这一战略的方法。

对自己的处境缺乏了解

> 悲剧有时恰恰在于它没有被识别出来。
>
> ——列昂尼德·列昂尼多夫（俄罗斯格言家）

1914年8月，民族主义"复兴"终于把曾经辉煌的社会民主党左派缩减到了一个宗派的规模；战争开始时，先前的左派大规模——而且往往是十分无耻地——转投敌营的原因问题，到今天还没有得到充分的回答。很快就有人发明了"背叛"这个词，虽然没有提供任何慰藉，但至少将世界观分为好的和坏的——这样一来，角色的分配从一开始就是明确的。然而，这种说法什么都没有解释清楚。

德国工人运动的世界，至少是其反资本主义的那部分，并不是闭门造车而成，而是在自卫中产生的：防卫的是一个由军国主义专制国家保护的工商业资产阶级，这个阶级用封建等级的方式思考，培养领主的立场，"第四等级"对他们来说什么都不是。作为回应，这些贱民中的一小部分人——尽管在稳步增长——创造了他们自己的世界；这是一个"敌对世界"（Gegenwelt）——它不是一个父母期盼的孩子，因为它是违背意愿出生的。

用绅士骑手的行话来说,这些"下人"为他们的"敌对世界"设置了一个明确的政治目标,由他们的政治臂膀——社会民主党在1891年的爱尔福特纲领中表达出来:这个"敌对世界"不仅要抵抗资产阶级世界,而且要征服它——在工人阶级构成选民多数的时刻,然后宣告建立社会主义。在此之前,议席越多,未来越有希望。

这一切都有很强的政治动机,意味着反资本主义的德国工人运动明显偏离了国际"规范":德国工人运动没有像通常情况那样先从经济斗争中发展出来,而是从迅速政治化的工人教育运动中发展出来。1848年失败的民主革命和俾斯麦的"自上而下的革命",以及仅仅轻微裁减军备的专制国家,很早就使德国工人阶级这部分人的争论进入政治领域。占主导地位的不是工会,而是一个政党,它与马克思主义一起代表了一种世界观,其中"工人运动与社会主义……改良与革命"相结合①。因此,幸福的承诺从一开始就比其他地方更具政治性,但也更有说服力,因为它得到了本国文化的认证。

虽然无产者只比其他难友多一点,但在这个有组织的"敌对世界"中,他们不仅找到了自己的生计,而且还常常能够快速实现社会上升,往往带有加入"官方"社会的深层愿望——即便不是为了自己,至少也是为了孩子们。

即使是那些来自其他阶层、其生存不仅依赖于无产阶级组

---

① Kautsky 2017:147.

织的人,也不太愿意被这些贱民所宣称的"方案"——未来要建立的社会主义和一个更公平的世界的想法——所吸引。对这些知识分子来说,真正的吸引力是敌对世界本身,它滋养了一种大多不言而喻的在此时此地对一个更好的世界的救赎期望。这种乍看起来有空想意味,但最终往往只是轻率地逃离过时的资产阶级惯例的做法并不奇怪。因为当时存在着一个今天难以想象的"官方社会",这样的社会在臣民和超人之间受限地、狭隘地、无能地摇摆,面临着因假仁假义而覆亡的危险。

然而,大多数活跃分子的幻灭发生在1914年8月4日之前的一段时间——毕竟,在这个看似另类的无产阶级的"敌对世界"中,发生了与"官方社会"相同的事情:在这个"敌对世界"出现后不久,其参与者就开始重演资产阶级的原貌——同样的权力斗争,同样的阴谋诡计,同样的猜疑嫉妒。爱德华·伯恩施坦的修正主义完全不是"背叛";它只是试图从政治上应对这种幻灭。

当然,人们本来并不需要伯恩施坦;生活无论如何都更强大。德国社会民主党有组织的"敌对世界"并不是另类生活形式的实验室,而仍然是一条权宜之计,创造一个不同的、更好的世界的期望因此成了无药可救的苛求。死亡的种子已经在它的摇篮里了——这种失望几年后将在有理想主义倾向的共产党支持者中周而复始;尽管这些支持者一直在发出警告,但他们还是自愿向一种被强调为无产阶级的、但终归是不人道的做法投降。

具有讽刺意味的是,没有任何东西能像欧洲的社会民主党那样,给摇摆于战时和战后的精神失常的资产阶级世界提供如此多的合法性,一个枯萎的、自我消耗的彻底的反对派感到被资产阶级环境围困,就像德国舰队在第一次世界大战中感到被英国人围困一样"存在着",仅仅因为其存在,而且最终——与德国舰队不同——并非不得已就投降了。

此外,在德国,在《反社会党人法》和所有其他今日常常被遗忘的刁难(州一级的三级选举、禁止结社等)之后,只产生了一个效果——促进社会民主党的崛起,资产阶级世界中尚能思想的那部分又打开了另一个抽屉:昨天的邋遢孩子突然被封为"值得被接纳"的人;新闻工作者不得不把门打开一条缝以上的宽度。

康拉德·亨尼施(Konrad Haenisch)、保尔·伦施(Paul Lensch)和海因里希·舒尔茨(Heinrich Schulz)等左派人士返回官方社会的个人决定往往在8月4日之前就已经做出了;在那一天,他们的列车只是停在方便换车的任何车站。随着1914年8月4日战争拨款获批,有组织的反资本主义—无产阶级的"敌对世界"回归到"官方社会";在政治上,斐迪南·拉萨尔徒劳无功。很少有人能在这个过程中打碎自己的道德骨骼——大多数人甚至不知道它是什么。

剩下的只是一个分散的小团体,一个围绕着罗莎·卢森堡、克拉拉·蔡特金、弗兰茨·梅林、卡尔·李卜克内西的微小圈子,这些知识分子仅仅由于"方案",由于无论何种形式的社会主义而进入了这个明显的另类世界。这些人观点不同,有正直也有与世隔绝的人,他们不仅失去了大部分追随者和伙伴，还失去了"敌对世界"本身——而他们却不能理解发生了什么；他们站在倒下的树木之间，却没有看到腐烂的森林。

在歇斯底里的几周里，很明显，这个"敌对世界"的内核早已消解（而形式却一直存续到1933年5月2日——直到纳粹分子粉碎了社会民主党与工会的组织）。在接下来的世界大战中，德国左派为社会主义工人运动恢复政治独立而堂堂正正地斗争；随着1918年共产党的成立，他们试图发起一场新的工人运动——这一尝试最迟在1921年失败，当时他们向布尔什维克投降了。

在这种情况下，无家可归并不是被抛弃的结果，而是因为家乡消失了。

第三部分 "成熟的马克思主义者"和波兰问题

> "我的理想是这样一种社会秩序,在这种秩序中,我将被赋予爱所有人的权利。在为之奋斗的过程中,以这个理想的名义,我也许有一天会恨之入骨。"
>
> ——16 岁的罗莎·卢森堡①

从 1898 年 5 月在柏林定居开始,到 1919 年 1 月 15 日被暗杀为止,罗莎·卢森堡经历了一场转变的过程:从在修正主义争论中捍卫已经简要概述的"恩格斯—考茨基战略",到对这一战略进行更深层次的修正,以及探索同时具有彻底性和解放性的替代方案——直到最后都没有找到。在下文中,我们将从著名的修正主义争论开始,追溯这一探索的各个阶段。

对于德国社会民主党来说,罗莎·卢森堡在 1898 年像弥涅尔瓦——宙斯好战的女儿——一样出现,从马克思的头上冒出来。她被指责为"像云端的女神一样……抛出无法抗拒的空

---

① 转引自 Seidemann 1998:9。

话"①。在社会民主党的老家伙们没有立即对爱德华·伯恩施坦修正久经考验的战略的理论基础采取强硬态度时,年仅 27 岁的她在他们的屁股底下点了一把火。罗莎·卢森堡在这场辩论中完全准备好了她的观点,她的立场非常清楚,她的信念如此坚定不移,无人能及。但她并不是凭空出现的,她的马克思主义有一个非常具体的背景——社会民主党人在波兰的俄占区为制定令人信服的社会主义战略而进行的斗争。

波兰社会民主党及其两翼的建立

罗莎·卢森堡的博士生导师尤利乌斯·沃尔夫(Julius Wolf)在回忆他在苏黎世大学教学的时候说,他曾为"我在苏黎世时期最有才华的学生罗莎·卢森堡……在学术上牵马执缰","……她在我这里获得了政治学博士学位(凭借一篇关于波兰工业发展的优秀论文)"。沃尔夫继续说,"作为一个到我这里来的来自波兰和俄国的马克思主义者",她"无疑是成熟的"②。但是,在 1895 年前后成为一个成熟的马克思主义者意味着什么,而这种马克思主义者在年轻的罗莎·卢森堡身上具体表现为什么形态?而这种形态是在什么条件下实现的?应当注意到,在卢森堡 1889 年逃离波兰后,尤利乌斯·沃尔夫并不是立即,而是在几年后才认识她的。1892 年前,她主要学习

---

① 转引自 Laschitza 2014:37。
② 转引自 Nettl 1967:75。

动物学、国民经济史和哲学以及金融学①，然后改学法律，最后在1893年改学政治学，她选修了国民经济学，参加沃尔弗的讲座课，并在1897年5月以优异的成绩通过了论文《波兰工业的发展》的答辩。

1886年，当卢森堡还是华沙第二女子中学的学生时（这所学校是俄罗斯人专属的，只有特别有天赋的波兰女孩才会被破格录取），她接触到了马尔钦·卡斯普沙克（Marcin Kasprzak, 1860—1905，在华沙被处决）领导的马克思主义团体**第二无产阶级党**。1888年发生了大规模的迫害。与人们常说的相反，卢森堡得以持官方护照离开波兰王国。她也没有被列入任何政治迫害者的名单②。她的家庭使她有可能在瑞士学习。卢森堡在苏黎世大学哲学系开始了她的学业——当时人文科学和自然科学仍是合起来的，并从1892年开始在政治学系继续学习，其中包括国民经济学。罗莎·卢森堡早期的马克思主义思想就是在这个波兰社会民主党人和来自俄罗斯帝国的社会民主党人的特殊环境中产生的。[4]她受到的影响一方面来自整个俄国对革命战略的探索，另一方面则来自波兰作为沙皇帝国经济最发达地区之一的特殊情况。因此，与1848年相比，情况已经发生了根本性的改变。社会民主党必须找到答案，即如何具体在各个地区应对那些由四大帝国——沙皇俄国、奥斯曼帝国、奥匈帝国和德意志帝国③主导的民族运动，中东欧和东南欧被它们分

---

① Stadler-Labhart 1978：38.
② Seidemann 1998：24.
③ 关于这一时期社会民主党对民族问题的讨论，见 Haupt 1974；Baier 2011.

第三部分 "成熟的马克思主义者"和波兰问题

割开来。

首先,俄罗斯帝国的所有革命者都必须回答如何推翻沙皇制度的问题。在19世纪60年代和70年代克里木战争失利后的改革时期形成的民粹派,寄希望于农民和通过释放带有公有制和自我管理要素的农民公社(obščina)的潜力而向社会主义过渡。在"到人民中去"和启蒙民众的尝试失败后,出现了通过暗杀沙皇来唤醒群众和扫清障碍的想法。但暗杀和1881年最终杀害亚历山大二世表明了,这种策略引导进了一个死胡同。对替代方案的寻找转向了西方。在西方,工人运动证明,除了农民或资产阶级外,还可以有其他力量。马克思有重大的影响。19世纪70年代末,围绕格奥尔基·普列汉诺夫(Georgi Plechanow)形成了马克思主义的社会民主党的雏形,1883年普列汉诺夫在瑞士流亡者中成立了**劳动解放社**。该组织的出发点在于,俄罗斯帝国正在形成的工人运动必须在争取民主和社会主义的斗争中发挥主导作用①。

其次,那些赞同上述社会民主主义立场的波兰革命者必须回答的问题是,他们的社会主义构想与恢复独立的波兰国家的斗争之间有什么联系。1830年和1861年的起义被俄国军队残酷地镇压了。与此同时,被俄国占领的波兰王国(俄属波兰②)

---

① Plechanow 1956 和 Plekhanov 1956。
② 在下文中,我们将主要使用波兰王国一词来表示历史上波兰被俄国占领的部分。这是基于战胜拿破仑后沙皇和波兰王室之间虚构的私人联盟。在起义失败之后,沙皇当局想尽一切办法把被吞并的波兰领土仅当作省份来对待,并在行政上对其进行相应的分割。波兰这个名字被禁止使用,代替以"维斯瓦河地区",并在这里实行"俄罗斯化"的政策。

也开始加速发展工业。在1897年为《社会主义月刊》撰写的《波兰的社会主义》一文中，罗莎·卢森堡详细介绍了波兰社会民主党在俄罗斯帝国的这段创建历史。她从1882年**无产阶级党**的成立中看到了起点，该组织关注的是无产阶级和资产阶级之间的阶级对立。卢森堡批判地评论道：

"然而，关于资本主义经济发展趋势的一般观点，还不足以勾画该党的行进路线图，还必须理解工人阶级在资本主义制度的政治发展中的积极作用。但恰恰在这方面，该党不是立足于西欧的运动，而是立足于'民意党'，而'民意党'认为，革命的少数派的密谋是夺取国家机器的手段，并依靠人民开始进行社会革命，但是将恐怖主义视为准备密谋活动的主要手段。"①

卢森堡认为，俄国这个第一个以社会民主主义为导向的团体的真正优点，首先在于它明确拒绝任何恢复波兰独立国家的企图。创始人和精神领袖卢德维克·瓦棱斯基（Ludwik Waryński，1856—1889，死于沙皇监狱）从一开始就"在工人运动和民族主义之间做了了断"②，并强调恢复波兰的方案对社会主义斗争的危害。卢森堡写道："波兰问题在理论上虽然尚未解决，但社会主义者针对这个问题的实际态度已经表达得极

---

① 《罗莎·卢森堡全集》第1卷，人民出版社2021年版，第105页。
② 同上，第107页。

为清晰。"①

在这段叙述中,表达了"成熟的(波兰)马克思主义者"卢森堡最重要的观点——对社会主义战略的理解源于社会的经济结构,强调任何组织和代理人都无法取代的工人运动作为核心积极力量的作用,以及严格否认社会主义斗争与恢复波兰国家的斗争之间的任何联系。

19世纪80年代末和90年代初,在波兰王国开始形成独立的工人运动。1892年5月,数以万计的纺织工人在罗兹举行了为期9天的大罢工。沙皇政府动用了军事力量,用十分残暴的方式镇压了这次罢工,160多名工人被杀害。这些事件成为在国外创建新的波兰社会民主党派的催化剂。其中第一个是1892年深秋在巴黎集会的团体,发起成立了波兰社会党(PPS),作出了两个重要的方向性决定:"首先,波兰社会主义运动的命运与俄国运动的未来进程脱钩,理由是社会主义运动……在俄国只是处于萌芽状态……第二,波兰社会主义运动从一开始就被赋予了在波兰王国边界以外行动的使命,因为要争取的共和国必须由不完全位于俄国的其他地区组成。"② 根据波兰社会党的立场,通往波兰共和国的道路必须通过波兰王国的工人起义达成。

另一个来自波兰王国和立陶宛的流亡者团体已经在苏黎世形成。在那里,莱奥·约吉希斯、罗莎·卢森堡、尤里安·马赫列夫斯基(Julian Marchlewski)和阿道夫·瓦尔斯基(Adolf

---

① 《罗莎·卢森堡全集》第1卷,人民出版社2021年版,第107页。
② Politt 2015b: 10.

Warski）制定了一条相反的战略路线。他们于1893年7月创办了流亡报纸《工人事业报》。约吉希斯从他祖父的遗产中筹资。他还组织了非法推销活动。罗莎·卢森堡和莱奥·约吉希斯在新报纸第一期的社论中写道：

> "俄国工人——我们受苦的兄弟，我们斗争的同志。他们开始像我们一样懂得，反对沙皇政府的斗争是无法避免的。苦难唤醒了他们，他们也在寻求斗争。因此，俄罗斯工人将与我们结盟，对付共同的敌人。把我们——波兰人和俄国人——放在同一个奴隶制下一起锤打的沙皇统治，将在其联合起来的敌人——波兰和俄国的劳动人民手中灭亡！"[①]

卢森堡和约吉希斯看到了一个共同的民族——工人，在对抗一个共同的敌人——各自的政府和各自国家的资本主义统治阶级。他们始终坚持，任何"部分团结"都是国际团结的敌人，"是一种会使民族对立露出马脚的模糊不清的东西"[②]。

对罗莎·卢森堡来说，这种工人的共同"民族"的提法是通过那些被彼得·内特尔称为她的"志同道合者群体"（同伴）的同志得知的。在华沙的第一次非法活动中，罗莎·卢森堡就已经认识了一些人，并与他们在接下来的几十年里保持着密切的联系——阿道夫·瓦尔斯基（1868—1937，在斯大林的

---

① Luxemburg/Jogiches 2015：25.
② GW 2：503.

恐怖统治中被杀）和尤里安·马赫列夫斯基（1866—1925）。最重要的是，她与莱奥·约吉希斯在苏黎世走到一起，这是她接下来15年的爱人和生活伴侣。抽象的参照物，即无论什么国家和民族的无产阶级，在这个群体中都表现出非常生动的形式："他们的年龄差不多，都在运动中找到了他们个性和才能的发展领域，这是他们在其他任何地方都无法获得的。……他们都是出于个人信念而不墨守成规的人；与其说是有组织的阴谋家，不如说是局外人。他们有着无限的自信，对社会主义未来的到来以及自己的分析和策略的正确性有着不可动摇的信心。然而，他们合作的最重要基础是一种无法界定的个人行为结构，从中产生了一种自发的、灵活的共识。"①6 在这种情况下，汉娜·阿伦特（Hannah Arendt）指出，这是关于犹太人的："这些犹太人在东方是极少数，在西方被同化的犹太教的比例甚至可能更小，他们不属于所有的社会阶层……因此没有任何形式的偏见；相反，他们在'灿烂的孤立'中，制定了一些类似于自己的荣誉准则，许多非犹太人都被吸引了。"②

如果有类似"每个人的自由发展是一切人的自由发展"③的联合体的化身，同时也是一个革命的斗争组织，那就是约吉希斯和卢森堡的团体。正如将要展示出来的，正是这种与志同道合的特殊共性背景以及自己对更高生活的要求，使她有力量打破正统马克思主义的束缚，并为此发展出解放的方法。面对

---

① Nettl 1967：89.
② Arendt 1989：51.
③ 《马克思恩格斯文集》第2卷，人民出版社2009年版，第53页。

日益恶化的政治问题和既定的社会民主范式的枯竭，她开始了自己寻找新战略并改变马克思主义理论的过程。这也是可能的，因为对她来说，马克思的著作提供了"比任何现成的真理都更有价值的东西"："思考、批评和自我批评的动力，这是马克思留下的学说的本质。"① 她没有从马克思那里寻求答案，而是在她自己的探索中找到深刻的帮助。

上述志同道合者的网络是他们实际的家乡——一个持续了25年的政治人际关系网络，直到卢森堡被谋杀。但在1893年，这仍然是遥远的未来。首先，卢森堡将自己描述为最狭义的马克思主义社会民主主义者。作为《工人事业报》的编辑，卢森堡在1893年8月6日至12日在苏黎世举行的第二国际代表大会上首次露面，当时她23岁。她写了一份关于社会民主主义在波兰王国发展的报告。一方面，她强调了将整个欧洲的受马克思主义启发的社会民主主义者团结起来的基本共识，认识到"社会民主党的作用在于目标明确地领导正在资本主义社会中以不可抗拒的力量发展起来的无产阶级反对现存社会制度的斗争；为了劳动阶级的日常利益而在经济领域进行的斗争、为了民主政体而进行的斗争是无产阶级在有能力推翻现存社会制度以前非进不可的学校"②。卢森堡还代表苏黎世小组说明了为什么她认为恢复波兰国家的斗争与社会主义目标和斗争方法以及结束对波兰民族压迫的任务不相容。这里详细引用了她的见解：

---

① GW 4：301.
② 《罗莎·卢森堡全集》第1卷，人民出版社2021年版，第3页。

第三部分 "成熟的马克思主义者"和波兰问题

重建一个独立的波兰的纲领,由于没有考虑实际情况,所以无法指导与无产阶级的需要相适应的政治活动。波兰的这三个部分,其中的一个享有相对广泛的政治自由和普选权;第二个享有一些微不足道的政治权利,普选权却还有待争取;第三个则完全处于专制制度的枷锁之下,因此这三个部分的工人阶级制定共同的最低政治纲领在今天实际上是不可能的,因为工人政党的政治活动必须与现存政治形式相适应。如果今天把那个纲领当作一个政治纲领,那就等于打算放弃任何政治活动。但是工人阶级必须进行政治活动,而要争取工人阶级,就必须提出现实的要求,而且要以真正的、迫切的和重大的需要为名,提出在今天就会引起实际斗争的要求。今天对于加利西亚的无产阶级来说,他们和整个奥地利的无产阶级共同进行的争取普选权的斗争,就是这样一种以现实情况为依据的政治行动。对于波兹南和西里西亚的无产阶级来说,政治纲领就是同德国社会民主党采取共同行动;对于俄属波兰的无产阶级来说,政治纲领就是与他们的实际生活情况相适应的口号,也是俄国整个无产阶级共同的口号:推翻专制制度。这一纲领既是从他们的日常经济斗争的需要中产生的,也是从他们的整个社会主义意图中产生的。同时,这一纲领使无产阶级有可能一方面把争取那些最能符合它的局部利益的政治权利作为自己的目标,同时又不致受政府的俄罗斯化政策的影响。最后,这一纲领引导工人阶级通过直接行动的道路取得社会主义的胜利,同时也使他们接近这样的时刻：在彻底消除一切压迫的同时，消除对波兰民族的奴役，使一切文化压迫失去基础。①

与人们通常所认为的完全相反，卢森堡拒绝恢复波兰国家的斗争并不是基于反民族，而是源于她的社会民主主义—马克思主义信念，即最低纲领和最高纲领必须形成一个统一体，此时此地的斗争必须从具体需要和实际可能性出发，同时培养工人的意识，以及通过社会主义斗争可以最有效地实现这些非常具体的日常目标。她后来将这种日常目标和长期目标的实际统一称为"革命现实政治"。确立起在她看来无法实现的目标，例如恢复波兰国家，将与此相矛盾。她认为，将斗争集中在一个单独的波兰国家上，会撕裂这种统一，为建立一个资产阶级民族国家而牺牲社会主义目标，同时又不能实现这一民族目标。同时，她的出发点在于，在社会主义共同体中所有民族压迫的基础都会消失，属于这个或那个国家的问题将变得毫无意义。地方自治和文化自治将足以结束所有歧视并形成自己的集体语言—文化认同。对她来说，不同的大大小小的民族在同一个国家内共存是历史必然，中东欧、东南欧和东欧的许多人也是这么认为；在她看来，只需要克服相关的压迫形式。她自己也是这样生活的。此外，如果无产阶级有力量"能不顾三个兼并国家的政府和波兰的资产阶级而实现重建波兰，那么，它也能够开始进行社会主义变革。"②正如波兰卢森堡专家菲利克

---

① 《罗莎·卢森堡全集》第1卷，人民出版社2021年版，第7—8页。
② 《罗莎·卢森堡全集》第1卷，人民出版社2021年版，第26页。

斯·蒂希（Feliks Tych）所写：罗莎·卢森堡"赞成以民主方式解决民族问题，但一直在寻找既不损害工人运动的普遍性目标也不损害文明进步的民主方案。她的政治提案的意义可以概括为……纲领性的暗示，即社会民主主义的工人运动不应该支持欧洲国家政治依赖的民族的离心倾向，而是在现有的多民族结构中争取民主地位、完全的民族平等和充分的文化自治"①。她的主要政治目标既不是即将实现的社会主义，也不是波兰的独立，而是推翻沙皇制度，将其作为欧洲一切可持续发展的先决条件。她还深信，如果没有波兰社会主义者，俄国社会民主党人就无法实现这一目标。这也是她竭尽全力"将民族认同与国家主权脱钩"②并反复强调民族国家与民族性之间的区别的原因。

罗莎·卢森堡在**第二国际**代表大会上的代表资格被波兰社会党认为无效（以9∶7的国家票数），但她的辩护演讲给人留下了最为深刻的印象③。这种印象是如此深刻，以至于比利时社会主义领导人埃米尔·王德威尔德（Emile Vandervelde）后来都不知道卢森堡失去了代表资格："我仍然可以看到她从代表人群中跳起来，跃上一把椅子，以便使人更清楚地听到她的话。身材娇小、身形纤细、身着夏装……她用迷人的目光和炽热的话语为自己的事业辩护，以至于被征服和被迷住的大会群

---

① 转引自 Kulla 1999：26f。
② Piper 2018：128.
③ 《罗莎·卢森堡全集》第1卷，人民出版社2021年版，第718—719页。

众纷纷举手要求接纳她。"①

1893年8月苏黎世社会主义者大会失败后,以莱奥·约吉希斯为核心的团体在当月成立了波兰王国社会民主党(SDKP)②。1894年3月在华沙举行的非法的建党大会通过了由约吉希斯和卢森堡在1893年7月撰写的社论作为党的纲领,并指定《工人事业报》为机关报。年轻的波兰社会民主党分裂为波兰社会党和波兰王国社会民主党,这已经制度化了,两个对立的纲领和战略都得到拥护,在波兰领土和第二国际中进行着激烈而残酷的竞争来争夺影响力。卢森堡争取这种影响的方式之一是在理论上将其党的战略地位建立在马克思主义之上。

在罗莎·卢森堡的生平研究中,最缺乏的始终是她在波兰工人运动中所做的工作——尽管这场运动是罗莎·卢森堡为社会主义而斗争的开端。由四名学生——莱奥·约吉希斯、罗莎·卢森堡、尤里安·马赫列夫斯基（Julian Marchlewski）和阿道夫·瓦尔斯基（Adolf Warski）——于1893在瑞士创立的波兰王国社会民主党的领导活动在国外进行了将近20年,行动领域仅在俄属波兰的部分,并且主要是在工业中心,如罗兹、华沙和比亚韦斯托克。罗莎·卢森堡仅在1905—1906年俄国革命期间,从1905年12月末到1906年3月4日被捕,在俄属波兰的领土上活动。这位波兰犹太人在德国度过了她生命的后半部分,直到她被谋杀为止——在那里,这位流亡者通过假结婚获得普鲁士公民身份的特权保护自己免受俄国的迫害。

---

① 转引自 Nettl 1967: 83
② 1900年起为波兰王国和立陶宛社会民主党（SDKPiL）。

波兰王国社会民主党认为,推翻作为欧洲所有反动势力保护力量的俄国沙皇制度,是中欧和东欧一切政治和社会持久进步不可或缺的先决条件。因此,奥属波兰和普属波兰划分,以及恢复1772年垮台的波兰国家,对罗莎·卢森堡和她的同志们来说没有任何意义。要求建立一个独立的波兰国家——这是1892年成立的"波兰社会党"(PPS)的核心目标,它与波兰王国社会民主党在工人阶级中展开竞争——在波兰王国社会民主党的理解中,这只是分散了推翻沙皇制度的注意力从而稳定其统治,而非削弱它。

波兰王国社会民主党绝不是唯一一个拒绝恢复波兰国家的:直到世纪之交,沙皇俄国最重要的(之后也很重要)工业都位于俄属波兰,而没有俄国的销售市场,波兰的工商业资产阶级就不可能存在。因此,一个独立的波兰国家不符合这个资产阶级的利益。尽管如此,在1918—1919年,随着独立波兰的建立,波兰社会党战胜了波兰王国社会民主党。

每个研究罗莎·卢森堡的人都面临的困境是,在波兰,在罗莎·卢森堡给莱奥·约吉希斯的信(该项目于1971年完成)[①]发表后,研究不再有值得一提的进展。自2011年起,霍尔格·波利特向德语读者提供了罗莎·卢森堡用波兰语写的文章,在民族问题、对革命的理解以及与反犹太主义论辩方面提供了全面的见解[②]。然而,这些文章没有反映出罗莎·卢森堡作为党的领导人的一面。

---

① Luxemburg 1968.
② Luxemburg 2011a、2011b、2012,2013,2014,2015b.

真正的问题在于罗莎·卢森堡和莱奥·约吉希斯之间的关系。约吉希斯于 1890 年逃离俄国，他因在维尔纳（现立陶宛首都）的工厂从事密谋反沙皇的工作而被通缉。所有工人组织和对工人的政治教育都被取缔并遭到残酷镇压。16 岁的时候，这个银行世家的后代就已经开始为工人组织非法的读书会。"密谋"意味着持续面对被背叛的危险，过着两面派的生活；意味着不断监视他的周围环境以保护自己免受迫害；意味着不要毫无保留地相信任何人，如果有疑问，只能依靠自己……他们自认为，革命者越是坚持密谋的规则，他们与可恶的沙皇政权的斗争就越成功。他们在理论上可能是民主主义者，但只有当他们不是在自由合作、而是在只相信自己的情况下行动时，他们才能存活。

通过莱奥·约吉希斯，或者更确切地说：通过罗莎·卢森堡对莱奥·约吉希斯的爱，她走向了社会主义；约吉希斯与她一起——作为西欧社会民主主义领袖政党的对立面——发展了他的民主政党和基层民主社会主义思想，其中罗莎·卢森堡成为最重要的宣传家，后来也是理论家。罗莎·卢森堡直到她去世一直都是双驾马车的第二部分，而从世纪之交开始，这辆双驾马车越来越平等。约吉希斯需要罗莎·卢森堡，他从未发表过自己的作品。也许是他过着始终违背自身观念的生活，这使他无法写作。因为在俄属波兰的政治工作实践只允许有密谋；任何在那里建立民主政党的尝试都等于自杀。

约吉希斯不让罗莎·卢森堡参与波兰的实际工作，为此她一再向他抱怨。最终，她作为领导人代表了一个政党，她与该党的成员在日常政治生活中的接触最多是在国外。罗莎·卢森堡在波兰工人运动中呈现出的形象——至少到目前为止——表明她实质上是一名记者和理论家,在国外开展启蒙工作,并在"社会党国际"的办公室里代表她的政党。

在瑞士学习和工作——这在很大程度上得到了德国政府的容忍——期间,罗莎·卢森堡在精神上和政治上离开了俄国和那里的政治环境。与大多数来自中欧和东欧的革命流亡者不同,她不是由于密谋活动而流亡国外,这对她来说是一个优势。从她自己的经历来看,她完全不了解俄国的密谋活动;她原本是专门来西方学习的。当大多数来自中欧和东欧的革命流亡者过着流亡者的生活——今天人们会说:生活在"平行社会"中(这在某种程度上也适用于莱奥·约吉希斯),罗莎·卢森堡成了一个既不否认也不忘记自己波兰血统的西欧人。在德国社会民主党内,以及在波兰运动中,罗莎·卢森堡还担任过记者和——她在俄国被禁止的——受到赞美的议会发言人,并从1908年起在社会民主党党校任教。

在政治争论中,罗莎·卢森堡无论在何处都会强烈表达她的观点,但从不,至少不会故意在秘密圈子里,而是只要有可能就总在公开场合表达自己的观点——权威能通过才智、论证的力量、说服力和正直来赢得。

罗莎·卢森堡关于俄属波兰的资本主义的博士论文

马克思主义传统的一个特点是,每一个政治问题也必须从理论上加以解决。马克思主义的政治力量直接来源于其严谨的科学性。列宁的话——"马克思学说具有无限力量,就是因为它正确"①,这不是一句空话,而是一种普遍的信念。对于历史发展趋势和驱动力的问题,似乎只有马克思主义才有答案。正如在《共产党宣言》中写道:"在实践方面,共产党人是各国工人政党中最坚决的、始终起推动作用的部分;在理论方面,他们胜过其余无产阶级群众的地方在于他们了解无产阶级运动的条件、进程和一般结果。"② 因此,以莱奥·约吉希斯和罗莎·卢森堡为中心的波兰社会民主党人面临的任务是,在马克思主义范式的基础上建立一种优于对手的科学认知。为此,必须研究波兰王国资本主义的发展。这成为卢森堡博士论文的主题。

列宁在西伯利亚流亡期间写下他的著作《俄国资本主义的发展》,以便为俄国的社会民主战略找到科学依据,而在同一时间,卢森堡出于同样的目的撰写了她的论文《波兰的工业发展》,只是参考了波兰并用了一个政治上无害的题目,这部作品于 1898 年由敦克尔和洪堡出版社(Duncker & Humblot)出版。因此,这篇文章在学术方面也很出色:作为一名女性和马克思主义者,她以出色的成绩获得了经济学领域的博士学位,并在德国最具声望的学术出版社之一发表了这篇文章。卢森堡给自己设定的挑战特别大,因为根据马克思和恩格斯的历史观,文章在波兰问题上是与他们直接矛盾的。对于马克思和恩

---

① 《列宁全集》第 23 卷,人民出版社 2017 年版,第 41 页。
② 《马克思恩格斯全集》第 28 卷,人民出版社 2018 年版,第 431 页。

第三部分 "成熟的马克思主义者"和波兰问题

格斯来说,为恢复波兰国家而进行的斗争是理所当然的。弗里德里希·恩格斯于1882年2月7日写信给卡尔·考茨基时总结了共同的立场:

"那些不把解放国家提到自己纲领的首要地位的波兰社会主义者,我比之为不愿意要求首先废除反社会党人法,实行新闻出版、结社和集会自由的德国社会主义者。为了能够进行斗争,首先需要有土壤、空气、光线和场地。否则,一切都是空话。

关于在最近一次革命之前波兰是否能恢复的问题,没有什么意义。我们根本无意阻止波兰人去努力争取为自己的进一步发展所必需的条件,或者硬要他们相信,从国际观点来看民族独立是很次要的事情,恰恰相反,民族独立实际上是一切国际合作的基础。"[①]

"科学社会主义创始人的那些话根本不能也不应该被理解成对波兰无产阶级的实际的日常纲领的指针,因为这些话只涉及对外政策中的偶然情况,而不涉及波兰的内部阶级斗争和波兰社会发展过程的结果。一般说来,那些话就其来源和特点来

---

① 引自《马克思恩格斯文集》第10卷,人民出版社2009年版,第472—473页。恩格斯在《〈共产党宣言〉1892年波兰文版序言》中明确写道:"波兰工业的迅速发展(它已经超过了俄国工业),又是波兰人民拥有强大生命力的新的证明,是波兰人民即将达到民族复兴的新的保证。而一个独立强盛的波兰的复兴是一件不仅关系到波兰人而且关系到我们大家的事情。欧洲各民族的真诚的国际合作,只有当每个民族自己完全当家作主的时候才能实现。"(引自《马克思恩格斯文集》第2卷,人民出版社2009年版,第24页。)

说,更多是属于那个美好时代的,那时'波兰人和革命者——至少在民族意义上说——是同义语'。"① 卢森堡暗示过,对于马克思和恩格斯来说,早在19世纪60年代,波兰反沙皇统治的成功起义对西欧的民主运动至关重要,因为它会削弱沙皇帝国并破坏其反动干预的能力。卢森堡反驳道:"西欧各国的社会党人在波兰的民族目标问题上发表的大部分看法具有一个鲜明的特点:习惯于根据人们在**欧洲**的国际关系中安排给**波兰**的角色,来评价波兰的这些努力的内部的社会性质。相反,我们认为,正确的做法应当是,反过来从波兰本身进行**这些努力**的社会条件所决定的性质,来推导出统一波兰的努力对**欧洲**的作用。"② 她严格主张一个国家内所有社会民主力量的团结,但她像保护自己的眼睛一样捍卫自己的党相对于俄国社会民主党的独立性。她的立场是:"只有通过共同的政治组织联合国家中的所有无产阶级的政治力量,进行统一的共同的政治斗争,无产阶级各个部分的特殊的合理意图才能得以实现。"③

1896年,罗莎·卢森堡开始在卡尔·考茨基出版的《新时代》——作为科学的马克思主义的避难所——上发表文章。她在第一篇综合性文章中讨论了在奥地利和德国的波兰社会主义潮流,但第二篇同样是综合性的文章《波兰的社会爱国主义》却转向了俄罗斯帝国。与此同时,她可以借鉴她的论文所依据的研究。她的结论是:"因此,资本主义在波兰的发展趋势导

---

① 《罗莎·卢森堡全集》第1卷,人民出版社2021年版,第35—36页。
② 同上,第43—44页。
③ 同上,第13页。

致波兰经济上并入俄国。……**社会发展的这种独特路线造成的结果是，波兰现在没有一个社会阶级关注对波兰的重建，同时又有力量引发这种关注**。"① 无论是贵族还是农民，无论是资产阶级还是小资产阶级或知识分子，都没有兴趣和力量进行这样的民族斗争。要么是他们的利益与之对立，要么是他们没有力量去做，或者两者都没有。

按照卢森堡的观点，波兰工人阶级也无法继承民族解放的遗产。工人阶级的力量取决于经济进步，这与融入全俄经济区有关："如果无产阶级把波兰的独立视为自己的纲领，那它就是抗拒经济的发展进程。"② 由于卢森堡完全依据经济发展趋势说明社会主义，她便在很大程度上将无产阶级的利益与经济发展趋势联系起来。民族独立的倾向似乎是反动的，着眼于过去的。如果无产阶级将恢复波兰国家的要求视为自己的要求，那么就会出现："无产阶级的最终目标——社会主义和社会发展的结果——在自己的背后，它想要面向这个目标，那它必须背弃重建波兰。"③ 这是非此即彼的。经济还原论将民族压迫与阶级压迫的特点相提并论相平衡，这是显而易见的。然而，真正的压迫是"统治的结点，是相互支持和牵制的不同链条的交织"④，它不能像卢森堡想要的那样整齐地分解为阶级关系。哪条线在哪个时刻支配这个结，这不能合乎逻辑地从"马克思主

---

① 《罗莎·卢森堡全集》第1卷，人民出版社2021年版，第47页。(着重号是作者加的)
② 同上，第50页。
③ 同上。
④ Haug 2013：11.

义"中推导出来。在具体时刻,个体可以主宰历史上更为普遍的事物,如 1918 年所示。

罗莎·卢森堡关于波兰王国工业发展的论文,首先是对不断增长的波兰工业融入俄国市场进行全面、结构清晰和基于实证的研究;还接受了俄国经济的国际化方向,尤其是着眼于亚洲。其次,文章说明了沙皇政府在似乎永久将波兰与俄国捆绑在一起发展中的自身利益。第三,文章提出波兰资产阶级完全依附于俄国的论点,会不断援引沙皇暴政来镇压自己的工人阶级。因此,波兰的资产阶级会出于经济和政治原因拒绝民族独立。

就像马克思的《资本论》第一卷一样,卢森堡在经济分析的最后也援引了历史进程的辩证法,并在论文的最后几句话从中推导出了战略性的革命性结论:"俄国政府、波兰的资产阶级和波兰的民族主义者同样会无视波兰和俄国的资本主义融合产生的最终结果:波兰和俄国的无产阶级联合成未来辛迪加之日,便是俄国的沙皇统治和波兰—俄国的资本统治的崩溃之时。"①

当罗莎·卢森堡于 1998 年来到德国时,她的马克思主义已经显得如此"成熟",因为她在她的波兰—立陶宛社会主义者圈子里制定的政治战略——引导波兰社会民主党与俄国社会民主党共同斗争反对沙皇主义,然后反对俄罗斯帝国的资本统治——完全符合对马克思主义的理解,因为它在当时的社会主

---

① 《罗莎·卢森堡全集》第 1 卷,人民出版社 2021 年版,第 214 页。

义工人运动中具有霸权地位,并在东欧拥有特殊的革命尖锐性;不可阻挡地向资本主义发展,随之而来的工人运动——支持民主和社会主义的革命力量——的兴起,跨越所有民族差异的共同利益,将实现眼前的社会、政治和文化利益的斗争与争取社会主义最终目标的斗争紧密联系在一起,以及社会民主党在此基础上对工人的培训。正如托尼·克里夫(Tony Cliff)在谈到卢森堡时所写的那样:"她给德国带来了'俄式的'活力,革命行动的活力。在波兰和俄国,她把'西方'的自信精神带入民主和工人阶级的自我解放。"①

相较于处在反社会党人法之下的社会民主党,沙皇帝国的改革斗争更是立即具有了革命性,因为它遇到了俄国专制的野蛮残酷。为工人的日常利益(争取更高的工资、更短的工作时间、民主发言权等社会权利,以及文化上的民族关切)而进行的每一次基本斗争都直接挑战了沙皇皇位和资本的联盟。经济和政治纷争与民族关切的表现——如使用自己的语言和发展自己的文化机构——密不可分。阶级冲突始终是与国家的直接对抗。波兰和俄国工人反对沙皇统治的政治联盟似乎是同时消除民族和社会压迫的最有希望的方式。

卢森堡的论文是具有原创性的马克思主义的成果,但其政治结论与马克思和恩格斯在恢复波兰国家问题上的立场相矛盾,并含蓄地提出了社会和民族解放斗争之间可能存在的矛盾关系问题,而对此,马克思主义的奠基人自己也从未找到令人

---

① Cliff 1969:89.

信服的概括性答案。19世纪90年代的罗莎·卢森堡的马克思主义是一个战略和理论的整体,其构成取决于每个单独部分的固定位置。攻击其中的任何一个部分都可能使这个整体崩塌。1898年,"成熟的马克思主义者"卢森堡来到柏林,介入了修正主义的争端。在讨论这个问题之前,让我们先看看罗莎·卢森堡在1900年代中期在民族问题和民族自治问题上的立场。

再论波兰问题:1908—1909

2018年3月13日,在罗莎·卢森堡出生几个月后一家人搬入的房子里①,泥灰突然出现了一个缺口。自1979年以来,一块纪念卢森堡的牌匾就被挂在这里。这个痕迹现在已经被抹掉了。这是保守的波兰政府消除社会主义遗产政策的一部分。罗莎·卢森堡被指控对重建波兰国家抱有敌意。她会拒绝各国人民的民族自决权。但真相是具体的:决不能将"反波兰"的立场强加给罗莎·卢森堡②。

如果想了解罗莎·卢森堡在重建波兰国家问题上的立场,首先必须理解她——与其他社会主义者不同——假设"领土大国之间的边界……是不可移动的":"她不知道如何预测由于第一次世界大战,也就是仅仅几年后,欧洲政治版图上将出现的割裂、削减和剧变。相反,所有致力于在欧洲中部和东部建立

---

① 卢森堡一家可能是在她出生几个月后搬入这所房子的(见Politt 2018)。
② Politt 2012。

独立民族国家的人,就像毕苏斯基在波兰所做的那样,都将在这里的政治大舞台上出演。"① 正如卢森堡在 1900 年 6 月的巴黎国际社会主义者代表大会上所说的那样,她和她的同志们深信"无产阶级既不能改变政治和资本主义的地理环境,也不能创造新的资产阶级国家,而是被迫在现有的、历史上形成的基础上组织起来,以夺取社会主义政权和社会共和国"②。与列宁不同,她没有考虑到"所有的可能性,甚至凡是可能发生的一切情况"③。第一次世界大战结束时,三个帝国都垮台了,波兰自 1772 年开始分裂,地理上发生了根本性的变化,以前只是"可能发生"的情况实际上发生了。但是,人们只有接受她恰好是完全排除这种情况的,才能理解卢森堡的所有言论。她的问题是,在俄国、德国和哈布斯堡帝国稳定存在的条件下,而不是在它们一起垮台的情况下,如何能使波兰社会民主党人的社会主义政策成为可能。她在 1908—1909 年为约吉希斯编辑的期刊《社会民主评论》撰写的文章中做了最全面的解释,标题为《民族问题与自治》。

卢森堡的出发点是,革命的现实政治不应受无法实现的抽象理想的指导。对她来说,这种抽象的理想就是建立现代波兰民族国家。她认为这是一个"白日梦"④。政治必须基于事实:"在这个特定的目标上制订出政治纲领的要求,以便使那些属

---

① Politt 2012: 30.
② GW 6: 303.
③ 《列宁全集》第 7 卷,人民出版社 2013 年版,第 223 页。
④ AR: 45.

于无产阶级阶级斗争领域的社会和政治生活方面最迫切的问题，能直接在资产阶级制度的基础上予以实际的和切实可行的解决；以便使这些要求作为日常政策及其需要的指导方针服务于无产阶级；以便使这些要求把工人政党的政治行动召唤和引导到相应的方面；还有，以便用这些要求把无产阶级的革命政策与资产阶级和小资产阶级政党的政策区分开来。"① 她补充道："现代工人阶级的社会主义，也就是科学社会主义，决不陶醉于尽可能激进地和慷慨地陈词来解决社会问题和民族问题，首先仅仅在于考察解决这些问题的现实条件。"②

如果爱国主义是以对自己民族文化的热爱和尊重以及展现该文化的人的投入来衡量的话，那么卢森堡就是波兰爱国者。但对她来说，波兰文化的自由发展之路不是通过波兰民族国家，而是通过社会主义。"只有社会具有自觉地决定其经济生活、决定其生产条件时，那时社会才能获得自由地决定其民族生存的实际可能性。只有人类社会掌握自己的社会进程时，那时'民族'才能掌握自己的历史生存。"③ 一旦资本主义在一个领土大国兴起，民族国家的道路就是弯路，并通向过去。④

她提出了一些若想评价其结论则必须认真对待的假设——不管人们是否同意这些假设。最重要的是，她看到了所有大国

---

① 《卢森堡文选》下卷，人民出版社1990年版，第158页。
② 同上，第169页。
③ 同上，第184页。
④ 同上，第176页。

第三部分 "成熟的马克思主义者"和波兰问题

都是"侵略国家"① 这一矛盾，它们创造了整个帝国，同时又让小国完全处于依赖状态，以至于人们无法真正谈论自决②。鉴于资本主义的集中化趋势，在欧洲建立新的民族国家的尝试只能产生反动的效果，加剧对少数民族的压迫。现有领土国家的民主化和争取公民和文化自由，特别是促进自己的语言和文化的自由，建立相应的教育制度等等，在她看来是特定条件下唯一可能的进步道路。因此，她有意识地使用"民族问题（Nationalitätenfrage）"，而不是"民族的问题（nationale Frage）"来表达自己的观点。她的愿景是将领土国家彻底民主化，作为超越领土国家的社会主义革命的条件。她坚信，争取民族国家的斗争必然会取代社会主义斗争，并削弱进步力量。卢森堡没有追随列宁，列宁认为，每个被压迫民族的民族主义都有"一般民主主义内容"③。她试图证明，这样的一般内容只能通过争取整个国家民主化的斗争得到发展。另一方面，对列宁来说，"大俄罗斯人的民族主义"才是真正的危险，因为它"封建色彩较浓"④。而这正是卢森堡指责波兰民族主义的地方。

卢森堡强调了辩论的种族主义和殖民主义背景。"殖民侵略问题与民族问题"通常是分开的。

---

① 《卢森堡文选》下卷，人民出版社 1990 年版，第 177 页。
② 同上，第 178 页。
③ 《列宁全集》第 25 卷，人民出版社 2017 年版，第 243 页。
④ 同上。

"这是一种经常被'民族权'捍卫者有意或无意地使用的观点,它也同样适用于对殖民政策采取如下立场的人,例如德国社会民主党内的爱德华·大卫或荷兰党内的万·科尔,他们认为殖民侵略总的说来是欧洲居民传播文明使命的表现,即使在社会主义制度下也是不可或缺的。此种立场可以简明地表现为路德维希·白尔尼名言中对费希特哲学原理的'欧洲式'运用:我是我,除了我,就是食品。如果仅仅承认欧洲居民才是真正的民族,而殖民地居民则是'食品',那么在此情况下,在欧洲可以……说成是'民族国家'。可是,在此情况下,'民族自决权'却成了统治种族的理论,并明显地暴露出其真正来源出自资产阶级自由主义的意识形态。"[1]

卢森堡谴责这样的观点,即社会民主主义者在民族问题上只需遵循多数人的意见。大多数人的"意识的传统形态""往往都表现为资产阶级意识的形态,是与社会主义的理想和愿望为敌的"[2],必须加以革命化。

对于俄罗斯帝国,罗莎·卢森堡提出了全面的领土自治理念,保障各民族成员的权利。对此,她在公共服务、教育和文化、地方基础设施等领域做了详细的阐述。鉴于许多民族分布在帝国的许多地区,她认为没有基于民族的自治的基础——只有一个例外:波兰王国。只有在这里才存在民族自治的先决条

---

[1] 《卢森堡文选》下卷,人民出版社1990年版,第179页。
[2] 同上,第187页。

件:只有在这里,有关民族才能展现"它自己的公民发展……自己的城市生活、自己的智慧、自己的文学和科学生活"①。俄罗斯帝国的其他区域没有类似的条件。[7]

---

① NA: 168.

第四部分 20世纪之交的革命现实政策的构想

> "在社会民主党的纲领中有许多要求……也可能被资产阶级政府……所接受……。然而,这再一次表明……社会民主党的斗争首先不在于争取什么,而是怎样争取。"[①]

罗莎·卢森堡于1898年5月16日抵达柏林。在这里,在德意志帝国的首都,她想在完成她的论文后,在欧洲最强大和最有影响力的社会民主党中开辟一个新的活动领域。她在德国党报上发表的关于波兰问题的文章以及她在第二国际代表大会上的露面已经给她带来了一定的名气。此外,波兰问题也是一个德国问题。毕竟,普鲁士吞并了波兰的部分地区。抵达柏林后不久,她在与社会民主党领导机构协商后,就投身于上西里西亚的竞选活动。她在其他地方的决选中担任议长的提议遭到了拒绝[②]。她的位置似乎很明确——在德意志帝国的波兰工人中做工作。然而,爱德华·伯恩施坦于1898年春天发起的关于

---

① 《罗莎·卢森堡全集》第1卷,人民出版社2021年版,第584页。
② Laschitza 1996: 89.

社会民主党纲领和战略的讨论,让她有机会深入德国社会民主党政治的中心。随着她介入到这次讨论之中,这位 27 岁的年轻人走上了德国社会民主党的大舞台。经过系统的准备,她仅用两天时间就为《莱比锡人民报》撰写了她的第一个系列文章①。早在 1898 年 10 月,她就作为代表参加了斯图加特党代会,是 252 名代表中的 6 名女性代表之一,也是 6 名拥有学位的代表之一。②

伯恩施坦对马克思主义的修正,恰好从根本上挑战了卢森堡和她的波兰同志在此前十年中对社会民主党战略的理解,因为正如罗莎·卢森堡赞同地引用意大利马克思主义者安东尼奥·拉布里奥拉(Antonio Labriola)的话那样,"只有在德国,社会主义工人运动与马克思主义才实现了相互渗透和几乎完全融合"③。这也解释了卢森堡为何如此激烈地干预德国的讨论。这不是一个内在的理论问题。在她看来,这关系到她所理解的革命性社会民主党的核心。亚历山大·帕尔乌斯(Alexander Parvus,1867—1924)与卢森堡一起成为伯恩施坦最坚定的反对者之一,这并非巧合。他与她分享了沙皇帝国的经验。在社会民主党内领导攻击伯恩施坦的是两名东欧的外人。

伯恩施坦:目标对我来说不算什么

爱德华·伯恩施坦(1850—1932)已于 1872 年加入了以

---

① GB 1:204.
② 见 Hirsch 1969:37.
③ 转引自 GW 6:262.

倍倍尔和李卜克内西为核心的（"爱森纳赫派"）社会民主工党，并与他们一起筹备与全德工人联合会（拉萨尔派）的联合党代会。在反社会党人法期间，他被迫流亡在外，先是到瑞士，然后在被瑞士驱逐后流亡英国。在此期间，他担任了《社会民主党人报》的编辑，这份报纸在德国社会民主党最重要的党报《前进报》被取缔后首先在瑞士出版，然后在英国出版。它被非法带入德国很多年并被广泛传播。伯恩施坦与卡尔·考茨基一起，就1891年的社会民主党爱尔福特纲领进行了关键性的合作，并塑造了所谓最低纲领的主要特征，即具体的改良要求。在英国，伯恩施坦还与弗里德里希·恩格斯保持着密切友好的联系，恩格斯对他非常尊重。因此，伯恩施坦属于党最核心的圈子，与考茨基一起被认为是党的两个策划者。

弗里德里希·恩格斯去世后，伯恩施坦立即开始对社会民主主义战略的纲领性基本内容表示怀疑。1896—1897年，伯恩施坦发表了题为《社会主义问题。著作和译文》的系列文章。他指出，除了"未来国家模式"的乌托邦主义外，还有另一种乌托邦主义。社会主义的出现似乎是对一切罪恶的拯救，而且是"在最短的时间内"："他们画了一条界线：这边是资本主义社会，那边是社会主义社会。根本不谈在资本主义社会里的有系统的工作，人们得过且过，任凭事态驱策。他们认为，援引设想得很片面的阶级斗争和经济发展，就一定会帮助他们克服一切理论上的困难。"[①]

[①] Bernstein 1897: 165.

这一切最初表现为对未解决的纲领性问题、对"片面性"和"理论上的困难"的公开反思,并在伯恩斯坦这些年在《新时代》杂志上发表的许多文章中表达出来,但是,很快就变成了对社民党战略的直接质疑,这个战略在爱尔福特党代表大会上通过,但是可以追溯到19世纪70年代初。1898年1月,伯恩施坦发表了文章《社会民主党的斗争与社会革命》,明显越过了怀疑和建议改变党的战略的界限,引起轰动:

"我坦率地承认,我对普遍理解的'社会主义最终目标'几乎没有什么感觉或兴趣。这个目标,无论它是什么,对我来说都不算什么,运动就是一切。我所说的运动是指社会的普遍运动,即社会进步,以及为实现这种进步而做的政治和经济鼓动和组织。

据此,如果设想现有经济体系崩溃是巨大的破坏性的商业危机的产物,那么社会民主党既不会预想也不会希望现有经济体系的即将崩溃。党必须做的,而且是未来很长一段时间必须要做的,就是在政治上组织工人阶级、对他们进行民主教育,并为国内的所有改革作斗争,这些改革适用于提升工人阶级地位和在民主的意义上改造国家制度。"①

伯恩施坦对划时代形势的解释和他的战略结论直接与社会

---

① Bernstein 1898:556.

民主党战略所依据的假设相矛盾。他们把党指向一个全新的方向，必须将其理解为对内的社会改良和对外的社会帝国主义。根据倍倍尔的说法①，伯恩施坦在倍倍尔的建议下，开始将他的观点系统化并消除"模糊和歧义"，战略后果因此被更加清晰地整理出来。很明显，伯恩施坦质疑的不是不切实际的假设，而是社会民主党本身的战略实践，党应当放弃其阶级斗争的特性。通过为成功选举而进行的合法斗争、社会和民主改良以及攻击性鼓动来实现的夺取政权的目标变成了次要的，改良成了真正的目的。伯恩施坦的核心论点是："如果社会民主党有勇气将自己从实际上已经过时的措辞中解放出来，并想要表现出党在现实中的样子——一个民主—社会主义改良党，那么社会民主党的影响会比今天大得多。"②[8]

社会民主党1891年的战略

伯恩施坦所说的"措辞"是社会民主党创始人奥古斯特·倍倍尔和威廉·李卜克内西的信念的核心。自1890年反社会党人法垮台后，社会民主党能够在德国再次公开聚集，凭借爱尔福特纲领给自己提供了一个基础。在其公认的领导人看来，这份纲领首先建立在马克思主义的科学基础上，其次是符合德意志帝国和当时的资本主义的实际情况，第三是以一种压倒性的、以前无法想象的方式证明了自己。如果看看李卜克内西和

---

① 转引自 Papcke 1979：28.
② Bernstein 1969：196.

倍倍尔在爱尔福特党代会上的讲话，就会清楚地看到，所选择的战略绝不仅仅是（当然也是）战术上的启发，而且是基于坚定的信念。

在1848—1949年革命失败和巴黎公社被血腥镇压之后，社会主义工人运动显然必须适应这样一种情况，即武装革命不太可能发生，同时合法形式的斗争变得更加现实。普选权以及工会、工人的社会协会和文化协会的逐渐合法化提供了新的可能性。在反社会党人法时期，社会民主党曾发出"我们的敌人必然因我们的合法性而灭亡"的口号。1880年，马克思在写给法国社会主义者的纲领中规定了，普选权必须"由向来是欺骗的工具变为解放工具"①。

自19世纪70年代初以来，社会民主党及其前身所奉行的战略形成了假设和结论的一致统一，而1914年的失败使暂时的成功黯然失色。在爱尔福特党代会上，就爱尔福特纲领发言的威廉·李卜克内西和就策略和战略问题发言的奥古斯特·倍倍尔论证了这种统一性。与党的纲领本身相比，社会民主党领导层的意图在这里显然变得更加清晰。李卜克内西明确指出，新纲领及其所依据的战略与马克思和恩格斯的纲领有多么紧密的对应。在他看来，党自1875年以来的发展首先是"党的科学发展，是科学社会主义的培养"②，即马克思主义。纲领的主导思想是"拥有生产资料的人拥有奴役、剥削和无产阶级化他

---

① 《马克思恩格斯文集》第3卷，人民出版社2009年版，第568页。
② SPD 1891b：329。

们没有生产资料的同胞的手段"①。本着马克思的《资本论》和从中发展出来的积累理论以及恩格斯著作的精神，李卜克内西强调："社会的分化越来越深，越来越彻底——介于资本家和无产者这两个极端之间，所谓的中产阶级……越来越多地消失了。"由于自然的需要，"**不断剥夺**"②。李卜克内西认为，社会民主党的革命性特征是从这种认识中产生的——正是伯恩施坦在五年后彻底质疑的特征。李卜克内西说：

> "因此，通过劳动和创造财富，工人为自己锻造出奴隶的链条。在这个过程中，虔诚的愿望不能改变任何事情。所有不触及核心的对资本主义的批评都是徒劳的——所有在维护资本主义基础的同时消除资本主义'弊端'的尝试都是乌托邦主义。这些'弊端'是逻辑后果，是资本主义制度的必然后果——谁想消除它们，就必须消除原因，就必须消除资本主义制度。这一要求使社会民主党有别于其他所有政党，将自己定位为**革命性政党**，而其他所有政党无一例外地都建立在生产资料私有制的基础上。……
>
> ……任何幻想可以通过逐步妥协、用小资产阶级的药膏和缓和剂来缓解当今社会的罪恶，认为至少还可以忍受一段时间的人——谁向这种观点表示敬意，谁就**离开了党的革命土壤**。当我们问道：**你是否属于我们**时，我们要思

---

① SPD 1891b: 333.
② SPD 1891b: 337.

考这一点。……

　　这就是为什么社会民主党要求消除这些情况的根源。这并不是一时兴起提出的，而是完全自觉地提出这个要求，因为党站在那种把社会理解为一种自然生长和发展的**有机体**的世界观的高度。党看到当今社会已经创造出了必然会摧毁自己的条件；党看到——这在我们所有的纲领草案中都有表达——当今社会正以铁一般的逻辑驶入一场灾难，驶入它自己无法避免的'世界末日'。……资本主义生产出无产阶级，使其成为自己的继承人，为它准备遗产，为它锻造武器，赋予它实现我们所追求的可能性，为它实现我们的理想创造物质条件——简而言之，**资本主义现在的国家是未来国家的不情愿之父**。"[1]

根据社会民主党领导人的假设，越来越少的资本所有者和没有财产的无产者之间的两极分化，以及日益严重的内部危机和世界大战的倾向，将导致一种局面，部分是资本主义制度的崩溃，部分被描述为灾难——倍倍尔称其为喧声[9]。该战略正是基于下面的考虑：通过法律手段（倍倍尔首先提到鼓动、选举和工会斗争）建立一支立足于社会的政治力量，能够以全部决心和政治信念干预如此重大的危机。正如奥古斯特·倍倍尔在1891年党代会上指出的：

---

[1] SPD 1891b: 337, 338, 339.

"资产阶级社会正如此积极地致力于自身的垮台,我们只需要等待我们不得不接受从他们手中落下的权力的那一刻……是的,我相信我们是如此接近终极目标的实现,这间大厅里几乎没有人不会活着看到这个日子。……经济条件的发展,持续的战争军备,每个人都必须告诉自己,如果战争今天或明天不来,后天肯定会到来,以及所有这些事情都会导致当今社会的毁灭,这一切使得没有人再否认我们正在走向一场灾难。"①

问题始终关于"**使党更有战斗力**,以便**更快、更广泛地**实现伟大的总体目标"②和"更好地准备我们立足的斗争基础,使我们更有防御力"③。倍倍尔警告他的同志们,在危机和决定性的时刻必须做好准备:"你们要当心,有朝一日不要使自己成了圣经里头的傻丫头们,新郎一来,她们就没有油去添灯了。换句话说,你们似乎对真正的情况了解很少,以致对事件感到意外,不知道该干什么。领导人在有重大变动时发生这种事也不是第一次了。"④ 与资本主义财产关系不同,社会主义的社会财产关系**不可能**在旧社会的怀抱中产生,而必须要在政治上有意识地创造出来,这一点证明了政治权力斗争的中心地位是合理的。如果资产阶级先获得经济权力,然后获得政治权

---

① SPD 1891b:172,175.
② SPD 1891b:278.
③ SPD 1891b:174.
④ 《倍倍尔文选》,人民出版社1992年版,第306页。

力,那么工人运动就必须颠倒这个顺序,以便实现社会主义的目标:"我们不能依靠取得经济权力来建立工人阶级的统治,我们必须采取相反的手段。首先我们必须夺取政权并且利用政权,以便通过对资产阶级社会的剥夺也取得经济权力。如果我们掌握了政权,下一步的事情就迎刃而解了。"①

伯恩施坦的挑战:理论与实践的矛盾

罗莎·卢森堡在政治辩论中是不讲情面的,她对资本主义的批判本来也是如此。起初,她仅限于将所获得的马克思主义知识应用于当前问题。1899年,她以一本题为《社会改良还是革命?》的小册子而闻名,其中她试图与弗里德里希·恩格斯的少数私人学生之一——爱德华·伯恩施坦进行清算。在反社会党人法期间,伯恩施坦曾在流亡中领导流亡报刊,并被认为是欧洲社会民主党中关于社会主义理论问题的杰出人物。然而,恩格斯去世几个月后,他开始放弃在社会主义者中普遍存在的理论观点,即基于资本主义生产方式的社会中的问题将继续恶化,因此这个社会不仅应该被斗争,而且应该被彻底战胜。伯恩施坦现在相信他已经找到了驳斥这种观点的证据:矛盾会减弱而不是进一步加强;因此,与资产阶级—资本主义社会的合作比迄今为止的对抗更可取。

伯恩施坦最后说的只是很多社会民主党议员和工会领导人

---

① 《倍倍尔文选》,人民出版社1992年版,第267页。

总归想过、却从未公开承认过的想法。工会领导人从来没有能够认真对待基层反对派的想法,在他们看来,反社会党人法已经表明,尤其是在危机情况下,它危及辛苦建立的组织的存续——从而危及他们自己的权力。

但即使是现在,也没有几个人敢于从隐蔽处出来支持伯恩施坦。因为他在没有预料到会引发什么的情况下犯下了严重的亵渎行为。"圣殿守卫",尤其是社会民主党的理论领袖卡尔·考茨基的反击也相应地十分激烈。所谓的修正主义辩论一直持续到1903年的社民党党代会上,在这场辩论中,罗莎·卢森堡受到的远不止她在新政治环境中的第一次鼓舞——即使她在内容上只是总结了众所周知的马克思主义立场。资本主义的矛盾会激化到使人类陷入野蛮的地步。工人运动的任务是尽一切努力防止这种情况发生。社会主义是对毁灭的拯救,因此有这样的措辞:社会主义或野蛮主义。

专家们认为,没有一本书比罗莎·卢森堡的早期作品《社会改良还是革命?》更能激励人们支持马克思的纲领,即把剥削、压迫和战争永久地从人类社会中驱逐出去。即使在今天,它也以一种令人振奋的方式提供了对原始马克思主义的优秀概述。

卡尔·考茨基是除爱德华·伯恩施坦之外另一位社会主义理论问题的权威,自19世纪80年代以来,他一直致力于通过大量著作在德语国家普及并系统化卡尔·马克思的思想。他将由此产生的东西称为"马克思主义"——一座由信仰、论辩式样、历史脉络和"科学论据"构成的大厦。对于每一个新出现的问题,卡尔·考茨基,这位不知疲倦地研究理论问题的为党工作的人都会提出自己的理论。列宁、托洛茨基、罗莎·卢森堡和成千上万现已被遗忘的马克思主义者,他们都曾师从考茨基。

在修正主义辩论之前,考茨基一直是无可争议的对各种解释方式的统治者。与伯恩施坦的争论甚至巩固了他的地位,因为修正主义辩论是以有利于他的党代会决议而告终的。社会民主党主席团用他提出的这个"解决方案"打开了潘多拉的盒子——尽管这是违背意愿的:在一个主要的政治组织中——除了天主教会外,这是第一次将理论和世界观的问题从思想辩论的领域拖入政治并在那里"做出决定";在20世纪的共产主义运动中,这变成了不加思考的理所当然。

然而,就目前而言,仍然要始终如一地消灭资本主义。由反社会党人法时期的老战友组成的社会民主党主席团不再那么具有革命性,他们行事务实。此外,社会民主党取得了一些相当奇怪的成就:在正在崛起成为世界强国的普鲁士德国,社会民主党通过反对军国主义、隐蔽的反犹太主义、殖民狂热和军服拜物教,创造了一个自己的无产阶级社会,一个拥有自己机构和保障的、不单单可以抵御无产阶级严酷生活的敌对世界。

"二战"前的小说家特奥多尔·冯塔纳所说的"第四等级",也就是包括卡尔·马克思在内的其他人所称的无产阶级、工人阶级,在1844年的西里西亚织工起义期间首次被记录下来。半个世纪后,年轻的格哈德·豪普特曼将这一丑闻带到柏林德意志剧院的舞台上时,皇帝陛下取消了自己的剧院包厢。

在威廉时代的普鲁士德国——它是 1848 年德国革命失败和 1866 年对奥战争胜利的产物，在战胜历经动荡却仍称雄几个世纪的法国后，于 1871 年在凡尔赛宫镜厅粉墨登场——无产阶级被视作贱民。

受流亡的犹太人卡尔·马克思的影响，并由善于表达的犹太人斐迪南·拉萨尔领导，早期德国工人运动获得了自信。犹太血统的人往往不再是犹太教的信徒，他们在第一次世界大战前的德国无产阶级运动中发挥了重要作用；在早期的德国共产党中也没有什么不同（不过，在其溃散前的最后几年，至少在其议会党团中，它无来由地自愿使自己"无犹太人"）。那些在德国资本主义封建社会受鄙视的人，在这里是工人，在那里是被同化的受过教育的犹太资产阶级子女，包括爱德华·伯恩施坦和罗莎·卢森堡，他们找到了彼此并创造了新的政治力量。

许多被同化的犹太人在传统的受过教育的资产阶级中也取得了成功，从阿尔伯特·爱因斯坦到斯蒂芬·茨威格，而犹太人在经济精英中的影响力巅峰早在世纪之交就已经过去了。如果他们没有设法逃离德国，他们或他们的后代最终会被送往奥斯维辛集中营或类似的灭绝点。其中就包括玛蒂尔德·雅各布，她是经常被低估的罗莎·卢森堡的"得力助手"，当将她从纳粹魔掌中赎出去往美国的支票开出来时，她已经被帝国铁路运送到特莱西施塔特集中营。

在修正主义的辩论中，社会民主党主席团的 7 名成员面临着卡尔·考茨基和血气方刚的新政治家罗莎·卢森堡都没有意识到的难题。他们看到他们颇有成效的纲领受到了爱德华·伯恩施坦修正主义的威胁。任何似乎会扰乱表面上持续不断上升的东西都必须被镇压——甚至是像伯恩施坦这样值得尊敬的同志，与他的久经考验的友谊自然是在官方记录之外保持着的。在这一时期，社会民主党领导层始终小心翼翼地维持着组织的守卫护者——特别是来自工会的守卫者——与以卡尔·考茨基为核心的意识形态卫士之间的僵局。

伯恩施坦对马克思主义的全面修正

从 1896 年开始，伯恩施坦逐渐开始质疑爱尔福特纲领和 20 年来"经受考验的策略"所依据的全部假设。首先，他试图说明，资本的集中存在强大的反向运动，并不是所有的生产资料都越来越集中在少数资本家手中。股份公司恰恰会促进财富的分散。它们使"个别巨头为了集中工商企业而占用资本的做法变得多余"①。也不能说小资产阶级、农民阶级和中产阶级简单消失，阶级结构两极分化："社会结构远不是比从前简单，而是发生了更多的变化，无论是收入水平还是关于职业性，都**具有高度的区分和变化。**"② 然而，最重要的是，伯恩施坦看到了明显的民主化趋势，这也体现在经济方面："在政治上，我们看到所有发达国家的资本主义资产者的特权逐渐让位于民主制度。在此影响下，在日益激烈的工人运动的推动下，一场反对资本剥削倾向的社会反抗运动开始了，虽然这种反抗运动在

---

① Bernstein 1969：75.
② Bernstein 1969：79.

今天仍然非常迟疑和谨慎,但它已经存在并且正在影响越来越多的经济生活领域。"①

基于这一观点,伯恩施坦质疑是否真的会再次发生将资本主义推向崩溃边缘的重大危机:

> "今天的工业及其市场的圈子似乎太大了,不可能在所有地方同时受到同样严重程度的危机的打击,除非相当特殊的事件使所有国家的商业界都感到同样恐惧,并且以同样的方式使各地的信贷都瘫痪。
>
> 我不是说这是真的,只是表达了一个假设。征兆是很可怕的——我非常尊重对这些事情的异教预言。但是,现代**信贷业在资本财富急剧增加**时的**弹性**,其所有分支的完善的交易运作机制……这些都是**事实**,而且很难想象它们不会对生产活动和市场状况之间的关系产生重大影响。
>
> 因此,很可能随着经济发展的进步,我们通常将不再需要处理以前的那种商业危机,而且不得不将所有关于引发社会大动荡的猜测抛之脑后。……
>
> 随着社会的进步,目前的生产系统几乎同时彻底崩溃的可能性越来越小,而不是越来越大。"②

因此,伯恩施坦拒绝了社会民主党在经济政治危机中准备采取的决定性革命行动的方向。社会民主党不应再充当等待中

---

① Bernstein 1969:10.
② Bernstein 1898:554,555.

第四部分　20世纪之交的革命现实政策的构想

的"突击队",而首先应充当永久活跃的改良力量。党必须放弃政治制度变革的威胁,并证明自己是一种制度内固有的力量,推动已经在进行的限制资本优势的进程。但是,只有假设社会民主党所宣誓的这项改良政策不仅仅是一些"小的让步"[——倍倍尔],而是本身就是一种制度转型,这种想法才能维持下去。

"如果把实现社会主义理解为建立一个在各个方面都严格规范的共产主义社会,那么我毫不犹豫地宣布,这在我看来还有很长的路要走。另一方面,我坚信,当今这一代人仍会经历大量社会主义的实现,即使不是以专有的形式,至少也是在实质上。社会责任范围——即个人对社会的义务和相应权利,以及社会对个人的责任——不断扩大,在民族或国家中对经济生活有组织的社会监督权扩大,乡镇、专区和省一级形成民主自治,以及这些团体的任务的延展——所有这些在我看来都意味着向社会主义发展,或者,如果愿意的话,可以称为社会主义的部分实现。经济运转从私人到公共管理的转移当然会伴随这种发展,但它只能逐渐进行。更确切地说,这里有充分且必要的理由加以调节缓和。培养和确保良好的民主运营管理……主要是时间问题。……然而,一旦组织团体适当使用其控制经济状况的权利,经济事务向公共运营的实际转移并不像通常认为的那样具有根本性的重要性。一部好的工厂法会比整批工厂的国有化更能体现社会主义。"①

伯恩施坦的战略设想是，通过扩大工人的工会力量来逐步实现生产社会化，加强国家对经济的民主控制，扩大工人运动对国家政策的影响。对于马克思和恩格斯来说，工人只能通过首先夺取政治权力才能成为经济上的统治阶级，而在伯恩施坦看来，政治权力来源于不断增长的工人阶级的经济力量："**民主意味着工人阶级能够根据其知识的成熟度和经济发展水平行使相应的统治权。**"②

伯恩施坦认为，社会主义最终剩下的是"组织上的自由主义"③，即团体的自由民主组织。工会不应争取自己组织生产，也不应以任何方式认可合作社优于私人生产。在伯恩施坦看来，作为马克思主义核心的权力和财产问题处于次要地位，因此他写道："一旦一个国家达到这样一种政治状态——少数有产阶级的权利不再是社会进步的严重障碍，政治行动的消极任务退居积极任务之后，诉诸暴力革命就成了一句空话。人们可以推翻一个政府，一个享有特权的少数群体，但不能推翻一个民族。"④

在探讨所谓的殖民问题时，伯恩施坦的立场朝着公开反动的方向倾斜。市场的扩大和"生产力"的提高成为经济进步的

---

① Bernstein 1898：555f.
② Bernstein 1969：11.
③ Bernstein 1969：161.
④ Bernstein 1969：213.

核心标准,而工人运动的利益就等同于这种"进步"。对资本主义工业社会内部的剥削性和压迫性的一面视而不见(据说伯恩施坦在英国期间从未参观过资本主义企业的内部),同时公开鼓吹在非洲或亚洲进行殖民征服——当然是以"文明"的形式。他通过可以生活在某一片领土上的人数("人口容量")来衡量经济"文明",并由此得出了征服的义务(!):"以这个标准衡量,在其他条件相同的情况下,较高等的文明总是比较低等的文明拥有**单方面更高的权利**,必要时,前者拥有历史权利,实际上是征服后者的**义务**。"① 基于这样的权利或义务,他同时断言"[殖民国家的——作者注]社会民主"是"当地人的天然代理人","使当地人处于自己的统治权和宗主权之下"②。

伯恩施坦提出了核心的理论问题,但未能做出始终如一的回答。他的优势在于探究在第二国际中广为流传的马克思主义的基本假设。他能够说明,关于阶级结构的简单化和不断两极分化的假设是站不住脚的;资本集中的趋势遇到了强大的反向趋势;在资本增殖的主导下,产生基本社会和文化需求并整合工人的进程得以启动。他质疑出现崩溃危机的必然性,并指出,人们必须认真处理对经济环境的社会主义塑造的问题。经济过程的复杂性问题并不能通过简单地向国家所有制或合作社所有制的转移来解决,这些替代的所有制形式的效率还有待证实。这些都是资本主义和社会主义理论的问题,直到今天仍未

---

① Bernstein 1900b: 551.
② Bernstein 1900b: 561.

解决。通过伯恩施坦对这些方面的强调，并将就他而言的反方向趋势边缘化，一个发展进步的资本主义社会的形象出现了，并逐步以社会主义的方式扬弃了自己。

卢森堡用革命的现实政策为马克思主义和社会主义的统一辩护

如前所述，在阐释俄属波兰王国的社会民主党战略时，罗莎·卢森堡形成制定了一种立场，旨在将工人最直接而紧迫的日常需求（社会和民主利益）的代表与革命性社会主义的观点相结合。在她看来，这总体上构成了社会民主党战略的实质，完全与当时的条件无关。她的立场非常明确："运动本身同最终目标没有关系，运动相比目标本身对我来说是微不足道的，最终目标对我们来说才是一切。"① 她认为马克思的成就就在于为这样一种"革命的现实政策"论证了指导方针：

> "工人阶级借助于这一指南第一次做到了把社会主义最终目的的伟大思想兑换成日常政策的零钱，并使日常细小的政治工作上升为实现伟大思想的工具。在马克思以前，存在着一种由工人来推行的资产阶级政策，也存在着革命社会主义。自从有了马克思，并且由于有了马克思，才有了**社会主义的工人政策**，这一政策同时又是**革命的现**

---

① 《罗莎·卢森堡全集》第 1 卷，人民出版社 2021 年版，第 301 页。

实的政策,而且是就这两个词的最完满的意义来说的。

如果我们把仅仅为自己规定可实现的目标并懂得以最有效的方法通过最短的途径去追求同一目标的政策看作现实政策,那么,符合马克思思想的无产阶级的阶级政策同资产阶级政策的区别在于:资产阶级政策从**日常的物质成就**的观点看来是现实的,而社会主义政策从历史发展趋势的观点看来是现实的。"①

在修正主义的辩论中,卢森堡是通过反驳伯恩施坦的所有核心假设来为革命现实政策辩护的。她很清楚理论和实践必须形成一个整体:"我们的策略……也绝不只是取决于眼前的情况,而是在很大程度上还取决于我们的原则。"② 罗莎·卢森堡严正反驳伯恩施坦:还谈不上资本主义社会的矛盾得以削弱的全面趋势。分化为两个对立的阶级——资本家和无产者——继续导致中产阶级的消失。资产阶级将用民主的瓦解来回应阶级斗争的发展。只有社会革命的威胁才会迫使他们进行社会改革。如果放弃这种威胁,在社会民主党的工会、民主和社会形式的斗争中就不可能取得进一步的成功。她坚持认为,无产阶级完全不可能"在目前的资产阶级社会中就能够获得经济权力"③。在资本主义制度下,合作社和工会都无法做到这一点。

---

① 《卢森堡文选》上卷,人民出版社1990年版,第482—483页。
② 《罗莎·卢森堡全集》第1卷,人民出版社2021年版,第321页。
③ 同上,第658页。

合作社将不可避免地受到资本主义剥削的制约①，而工会永远只能是"劳动力对利润进攻实行的防御"②。

她在反驳伯恩施坦关于文明的帝国主义和殖民主义的观点时写道："如果说世界政策［指帝国主义——作者注］和军国主义……是现阶段的一个**向上**发展的趋势，那么，资产阶级民主就必然沿着**下降**路线运动。"③[10]殖民主义和帝国竞争会导致这种民主的衰落④。她的结论是："工人阶级在自己的斗争中的最大敌人是它自己的幻想。"⑤ 社会主义不可能通过社会改革实现，而"只有通过夺取国家政权"⑥。第一，卢森堡强调社会环境不断变得资本主义和专制的特征；第二，她假设会有使资本主义濒临崩溃边缘的重大危机；第三，她阐述了社会民主主义运动为什么永远不应该等到革命的所有条件都完全"成熟"。

首先：虽然伯恩施坦和他在社会民主党的盟友期望的是，工人运动的社会力量或多或少地持续扩大，以及在现有国家的帮助下，资本主义生产方式日益从属于社会和民主目标，但卢森堡却判断出恰恰相反的趋势。社会主义的现实可能性与其实现之间的矛盾会越来越大。阻碍解决这个矛盾的正是资产阶级国家。因此，卢森堡将全部战略集中在争取国家政治权力的斗争上，作为社会主义的实际障碍和未来杠杆：

---

① 《罗莎·卢森堡全集》第 1 卷，人民出版社 2021 年版，第 521—523 页。
② 同上，第 523 页。
③ 同上，第 527—528 页。
④ 《卢森堡文选》上卷，人民出版社 1990 年版，第 294 页。
⑤ 《罗莎·卢森堡全集》第 1 卷，人民出版社 2021 年版，第 659 页。
⑥ 同上，第 661 页。

第四部分　20世纪之交的革命现实政策的构想

"逐步实行社会主义的理论归结起来就是逐步对资本主义所有制和资产阶级国家进行改良。可是，由于现代社会的客观进程，这两者恰恰朝着相反的方向发展。生产过程日益社会化，而国家对这个生产过程的干预和监督日益广泛。但与此同时，私有制越来越完整且不可侵犯，国家监督越来越为排他的阶级利益所渗透。因此，国家即资本主义的**政治**组织和所有权关系即资本主义的权利组织，随着发展越来越成为**资本主义**的，而不是越来越成为社会主义的。它们向逐步实行社会主义的理论提出了两个不可克服的困难。

……

资本主义社会的生产关系越来越走向社会主义［在社会性质的意义上——作者注］，而它的政治关系和权利关系则相反，它们在资本主义社会和社会主义之间筑起了一堵越来越高的墙。这堵墙靠社会改良和民主的发展是打不通的，相反，它会因此更高更牢固。要打垮这堵墙，只有靠革命的铁锤，即由无产阶级夺取政权。"[①]

其次：所谓的崩溃理论今天基本上已经被遗忘了，尽管可能有很好的理由被再次想起。最迟在1914年，伯恩施坦关于资本主义在没有重大的、危及制度的危机的情况下就能进化的立场被证明是荒谬的。然而，与此同时，他正确地指出了资本

---

① 《罗莎·卢森堡全集》第1卷，人民出版社2021年版，第506页。

主义社会的巨大适应性以及对其社会和政治支持力量的学习能力。卢森堡用带有"节点"的发展路线的概念反对伯恩施坦的进化论。资本主义社会的矛盾将不可避免地导致灾变,但这些"灾变"是由较长的稳定阶段促成的①。

此外,对于罗莎·卢森堡来说,资本主义发展的绝对界限问题不是学术问题,而是具有直接的政治意义,是科学社会主义的"基石"②。在她看来,灾变"不是发展的对立面,而是发展的**一个因素、一个阶段**"③。资本主义是否具有近乎无限的发展潜力,或者至少可以延伸到很远的未来,或者会在可预见的未来遇到不可逾越的限制,对她来说是一个根本性的区别:

> "如果人们同意伯恩施坦的观点,认为资本主义的发展不会走向自己的灭亡,那么,社会主义也就不再**是客观上的必然**了。……伯恩施坦理论面临"非此即彼"的选择。要么根据资本主义制度的客观矛盾,一如既往地进行社会主义改造,那时,这个制度发展了,它的矛盾也就发展了,在某种形式上,在某个时候,崩溃就是结果,这样'适应手段'就会无效,而崩溃论是正确的;要么'适应工具'确实是好东西,能防止资本主义制度的崩溃,让资本主义能够生存下去,并消除它的矛盾,但这样一来,**社会主义**就不再是一种历史的必然性,而是人们随意想象的

---

① 《罗莎·卢森堡全集》第 1 卷,人民出版社 2021 年版,第 660 页。
② 同上,第 537 页。
③ 同上,第 328 页。

东西,唯独不是社会物质发展的结果。"①

卢森堡后来的积累理论(见第八部分)试图为资本主义的绝对界限问题找到一个新的科学答案。1899 年,她将此与生产过剩的趋势联系起来。等到那个时候,她认为核心是资本主义无法为自己的产品找到销路。卢森堡将"最后界限"的趋势与资本主义立即垮台的具体原因区分开来。在她看来,后者总是与无产阶级成功的阶级斗争联系在一起。但没有绝对界限的科学证据,基于消除资本主义的政策在她看来似乎是没有道理的:

"指出周期性生产过剩的意义在于,设定当今社会生存能力的极限,使我们从许多社会主义者要求指明的那个模糊领域更清楚地看清社会主义,以便社会主义从一个需要 500 年才能实现——也许还不能实现——的目标,变成实践政治的在望的、必要的目标。……卡特尔比任何其他资本主义经济生活中的现象都更会使国民中的劳动阶层感觉到剥夺剥夺者的必要性,并意识到,**无产阶级夺取政治权力是他们克服危机的唯一有效手段**。"②

再次:第二国际的马克思主义者始终牢记马克思的观点:

---

① 《罗莎·卢森堡全集》第 1 卷,人民出版社 2021 年版,第 486、487—488 页。
② 同上,第 642—643 页。

"无论哪一个社会形态,在它所能容纳的全部生产力发挥出来以前,是决不会灭亡的。"① 他们也了解恩格斯的著作《德国农民战争》中的立场:"最糟糕的事情,莫过于在运动还没有达到成熟的地步,还没有使他所代表的阶级具备进行统治的条件,而且也不可能去实行为维持这个阶级的统治所必须贯彻的各项措施的时候。"② 资本主义自 1848 年革命以来的巨大发展证明了它的潜力。问题是,在夺取政权之前,是否应该非常仔细地考虑能否启动一场社会主义变革。难道不是要等到所有客观条件和主观条件都完全成熟后吗?

卢森堡反对这种革命的想法,认为它或多或少是一种一次性行为,应该在所有条件都完全满足时才发生。在她看来,成熟的条件不是为革命简单地客观预设的,而是在很大程度上产生于行动本身,产生于阶级斗争。一个原因是,在资本主义制度中,"未来社会的一切因素在发展过程中首先采取这样的形式:它们不是接近社会主义,而是远离社会主义"③。在这个论点的背景下,社会主义斗争对卢森堡来说具有的核心意义变得清晰起来。她在这一点上,而不是在客观条件中,看到了社会主义社会出现的基本先决条件。仅仅因为这个原因,卢森堡认为,阶级斗争的加剧是成功的条件——不可避免地通过一连串的失败——出现的核心先决条件。这些失败是通往最终成功唯一可能的道路上的阶段,这是她的不取悦于人的论点:

---

① 《马克思恩格斯全集》第 31 卷,人民出版社 1998 年版,第 413 页。
② 《马克思恩格斯全集》第 10 卷,人民出版社 1998 年版,第 551—552 页。
③ 《罗莎·卢森堡全集》第 1 卷,人民出版社 2021 年版,第 533 页。

第四部分　20世纪之交的革命现实政策的构想

"第一，要想通过无产阶级的一次胜利打击，一下子完成将社会从资本主义制度变成社会主义制度这样巨大的变革，是完全不可想象的。如果设想这是可能的，那就是再次表现出真正的布朗基主义观点。社会主义变革以长期的、顽强的斗争为前提，在这场斗争中，各种迹象表明，无产阶级会不止一次地被击退，因此，从整个斗争的最后结局的角度看，第一次必然是'过早地'掌握政权。

但是，第二，这种'过早地'掌握政权也是不可避免的，因为无产阶级的这种'过早的'进攻，正是为最后胜利创造**政治**条件的一个因素，而且是十分重要的因素，也正是这种进攻参与创造和参与决定最后胜利的**时机**。从这个角度看，认为劳动人民过早地夺取政权的想法本身，在政治上是荒谬的，这种想法从社会的机械发展出发，假定阶级斗争胜利的一定时机产生于阶级斗争**之外**，不以阶级斗争为**转移**。

但是，既然无产阶级因此不能'过早地'夺取国家政权，换句话说，既然它必须一次夺取国家政权，以便最后持久地掌握政权，那么，反对'**过早**'夺取政权的反对派无非就是反对**整个无产阶级为夺取国家政权而斗争**的反对派。"①

对卢森堡来说，革命的现实政治不是以是否提出这样或那

---

① 《罗莎·卢森堡全集》第1卷，人民出版社2021年版，第536页。

样的改革斗争或革命要求来衡量的，而是以能否"将最终的革命目标和实际的日常行动出色地相结合"，"从而能吸引广大人民群众参加斗争"来衡量的①。换句话说，卢森堡的目标不是将社会改革和革命并列，而是将它们在实际日常生活中的具体对抗中有机联系起来。正如她在1898年斯图加特党代会上解释的那样：

> "海涅等人的发言证明，在我们党内，有一个极其重要的问题——对最终目标和日常斗争的关系的理解——已经模糊了。有人说：关于最终目标，在我们的党纲中有一段讲得很好，的确不应当忘记，但是这同我们的实际斗争并没有直接的联系。也许有一批同志这样想：对最终目标的冥想实际上是一个难题。我的看法恰恰相反，对于我们这样一个革命政党，无产阶级政党来说，没有比关于最终目标的问题更加实际的问题了。因为诸位想一想：我们整个运动的社会主义性质究竟表现在哪里呢？真正的实际斗争分为三点：工会斗争、争取社会改良的斗争和争取资本主义国家民主化的斗争。我们的这三种斗争形式是真正的社会主义吗？完全不是。……那么在日常斗争中使我们成为社会主义政党的东西是什么呢？这只能是这三种形式的日常斗争同最终目标的关系。只有最终目标才构成我们社会主义斗争的精神和内容，并使这一斗争成为阶级斗争。

---

① 《罗莎·卢森堡全集》第1卷，人民出版社2021年版，第281页。

我们一定不能像海涅所说的那样,把这个最终目标理解为关于未来国家的这种或那种设想,而是要理解为在建立一个未来社会之前必须先解决的问题,即夺取政权。对我们任务的这种理解同我们关于资本主义社会的理解关系非常密切,后者是我们的观点的牢固基础,我们认为,资本主义社会陷入了无法解决的矛盾,这种矛盾最后必然要引起爆炸,引起崩溃,在这个崩溃中,我们将担任对破产了的社会进行清算的法律顾问的角色。"①

通过将最终目标与社会主义社会的具体设计问题脱钩,卢森堡排除了当前工人运动的问题与社会主义政府下的工人运动的问题之间有多大程度的连续性的问题。对她来说,断裂是如此绝对,以至于为与之相关的任务做准备似乎毫无意义。这完全符合卡尔·马克思的精神,他在给荷兰社会主义者斐迪南·多梅拉·纽文胡斯(Ferdinand Domela Nieuwenhuis)的一封信中写道:"对未来的革命的行动纲领作纯学理的、必然是幻想的预测,只会转移对当前斗争的注意力。世界末日日益临近的幻梦曾经煽起原始基督徒反对罗马世界帝国的火焰,并且给了他们取得胜利的信心。对于占统治地位的社会秩序所必然发生而且也一直在我们眼前发生着的解体过程的科学认识,被旧时代幽灵的化身即各国政府折磨得日益激愤的群众,以及与此同时生产资料大踏步向前的积极发展——所有这些就足以保证:

---

① 《罗莎·卢森堡全集》第1卷,人民出版社2021年版,第297—298页。

真正的无产阶级革命一旦爆发，革命的直接的下一步的行动方式的种种条件（虽然决不会是田园诗式的）也就具备了。"①

对于卢森堡来说，革命的现实政策主要不是**做什么**的问题，不是关于这个或那个具体的社会或民主要求的问题，而是**如何**把实际的、直接的活动与最终目标、夺取政权之间联系起来的问题②。如果失去这种联系，社会民主党将成为"资产阶级的工人党"③。在当时的罗莎·卢森堡看来，实际斗争与最终目标之间的联系只有三种可能："首先，他们提出最进步的要求，从而成为资产阶级政党的危险的竞争者，并且借助于选民的压力推动这些政党前进；其次，他们向全国揭露政府并通过舆论来影响政府；最后，他们通过在议会内外进行的批评把愈来愈多的人民群众团结在自己周围，从而成为一支举足轻重的力量，政府和资产阶级不得不加以考虑。"④ 原则上不可能像罗莎·卢森堡讽刺伯恩施坦所写的那样，"把资本主义的苦难的海洋加进一瓶社会改良的柠檬汁就把它变成社会主义的甜蜜的海洋"⑤。尽管社会改良和民主有所发展，但是资本主义社会和社会主义社会之间的墙只会越来越高、越来越坚固。这堵墙首先是政治性的，"只有靠革命的铁锤，即由无产阶级夺取政权"来打垮⑥。正如她继续写道："可见，社会主义绝不是工人阶级

---

① 《马克思恩格斯文集》第 10 卷，人民出版社 2009 年版，第 459 页。
② 《罗莎·卢森堡全集》第 1 卷，人民出版社版 2021 年版，第 280—281 页、第 669 页。
③ 《罗莎·卢森堡全集》第 1 卷，人民出版社 2021 年版，第 609 页。
④ 《卢森堡文选》上卷，人民出版社 1990 年版，第 309 页。
⑤ 《罗莎·卢森堡全集》第 1 卷，人民出版社 2021 年版，第 506 页。
⑥ 同上。

的日常斗争作为一种趋势所固有的,它在这里只能是资本主义经济日益尖锐化的客观矛盾所固有的,也是工人阶级主观上认识到必须通过社会变革来消灭这些矛盾所必需的。"①

在她的著名文章《社会改良还是革命?》的几近结尾处,卢森堡写道:"自那以后,社会主义和马克思主义,无产阶级的解放斗争和社会民主党就是一回事了。"② 回归马克思主义之前的社会主义就像她指责伯恩施坦那样,是"重穿资产阶级的已经穿破了的家居便鞋"③。多年后,她在一封信中写道:"我这个蠢驴,我这个笨蛋,我简直像伯恩施坦!"④ 然而接下来的几年里,卢森堡如此坚定地宣布的社会主义和马克思主义之间的一致性受到越来越大的挑战——早在 1899 年,社会主义政治家米勒兰就加入了资产阶级政府(见第五部分)。实施令人信服和有效的革命现实政策的难度增加了。被认为是确定无疑的事越来越明显地受到质疑。

---

① 《罗莎·卢森堡全集》第 1 卷,人民出版社 2021 年版,第 509 页。
② 同上,第 543 页。
③ 同上。
④ GB 2:253.

第五部分 米勒兰事件——
社会主义者入阁作为理论和
战略的试验案例(1899—1902年)

绊脚石

　　1899年6月22日,法国社会主义者亚历山大·埃蒂耶纳·米勒兰(Alexandre-Étienne Millerand)加入瓦尔德克-卢梭(Waldeck-Rousseau)领导下的法国内阁,担任部长。正如让·饶勒斯所写:"即使这一事件[社会主义者入阁——作者注]不会以相同的形式重复,它也会产生无法估量的影响。"① 瓦尔德克-卢梭内阁的直接起因是保罗·德鲁莱德(Paul Déroulède)的右翼民族主义政变企图,他想利用反犹太主义德雷福斯事件期间的热烈气氛推翻共和国。资产阶级民主派和社会主义力量以"拯救政府"的形式结成联盟,应该可以避免这种危险。与此同时,一部分社会主义力量将这与继续民主和社会改革的希

---

① Jaurès 1901:113.

第五部分　米勒兰事件——社会主义者入阁作为理论和战略的试验案例（1899—1902 年）

望联系起来。而其他人则认为新的"内阁主义"是"对社会主义的危险偏离"，而米勒兰是应该被拒绝的"新方法的第一位实行者"①。

一位社会主义者入阁，在左翼中存在多方面的争议。首先，在道德上：在这个政府中，在残酷镇压巴黎公社中起决定性作用的人之一——加斯东·德·加利费（Gaston de Galliffet）将军作为战争部长与公社的一位政治继承人坐在同一张桌子旁。[11]其次，在战略上：这届内阁是会开始一种向社会主义过渡的阶段，逐步消灭资本主义，还是最终只是成为巩固资本主义本身的一种形式？第三，在战术上：通过入阁，左派在政治上是会得到加强还是削弱？第四，在现实政策上：与来自社会和反对派主流的压力相比，是否有可能在政府中实施更多的社会和政治改革？第五，在理论上：在资本主义长期相对稳定的情况下，在由于准备世界大战而日益危险的情况下，由于殖民主义、帝国主义、民族主义、种族主义和反犹太主义的野蛮残酷，第二国际的马克思主义没有为左翼政治提供科学依据。

社会主义者米勒兰入阁的历史很短，只持续到 1902 年。加利费本人担任战争部长不满一整年。敷衍式的改革很快停滞，残酷镇压工人，敲诈社会主义者都属于这段历史。赞成入阁的人声称进一步干预经济秩序是不可能的，会导致政府失败，从而为右翼打开大门。值得一提的是米勒兰于 1904 年被开除党籍，以及他向保守派的转变，导致他后来在法兰西共和

---

① Vaillant 1901：146.

国担任战争部长、总理和总统等高级职位。

1899年7月6日，就在米勒兰入阁的几天之后，罗莎·卢森堡在当时担任主编的《莱比锡人民报》上谈论了社会主义者的这一步将对整个社会主义运动带来的挑战，并立即制定了三个可行的选择："米勒兰加入瓦尔德克-卢梭内阁不仅使法国社会党人，而且使其他国家的社会党人有合适的理由重新审视某些策略和原则。社会党人主动参加资产阶级政府，无论如何是一种超越社会主义常规活动方式的现象。这难道与在议会和市镇参议会中的活动一样，也是为无产阶级事业服务的一种合理的、适宜的方式吗？还是相反，是对社会主义的原则和策略的践踏呢？最后，社会党人参加资产阶级政府是一个例外情况，难道在一定的条件下是可以容许和必要的，而在另一些条件下则是不能容许的和有害的吗？"[①] 在这一点上，罗莎·卢森堡很明显是主要从一个角度来看待整个讨论的：米勒兰的决定对左派的实际政策有什么影响？因此，只有在她认为对提高社会民主党力量在当时非常复杂的条件下推行社会主义政策的能力具有重要意义时，她才会动用当时的马克思主义的国家观念。

由当时最有影响力的马克思主义理论家卡尔·考茨基在1900年9月23日至27日的巴黎社会主义者代表大会上详细阐述并以多数票通过的决议规定，必须根据具体情况决定社会主义力量参加资产阶级政府是否合适。但是，它提出了一个原则

[①]《罗莎·卢森堡全集》第1卷，人民出版社2021年版，第583页。

上的保留条件：入阁永远不可能是"夺取政权的正常开端"，而只能是"困境"的结果。这暗指的是前面提到的法国右翼政变对资产阶级民主的威胁。因此，该决议原则上拒绝入阁，但允许逐个的（例外）情况。但是，如果例外成了常态，入阁成了社会主义政治的下一个目标呢？这会对左翼政治和我们自己对国家的理解产生什么后果？这些是罗莎·卢森堡提出的核心问题。

马克思主义理论与社会主义实践之间的空白

19世纪末社会主义运动的马克思主义一翼面临一个根本性问题：一方面，他们认为马克思的《资本论》用无可辩驳的科学论点，论证了按规律跟在资本主义之后的是作为"自由人联合体"[①]的社会主义或共产主义。劳动的"社会的有计划的分配"[②]，"对土地及靠劳动本身生产的生产资料的共同占有"[③]是新社会的特征。另一方面，1848年以后，资本主义生产方式不仅进一步向新的国家和地区扩张，而且还暂时稳定下来了。一系列社会改革已经生效，特别明显的弊端在工业发达国家中得到控制。这引起了对当时所有马克思主义纲领的核心思想的怀疑："人民群众的无产阶级化，所有资本统一在主宰资本主义国家整个经济生活的少数人手中，生存不稳定的危机，**所有**

---

① 《马克思恩格斯全集》第44卷，人民出版社2001年版，第96页。
② 同上，第96页。
③ 同上，第874页。

这些令人烦恼和愤怒的资本主义生产方式的影响不断增长，不会通过在目前所有制基础上的任何改革而受到抑制，无论这些改革多么广泛。"①。

1871年的巴黎公社仍然是革命起义的短暂插曲。西欧的社会主义运动在19世纪的最后20年中经历了令人印象深刻的、看似不可阻挡的崛起，与此同时，宣称过的资本主义崩溃也未能实现。社会主义作为资本主义内部运动的力量在增长，但目标本身，即消灭资本主义，似乎越来越遥远。由于在马克思的传统中，社会主义应该是以**科学**为基础的，所以科学阐述的论点和现实政策的这种明显瓦解是对第二国际社会民主主义在自我认知上的一种生存威胁，因为它认为自己在马克思主义的传统之中。既定的理论失去了它指导行动的功能，同时似乎无法在不失去其激进性的情况下进行修改。这在上述的修正主义辩论中已经显而易见了。

无论19世纪后30年的国家改革如何迟疑和敷衍，却都带来了相当大的变化，最重要的是引发了一种动力，许多社会改革者以及越来越多的社会民主运动和工会的部分成员，都希望能消除抑制不住的资本主义的基本趋势。至少，更深远和激进的社会改革被设计出来了。即使统治者采取这些措施是出于这样的动机：抢在自下而上的革命之前进行自上而下的改革，并通过将工人运动纳入受管制的资本主义来缓和工人运动的兴起。但由此产生的对资本主义本身的改变也变得越来越清晰，

---

① Kautsky 1965：115.

第五部分　米勒兰事件——社会主义者入阁作为理论和战略的试验案例（1899—1902年）

越来越不清晰的是，这些改变是否面临着根本性的障碍。

针对这一挑战制定了3个战略对策：（1）弗里德里希·恩格斯以及与他同在的由奥古斯特·倍倍尔和威廉·李卜克内西领导的德国社会民主党——在俾斯麦的《反社会党人法》中取得胜利并得到加强，依赖于进一步深入到中产阶级积累选票的政策，以及在避免任何非法革命行动的情况下扩大社会主义组织并培训劳动群众的政策。这一立场在第二国际1900年的巴黎代表大会上也占了上风。夺取政权的客观条件（进一步民主化和社会文化改革）应该得到加强。通过证明工人的基本需求最终无法通过资产阶级秩序内的改革实现，会进一步提高他们的斗争意愿。这是为革命创造主观条件。在发生新的危机或与世界战争有关的情况下，革命将成为可能且不可避免的事情。（2）强大的社会民主党一翼，尤其是工会，力求把增强的工人运动力量转化为改善劳动和生活条件、提高工资、社会改革和政治民主化的直接成功，同时假定这将是逐步消灭资本主义本身的方法。他们认为没有绝对的制度界限会阻碍这种发展。在德国左翼中，这一立场的理论基础是由爱德华·伯恩施坦奠定的。（3）无政府工团主义者和革命左翼正在寻找第三条道路，即依靠社会主义运动左翼领导下的工人自组织（首先是总罢工和接管工厂）。他们希望在这个过程中会出现可导致推翻资本主义制度的革命形势。他们的重点既不是社会民主运动稳定发展、直到在重大危机中夺取政权的"自然过程"，也不是利用给定的机会哪怕取得最小的进展，而是通过群众政治行动进行实际而有力的干预。正是这样，无产阶级的主体性才会作为一种群众力量出现,使消灭资本主义成为可能。他们自己的行动是组织并有能力推翻资本主义的条件。

在德国,威廉君主制及其贵族、军队和大资产阶级联盟的政治制度到 1918 年为止一直阻碍社会民主党参与国家层面的权力行使,而法国的情况则有所不同。在德国,首先是工会被"引诱"到积极的改革合作中,而在法国也存在直接参与政治权力"引诱"。亚历山大·埃蒂耶纳·米勒兰是第一个屈服于此的人。从正统的马克思主义国家理论的角度来看,这在理论上本身就是一个丑闻——工人代表处于资产阶级政治权力机构的中心。这难道不是阶级背叛?

正如随着作用量子假说(马克斯·普朗克)而发现的能量的非连续辐射成为经典物理学革命的出发点一样,工人运动明显融入资本主导的现代社会这一事实成为了马克思主义基本理论变革的起点。很明显:"马克思主义关于集中和灾难,革命、无产阶级专政和建立自上而下的集体主义自然经济的学说",在从 19 世纪到 20 世纪的过渡中"从教条变成了问题"[①]。罗莎·卢森堡分析米勒兰入阁的贡献仍处于这场变革的开端。她达到了马克思主义政治理论的极限,并试图超越。对她来说,决定性因素是如何在新的条件下证明自主的社会主义政策是合理的。确定她的立场的不是内在的科学考虑,而是政治目标。在下文中将继续探究罗莎·卢森堡的这个探索过程,主要限于马克思主义者关注"米勒兰事件"的 1899 年至 1902 年期间。

---

① David 1900:704.

第五部分 米勒兰事件——社会主义者入阁作为理论和战略的试验案例（1899—1902 年）

罗莎·卢森堡对问题的表述

罗莎·卢森堡致力于"米勒兰事件"的第一篇文章的标题是《一个策略问题》，但旨在"从我们的原则得出一个普遍的准则"①。巧合的是，在"涉及国家的自由或民主成果（例如共和制）"②的问题上，如果资产阶级不能再保护共和国本身，就应该考虑参加政府。然而，这只能是一个目的有限的临时措施。社会主义力量参加政府应该只是一种策略上的例外。为此，她给出了一个直接指向为她的革命立场奠定基础的国家观念的理由。

在她的文章《一个策略问题》中，罗莎·卢森堡对比了两种原则上不同的立场。她把自己从主要由伯恩施坦代表的首先提倡的"关于社会主义的机会主义观点"③的立场区分出来。这一立场的拥护者是从**"社会主义逐步地、一点一滴地偷偷塞入资产阶级社会"**④的可能性出发的。按照这种观点，资本主义经济结构的社会主义改造也可以逐步进行。如果遵循这样的假设，那么根据罗莎·卢森堡的说法，"资本主义国家也能自动地逐步变成社会主义国家"⑤。从这样的观点来看，"社会党人加速参加资产阶级政府就可以说是资产阶级国家民主发展的

---

① 《罗莎·卢森堡全集》第 1 卷，人民出版社 2021 年版，第 585 页。
② 同上。
③ 同上，第 583 页。
④ 同上。
⑤ 同上。

一个自然结果"①。然而，按照罗莎·卢森堡的说法，入阁使政策的社会主义性质在原则上变得不可能，因为政府代表有义务"积极支持整个资产阶级国家"②。政府的改良政策"充其量压缩为资产阶级民主或资产阶级的工人政策"③。在其他地方，她阐述了"从原则立场上看应受谴责的政策，永远不能从策略立场上被看成合适的"④。

罗莎·卢森堡本人（与当时第二国际的所有马克思主义者一样）假设"只有在资本主义制度崩溃以后，才能开始实行社会主义"⑤。为资本主义改革，为"资产阶级改良"⑥而进行的必要且正确的斗争，本身并不是社会主义的，而是必须被赋予"原则上是社会主义的性质，即无产阶级的阶级斗争性质"⑦。然而，从一个资产阶级政府出来是不可能进行"阶级斗争，即反对资产阶级及其国家的斗争"⑧的。她总结道："工人阶级的代表只有在一种情况下可以参加资产阶级政府，而不致背离自己的使命，那就是为了夺取政府并把它变成占统治地位的工人阶级的政府。"⑨

在对社会主义者入阁的争论中，罗莎·卢森堡提出了4个

---

① 《罗莎·卢森堡全集》第1卷，人民出版社2021年版，第583页。
② 同上，第585页。
③ 同上。
④ 《卢森堡文选》上卷，人民出版社1990年版，第355页。
⑤ 《罗莎·卢森堡全集》第1卷，人民出版社2021年版，第584页。
⑥ 同上，第585页。
⑦ 同上。
⑧ 同上，第584页。
⑨ 同上，第585页。

第五部分 米勒兰事件——社会主义者入阁作为理论和战略的试验案例（1899—1902年）

对她理解国家具有决定性意义的论点：（1）资本主义内部的改良对财产关系的资本主义特征的改变，从未彻底到足以使新秩序的要素和趋势可以发挥作用。社会主义不能逐步或以转型方式来"实行"，而只能通过完全具有社会主义性质的国家权力来"实行"。工人阶级夺取国家政权才是真正的目标，因为这是推翻经济秩序的唯一途径。（2）资产阶级国家是社会主义改造最重要的障碍，它代表着为发动革命必须突破的墙。（3）在这样一个国家的行政部门中，只能进行资产阶级政治，而在立法机关中，则可以在"同时反对资产阶级立法和整个资产阶级政府（在否决预算时极为明显地表现出这一点）"① 的情况下实施社会改革。（4）维护资产阶级民主的斗争和采取革命暴力的准备是相辅相成的。

罗莎·卢森堡在讨论中的这4个中心论点，首先解释为她想尽全力维护社会主义力量的独立性、战斗力和反资本主义的性质。在她看来，左派的力量首先在资产阶级的社会机构**之外**，因此与直接参与政府权力完全不相容。在当时的社会民主运动中，理论讨论与政策争议直接相关。还不能说与政治行动有关的科学的问题表述具有真正的独立性。国家和社会的概念同时也是政治立场，理论的变化因此引发了这种尖锐的讨论。

在下文中还将考察罗莎·卢森堡在"米勒兰事件"的争论中表现出来的4种立场，即对资本主义和社会主义的理解、对国家的理解和对政策的理解。在某些情况下，不管是否乐意，

---

① 《罗莎·卢森堡全集》第1卷，人民出版社2021年版，第584—585页。

也会使用罗莎·卢森堡不久前在反对伯恩施坦的论战文章中发展出来的立场。

资本主义和阶级国家

罗莎·卢森堡对国家的理解基于对资本主义和社会主义的理解之上,正如第二国际的正统马克思主义所阐述的那样。被视为"[资本主义生产方式的]一切矛盾从中产生的基本矛盾的是这个事实:"**社会的产品被个别资本家所占有**。"① 社会生产与资本主义私人占有之间的这种对立,只能通过工人阶级夺取权力来解决:"无产阶级将取得公共权力,并且利用这个权力把脱离资产阶级掌握的社会生产资料变为公共财产。通过这个行动,无产阶级使生产资料摆脱了它们迄今具有的资本属性,使它们的社会性有充分的自由得以实现。从此按照预定计划进行的社会生产就成为可能的了。生产的发展使不同社会阶级的继续存在成为时代的错误。随着社会生产的无政府状态的消失,国家的政治权威也将消失。人终于成为自己的社会结合的主人,从而也就成为自然界的主人,成为自身的主人——自由的人。"②

卡尔·考茨基在他的著作《爱尔福特纲领解说》中,从绝大多数人口向工薪阶层转变的趋势中推断出资本主义的崩溃:"在资本主义社会,生产资料的私有制将使所有的人失去财产,

---

① 《马克思恩格斯全集》第25卷,人民出版社2001年版,第413页。
② 同上,第414页。

第五部分 米勒兰事件——社会主义者入阁作为理论和战略的试验案例（1899—1902年）

而只有一个人例外。因此，生产资料私有制必然导致它本身的灭亡，使所有的人失去财产，把所有的人变成奴隶。这样，资本主义商品生产的发展，便走向自己摧毁自己的基础的道路。当剥削者除了他所剥削的人以外便找不到自己的商品的其他消费者时，资本主义的剥削就变成违反常识的事情了。如果工资劳动者是唯一的消费者，那么，剩余价值体现于其中的产品，就将失去售出的可能性，而剩余价值也会一文不值了。事实上，这里所描述的情况，是十分可怕的，也是不可能发生的。从来没有出现过这种情况，也不可能出现这种情况。要知道，甚至只要接近这种情况是，社会上的苦难、对立和矛盾都要达到无法容忍的地步；如果发展不及时转变方向，社会就要离开正轨而趋于崩溃。"[①] 罗莎·卢森堡后来在她的积累理论中给出了自己的答案（见第八部分）。

正统马克思主义者近乎绝望地为资本主义崩溃的必然性寻找理论上的、严格的科学理由，这不是其代表人物的个人野心或教条般固执的问题，而是研究计划本身及其范式的支柱。消灭资本主义的必然性，不能仅从现代资本主义社会的明显矛盾或仅从对另一种世界的可期望性中得到具有科学确定性的解释。矛盾可以——当时至少有一百年的资本主义历史证明了这一点——一次又一次地得到重新调解，尤其是通过国家改革。如果释放出来的资本主义的某些趋势的破坏性后果，可以通过社会改革、民主化、监管、发展强大的公共部门、非军事化等

[①] 考茨基：《爱尔福特纲领解说》，生活·读书·新知三联书店1963年版，第67页。

来控制，而不必将所有重要的生产资料转为公有制并废除商品生产，那么崩溃就不是资本主义，而是正统马克思主义的大厦本身。而这直接威胁到当时马克思主义左派的反资本主义革命性的自我理解。

　　罗莎·卢森堡在关于入阁的辩论中的立场，正如在之前与爱德华·伯恩施坦的争论中那样，如果将其归结为改革的具体效果和社会主义者参加资产阶级政府的具体后果，则根本无法理解。对于罗莎·卢森堡来说，政治上有一个非常明显的分水岭：只要财产不由社会主义政府集中并转为公有制，以便在此基础上，用为社会成员的需要而进行全社会计划的生产，来取代个别公司的以利润为导向的生产；只要每一项政府政策本质上都是资产阶级的，即使工人的利益在一定程度上发挥了强大的作用。当然，为了捍卫民主和社会成就，社会民主党在**特殊情况**下也可以被迫在资产阶级自身不能胜任代表任务的时刻，从政府内部承担代表任务。但这不是严格意义上的社会主义政策，不会改变对资本主义制度的原则性反对，也不会使其受到质疑。只有利用国家权力对所有制进行社会主义革命，才是真正的社会主义政府政策。

　　有充分的理由意识到罗莎·卢森堡提出的论点的尖锐性：只要资本主义的所有制没有消除，只要没有以公有制为基础的生产和对所有基本生产资料的分配的全社会计划，那么即使这种或那种工人的利益在或多或少的程度上得到了维护，但这仍然服从于资本主义主导的经济规律。只要存在资本主义所有制，国家在本质上就会是资产阶级的，最重要的是，其行政部门无可争议地有义务被迫维持这种秩序。这种观点的基础是，只有当全部基本生产资料都落入社会主义国家手中时，所有制本身才能失去其资本主义的性质。只要工人阶级不通过全面国有化政策解决所有制问题本身，并以此为起点实现生产者对社会生产条件的社会所有权，国家在其所有基本职能上就仍是资产阶级的。将社会主义理解为基于社会公有制而为自己的需要（没有商品—货币关系）进行的生产，这和罗莎·卢森堡的立场——改革政策如果不着眼于与资本主义制度的决裂，则是资产阶级的——是不可分割的。

资产阶级国家是资本主义与社会主义之间的墙

如果排除因任何激烈变革而发生的国家逐渐转型，那么建立在资本主义所有制基础上的国家本身只能是一个资产阶级的阶级国家，为争取所有制的革命性变革的斗争提供更好或更坏的条件。正如恩格斯所写："到目前为止在阶级对立中运动着的社会，都需要有国家，即需要一个剥削阶级的组织，以便维护这个社会的外部生产条件，特别是用暴力把被剥削阶级控制在当时的生产方式所决定的那些压迫条件下（奴隶制、农奴制或依附农制、雇佣劳动制）。"[①]

罗莎·卢森堡和其他马克思主义者认为，无论工人运动争取了什么样的社会和民主成就，无论政府能够进行什么样的改

---

① 《马克思恩格斯全集》第26卷，人民出版社2014年版，第297—298页。

革（即使是有社会民主党的参与），所有这些变化都不能改变资本主义社会存续并且其破坏性倾向仍然发挥作用的事实。由于社会"基层"的矛盾，改革只能带来局部的结果，而且野蛮的因素还会不断积累。改革不会触及根本特征——以社会生产为基础的资本主义私人生产的丑闻。在罗莎·卢森堡看来，正因为生产的社会性质与资本主义私人占有之间的矛盾不断升级，国家必然日益成为一个资产阶级的阶级国家。正是国家阻碍了生产社会化作为财产社会化的突破口。在她看来，真正阻碍社会主义发展的不是生产关系，而是国家。国家要么作为资产阶级国家，阻碍向社会主义的必然过渡；要么作为社会主义国家，作为工人阶级的政治统治来完成过渡。因此，反对资产阶级国家的政治斗争是决定性的斗争。这样的斗争永远不可能在政府内部进行。

相反，在改良主义者和修正主义者看来，国家或多或少地成为了资本主义社会逐渐转型的工具。在经济上通过加强工会权力并扩大到经济的共同决策权，在文化上通过教育进步和平等参与精神生活，在政治上通过参与国家权力，资本主义应当会自我超越。正如爱德华·大卫（Eduard David）所写："与考茨基形成鲜明对比的是，我认为，在议会统治的国家中，夺取政权只可能逐步发生，并且已经发生。在法国和其他地方，社会主义者还没有掌握政权的唯一原因是绝大多数人民还没有把权力交给他们。大多数民众的意见是不会突然改变的。只有逐渐地，通过一次又一次的选举，我们的同志才能成功地增加他们的议会席位。然而，如果他们在这方面取得成功，他们将能

第五部分 米勒兰事件——社会主义者入阁作为理论和战略的试验案例（1899—1902 年）

够在左翼自由主义政府的组建中掌握个别部长的职务。只要他们有能力，**他们就会这样做**，就像他们的**选民**会迫使他们这样做一样。不管理论家们如何精确地证明，这是对阶级斗争原则最可耻的背叛，选民不会理解，也**不会容忍**他们的委托人放弃了一种权力手段，虽然他们还不能用这种手段建立一个集体主义的社会，但可以以此进行影响深远的社会和政治改革，极大地改善无产阶级的状况。"[1]

罗莎·卢森堡的说法恰恰相反：只要国家不作为无产阶级国家将财产国有化并使其服从于生产者（工人阶级）的统治，那么作为资产阶级国家，它就是反对任何根本性变革的最重要的堡垒。因此，参与行使这样一个国家的行政权力，就不是**促成**而是**阻碍**社会主义变革。她认为真正的障碍不在生产关系中，甚至不在市民社会中——安东尼奥·葛兰西后来这样认为，而是在作为统治阶级权力和暴力工具的国家中。如果国家不加以阻碍，社会化的倾向就会不可避免地占据上风。

遵循这样的立场会导致非此即彼的结果：要么使用**整个**国家权力来维持幸存下来的资本主义所有制，要么用来推翻它。因此，参与资产阶级政府只能意味着参与资产阶级国家的以下 3 个职能之一：第一，国家可以试图维护资本主义的基本结构，确保在此基础上履行一般的社会职能（国家作为全社会关心资本所有者利益的代表）。这还包括行使暴力垄断权，并使用武力镇压所有破坏制度的运动。其次，它可以支配资本本身无法

---

[1] David 1900：708.

私人支配的那些生产条件，从而扩大纯粹的私人资本主义支配的限度（国家作为资本家整体和作为国家监管或国家资本主义的参与者）。第三，它可以尝试不顾个别狭隘的资本团体的抵抗，对无产阶级和其他从属的社会群体做出某些让步，以便促进社会和平，通过提供融合的机会"引诱"部分社会下层阶级，同时使他们受制于资本的霸权（国家作为统治资本所有者的社会和意识形态的融合机构）。然而，在这些职能中的每一个中，国家活动都是为了维护而非转变资本主义财产关系。因此，根据罗莎·卢森堡的说法，即使实际上有效地改善了工人的当前状况，这仍是资产阶级政策。

　　罗莎·卢森堡和当时其他的革命马克思主义者反复提出国家问题的中心地位在理论上（也）是合理的。如果资本主义产生了这种克制社会化生产和资本主义私人占有之间的对抗作用的强大趋势，而且这种克制符合越来越多的居民的利益，那就产生了这样的问题——为什么没有突破。在经济上，这无法在马克思主义的框架内得到解释，因为正是在经济中，在资本主义矛盾的大熔炉中，似乎正在形成一种不断增加的压力。国家的"上层建筑"就像一个"盖子"，为了承受这种压力，它必须越来越坚硬，直到最终在猛烈的爆发中破裂；随后，社会主义的新所有制的革命岩浆，就像它本身已经在资本主义经济中升温一样，将势不可挡地实现突破。上述狭义的阶级国家的理论构想与社会民主党革命自治的要求密切相关。

第五部分 米勒兰事件——社会主义者入阁作为理论和战略的试验案例（1899—1902年）

资产阶级国家中的社会政策

无论是在改革之后，还是通过革命、军事失败或者仅作为明智的、保守的联盟政策的工具——正如在德国的情况，一些欧洲国家的部分民主化总是在工人阶级作为一种社会力量崛起的背景下发生的。英国宪章运动同时已经是一场争取（男性）普选权和社会改革的运动。只有通过工人阶级，将有产者的民主转变为人民的（最初只有男性）议会代表的压力才会增加。这个想法很难抗拒。大部分人口融入工业，工人阶级聚居在市中心，往往靠近政府所在地，自拿破仑以来的军事革命导致全民征兵，增加了每个国家权力对广大民众、特别是（男性）工人阶级的忠诚度的依赖。投票权得到逐渐扩大。

新兴的工人运动是扩大普选权的先驱，由于这场斗争的成功，出现了第一批工人政党，它们不再将工人利益的议会代表权留给自由派资产阶级力量，而是掌握在自己手中。随着取得的成功越来越多，如何处理在议会中获得的权力的问题也随之增多。议会代表性越强，议会中的多数就越多地取决于议会的组成是否包含或排除了社会主义政党，关于是否应该直接对政府组成施加影响的讨论就越激烈。正如法国社会主义者阿尔伯特·托马斯（Albert Thomas）所写："在所有议会中，一个成员的投票是否具有相同的价值，我想说的是，在德国国会和在法国议会的行动是否具有相同的价值？国会议员是否不得不对自己说，他们的选票能推翻政府，他们可以用一种制度取代另一种制度,即使只是用资产阶级制度取代另一种资产阶级制度?但这正是法国社会民主党3年来的处境。"①。

改良主义者和修正主义者依靠使用这种权力在预算问题上达成妥协,为改革法案创造多数或参与政府。他们的评价是:"今天的社会主义已经强大到可以渗透到各地的资产阶级制度而不被它们吞并,因而有力量、权利和义务要求自己的那份权力,并在越来越大的程度上产生影响。"② 正如爱德华·伯恩施坦所写的:"社会主义者在政府组成问题上的禁欲",如果能够对其施加影响,看上去就会类似于"政治上的禁欲:**放弃束缚他人手脚的可能性,却没有获得更多真正的行动自由。人们浪费了自己的能力,而不是聪明地加以利用**"③。相反,马克思主义人士认为,在议会中的代表权只能用于加强工人运动的团结和独立,并使自己的立场被看见。作为阶级斗争,工人在资产阶级议会中的议会代表是可能的,但资产阶级政府中的独立工人政策则不然。相反,参与政府会束缚手脚,使阶级斗争变得不可能。对卢森堡而言,这构成了激进民主党和社会主义政党之间的分水岭。

这形成了对分裂的资产阶级国家的理解,明确区分了议会和政府,正如罗莎·卢森堡所阐明的:"议会是资产阶级社会内部阶级斗争和派别斗争的机关,因此它成为社会主义者对资产阶级统治进行有组织的反抗的最合适的场所,但是政府内部

---

① Thomas 1903:487.
② Vollmar 1900:783.
③ Bernstein 1902:256.

第五部分 米勒兰事件——社会主义者入阁作为理论和战略的试验案例（1899—1902年）

的工人代表从一开始就绝不能起这样的作用。"①。对此，她给出了如下理由："中央政府负有把在议会中和在国内展开的党派斗争的最后成果付诸实现的使命，它首先是一个行动的机关，它的生命力建立在内部的同构型上。"② 在她看来，一个民族国家的政府代表一个整体，它"只是资本主义经济的政治组织"，并且其"各种职能"之间存在"完全的和谐一致"③。她继续阐释道："因此，现代国家的中央政府就像是一部齿轮机，它的各个部分在所有方面都互相联结在一起，彼此决定和调整它们的运动。使整个齿轮机转动起来的直接传动装置是资产阶级议会，但是原动力首先是国内的阶级关系和党派关系，归根到底是社会经济的生产关系和交换关系。资产阶级统治政策的一致性符合资本主义经济的一致性。"④ 由于政府的个人职能在内部是不可分割的，因此存在"各个成员的连带责任"⑤，并且"以为政府的一个部门可以执行资产阶级政策，另一个部门可以执行社会主义政策，因此可以一部分一部分地，也就是按各个部门把中央政权夺取到工人阶级手里，这是十足的空想计划。"⑥。这一立场还产生了这样的要求，即不管有任何战术考虑，都要始终拒绝预算这个阶级国家基本走势的总体体现的预算，而这也是卢森堡也在巴登州议会中反对社会民主党代表时

---

① 《卢森堡文选》上卷，人民出版社1990年版，第336页。
② 同上。
③ 同上。
④ 同上，第336—337页。
⑤ 同上，第337页。
⑥ 同上，第338页。

所使用的观点。

  罗莎·卢森堡至少在她希望社会主义者参与地方自治机构的过程中得到不同的对待时,将这种观点相对化了:"政府是体现着集中的国家政权的,市政机构则是从削弱中央政权的地方自治中产生出来的,是对于中央政权的解放。资产阶级阶级统治的特殊手段:军国主义、文化政策、贸易政策、外交政策构成政府的真正本质,而市政机构则专门担负文化和经济方面的任务,也就是说,它所担负的任务是同不知道任何阶级划分的社会主义社会的行政机构相应的。因此,中央政府和市政府从历史上看是目前社会中互相对立的两极。在法国,市政机构和政府之间、市长和地方行政长官之间的经常斗争是这一历史矛盾的具体表现。"[1] 在公民的自治中,在公社的增强中,她看到了一种超越资产阶级国家的趋势。

  然而,罗莎·卢森堡并没有将这些考虑扩展到中央国家。在参与政府方面,她认为没有加强社会主义倾向的可能性。由于她假定了资本主义经济的统一方向,也假定作为集体政治资本家全体的资产阶级政府的统一行动方式。与罗莎·卢森堡不同,尼科斯·普兰查斯(Nicos Poulantzas)后来声称,统治阶级各派系之间的矛盾表现为"国家内部各个部门和机构之间的内部矛盾的形式"[2]。由于国家致力于在阶级妥协的基础上使阶级对立的社会得以凝聚[3],所以国家的行政工作也是社会斗争

---

[1] 《卢森堡文选》上卷,人民出版社1990年版,第340页。
[2] Poulantzas 1978:123.
[3] Poulantzas 1975:138.

第五部分 米勒兰事件——社会主义者入阁作为理论和战略的试验案例（1899—1902 年）

的一个领域。资本主义结构的经济的内部矛盾会在资本主义国家的结构中找到其政治运动形式。

罗莎·卢森堡的整个思想与其他革命社会主义者的思想一样，旨在将工人运动及其政党建立和发展为自主和独立于国家的力量，以便使他们能够夺取国家，粉碎作为统治阶级的国家机器，并使用重新创造的工人的国家权力，改革所有制。因此，只有在工人运动的这种自主性得到加强的情况下，现有的国家才能被用作社会主义政策的工具。考虑到国家，社会主义政策在她看来仅仅是反对政策。通过这种方式，社会民主党可以同时在选举和议会中进行"广泛鼓动"，并"对政府政策产生积极影响"，而自己则不会成为一个"部长党"①。

正如罗莎·卢森堡所写："原则上的反对派立场决不会使取得实际的、明显的成果变得不可能。相反，这种立场对于任何少数派政党来说，尤其是对于社会主义政党来说，是取得实际成果的唯一有效的手段。"② 罗莎·卢森堡认为，参与政府使左派不可能批评政府和启蒙群众，会导致出现不惜任何代价的妥协，从而使左派屈服于资产阶级多数并削弱他们在议会外的权力，所以不会比反对派获得更多，而是更少。

根据罗莎·卢森堡的说法，由于改变社会的全部力量在于社会主义力量的独立性，而只有对政府政策施加外部压力才能保持这种独立性，所以参与政府只能被视为绝对的例外（见下文）。因此，她还得出结论："米勒兰入阁按照这一方式远远没

---

① GW 1.1：629.
② 《卢森堡文选》上卷，人民出版社1990年版，第309页。

有在法国开辟社会改良的一个新纪元,而是意味着在工人阶级争取社会改良的斗争还没有开始的时候就使之停止,这就是扼杀唯一能把健全的现代的生命注入僵死的法国社会政策的因素。"①

争取民主的民主化的斗争和暴力问题

米勒兰入阁在社会主义工人运动中引发的讨论,与当民主本身受到威胁时社会主义左派应该如何表现的问题密不可分。那么他们是否应该加入全体民主党人的统一战线,并且以联合共和政府的形式?他们是应该中立地观望统治阶级中那些倾向于(军事)独裁的部分和那些坚持议会制共和国的部分之间的矛盾,并作为第三种力量向共和国提出要求,还是支持某个党派,必要时为了捍卫共和国而暂时搁置他们的长期目标?罗莎·卢森堡认为这是一个错误的选择;在这种情况下,也是一个发展"将社会主义最终目标与实际日常政治有机结合"② 的能力的问题。这也适用于资产阶级民主受到威胁的情况。

罗莎·卢森堡假设资本主义社会的特点是不断分裂为单个利益集团,这种分裂也包括资产阶级民主的机构。虽然以前的君主主义反革命的基础不再适用,因为除了无产阶级之外的所有阶级都会从资产阶级的发展中受益③,但每个特权群体都只

---

① 《卢森堡文选》上卷,人民出版社1990年版,第334—335页。
② GW 1.1:654.
③ 《卢森堡文选》上卷,人民出版社1990年版,第290页。

有狭隘的自身利益，可能不会再维护整个共和国。这样一个四分五裂的社会现在面临着一个随着法国的殖民扩张而形成的"根本矛盾"。这是"建立在资产阶级议会统治基础上的共和国和一支庞大的同殖民政策和世界政策相适应的常备军之间的矛盾"①。这支军队摆脱了民主机构的控制，并使其处于危险之中。这就是资产阶级民族国家与沙文主义帝国主义之间的矛盾，汉娜·阿伦特后来参考罗莎·卢森堡的观点，将其确定为国家社会主义及其全面统治的原因之一。

罗莎·卢森堡这样总结她对资产阶级民主的自我危险性的分析："法国的社会发展促使资产阶级追求利益的政策达到这样的地步，致使法国分裂成各个集团，这些集团缺乏对整体的责任感，把政府和议会当作玩具，以谋取它们的私利。另一方面，这一发展导致军队的独立，从维护国家利益的工具变为谋取集团利益的工具，准备不顾、违背、甚至反对共和国的利益而保卫它们自身的利益。"②

这种情况给罗莎·卢森堡带来了悖论。资产阶级共和国迄今为止无法通过社会主义革命战胜，社会主义运动现在必须保护它，抵御所有会威胁它的力量："这是一个拯救共和国和民主，使当前国家免于陷入野蛮状态的问题，以便能够将其建设成社会主义政体。"③ 必须保护资产阶级国家"免于过早瓦

---

① 《卢森堡文选》上卷，人民出版社1990年版，第294页。
② 同上。
③ GW 1.1：654.

解"、"保持其活力和发展能力"①,以便以后的社会主义革命仍然有可能发生。

然而,这并不是简单地维护现状,现状本身就是资产阶级共和国自危的原因,而是要用民兵代替常备军,从而终结军队的独立并贯彻"共和国行政当局的独立性"②。那些为反对共和国而发动政变的人应当被绳之以法。完成政教分离,把信仰实践变成纯粹的私事,以消除天主教神职人员反共和势力的基础。当然,帝国主义政策也必须立即结束。要说明"资产阶级法国还有足够的力量,能够自己排除它所产生的腐败因素,使之不能为害"③。反对政变的斗争本应被用于共和国的全面民主化。因此,罗莎·卢森堡批评米勒兰加入的"保卫共和国"的政府甚至没有开始执行这些任务:"既然正如我们试图证明的那样,君主主义危险是很小的,那么,大吹大擂并以失败告终的政府的拯救行动就是一种**滑稽可笑**的事。与此相反,如果这一危险是巨大的、严重的,那么,这一内阁的虚假行动就是对共和国以及给它以信任的各政党的背叛。"④

在罗莎·卢森堡看来,捍卫议会民主、致力于法治、社会改革、军队服从民主机构、政教分离、消除军国主义和帝国主义,这些都是社会主义政策对资产阶级国家提出的激进民主和社会要求的不可分割的一部分;只要这个政策不缩减到只有这

---

① GW 1.1: 654.
② 《卢森堡文选》上卷,人民出版社1990年版,第295页。
③ 同上,第297页。
④ 同上,第301页。

第五部分 米勒兰事件——社会主义者入阁作为理论和战略的试验案例（1899—1902 年）

个部分，同时有效地追求加强工人运动的自主力量的目标。在她看来，民主化和社会改革是一场以解放为目标的运动的合适的斗争领域，因此比任何回归独裁和增加剥削的政策更可取。她认为社会主义革命的起点不是无产阶级的苦难，而是对工人的主权教育、组织和自我教育。她认识到，争取资产阶级民主的民主化和改善工人状况的斗争是社会改革的最有利的条件——但前提是他们要自己为成功而奋斗，并认识到只有最终将权力掌握在自己的手中，他们才能充分获得发展的成果。像考茨基一样，卢森堡认为"工人阶级取得政权首先只能是一个或长或短时期的正规的日常阶级斗争的结果，在这一斗争中不断争取国家和议会政治的民主化的努力是在精神上和部分地在物质上提高工人阶级的一个非常有效的手段。"[①]

罗莎·卢森堡认为，在统治阶级看到自己的统治地位受到威胁的情况下，会诉诸暴力，并心甘情愿地推翻资产阶级国家权力的宪法基础。与弗里德里希·恩格斯和同时代的许多其他马克思主义者一样，对卢森堡来说，暴力不是社会主义政治自我选择的进攻手段，而是一种必须非常谨慎对待的防御手段。只有当统治阶级自己诉诸法外暴力时才有必要。在此之前的工人运动的发展也必然为"暴力革命"创造如此有利的条件，以致"整个政治形势和力量对比多少有可能保证它取得成果"[②]，但议会主义不可能是阶级斗争的唯一手段："完全相反，暴力现在是而且永远是工人阶级的最后手段，是至高无上的阶级斗

[①] 《卢森堡文选》上卷，人民出版社 1990 年版，第 397 页。
[②] 同上，第 398 页。

争规律,这一规律时而潜在地发挥作用,时而积极地发挥作用。"① 对于罗莎·卢森堡来说,历史上剧烈动荡的时代还没有结束。她坚持认为,使用武力的能力是所有权力的真正秘密:"如果我们像通过任何其它的活动那样通过议会活动使人们的头脑革命化,那么这是为了使人们最终在必要时把头脑中的革命化作拳头上的革命"②,因为"整个资本主义国家建立在暴力之上"③。考虑到预期的资产阶级的抵抗,社会主义"和平发展"在她看来是一种幻想。

一个结论

只有考虑到她真正担心的问题,才能理解罗莎·卢森堡在米勒兰于1899年进入法国内阁引发的讨论中的立场——就是"现实工作与未来理想、运动与社会主义**最终目标**的有机统一的问题"④。两者之间的关系必须一次又一次地达到"平衡"⑤。罗莎·卢森堡说:"最终目标和运动之间、社会主义的未来和资产阶级的现实之间的关系问题,只有在最终目标与运动完全一致,也就是说,社会主义的未来成为现实的时候,才能最终解决。到那时,阶级斗争和社会民主党的发展也将到达终

---

① 《卢森堡文选》上卷,人民出版社1990年版,第397页。
② 同上。
③ 同上,第391页。
④ GW 1.1:659.
⑤ 同上。

第五部分 米勒兰事件——社会主义者入阁作为理论和战略的试验案例（1899—1902 年）

点。"① 她关注的是一种"**革命的现实政策**",从"**历史发展趋势**的立场"来看是真实的,并将"日常细小的政治工作上升为实现伟大思想的工具"②。

通过将现实的社会主义运动和宣称的最终目标之间的这种紧张关系置于她对社会主义者入阁的分析的中心,罗莎·卢森堡有一个非常严格的标准,使她能够清醒地洞察左派改良政策的现有局限性。在这一过程中,她把第二国际正统马克思主义国家观的内部矛盾推向了令整个思想架构本身濒临崩溃的地步。在真实的历史上,这种崩溃最晚发生于 1914 年 8 月 1 日,也就是第一次世界大战开始时。革命的社会主义和改良主义从此分道扬镳。然而,罗莎·卢森堡本人在关于米勒兰入阁的辩论中得出了如下结论:"不受教条约束的社会主义这条航船,在实际政治水域完成第一次大型试航后,带着破碎的桅杆和船舵,甲板上停着尸体,返回港湾。"③

---

① GW 1.1：659f.
② 《卢森堡文选》上卷,人民出版社 1990 年版,第 482 页。
③ GW 1.2：179.

第六部分　突如其来的电气时代——作为转折点的1905年俄国革命

"我称这个时代是一个提出大量问题和伟大问题的灿烂时代，它刺激思想，激发'批评、讽刺和更深层的意义'，唤起激情，最重要的是——它是一个肥沃的、孕育的时代，每小时都孕育新生，每次孕育后继续'孕育'，不是生出死老鼠甚至死蚊子，就像在柏林那样，而是生出真正的巨物……革命是伟大的，其他都无关紧要！"①

总罢工、组织辩论和政治领导——俄国革命前一个新概念的萌芽

在为斐迪南·拉萨尔出版的纪念刊物中，卢森堡强调："在任何时期都有这样一种人——今天仍然有这样的人——等到革命发生了才会去相信这场革命的可能性和时代性，可以

---

① GB 2: 259.

第六部分 突如其来的电气时代——作为转折点的1905年俄国革命

说,这样的人从来不从历史的正面,而是从历史的背面读懂它的思想。"①[12] 无论如何,卢森堡以开放的心态看待历史。到1904年中时,她坚信俄国正处于革命的前夜②。与西欧一样,那里的所有迹象都表明将发生剧烈的动荡。但社会民主党对此没有准备。甚至在1905年俄国革命之前,罗莎·卢森堡就已经认识到,在倍倍尔领导下以及通过她本人参与制定的社民党的旧战略已经出现了一个死胡同。世纪之交后,她对社会民主党战略的示范性的怀疑越来越多。她开始密切重视拉萨尔,并再次将他置于与马克思同等的地位。她强调,除了对历史规律的分析,个人的决定,"大胆的行动"是必要的③,即使它部分地承载了错误的立场。

罗莎·卢森堡的政治榜样始终同时是卡尔·马克思和斐迪南·拉萨尔,一个是工人阶级科学世界观的创始人,另一个是这个阶级在德国的第一个独立政党的坚定的、政治上直接干预的创始人。关于这两人——强调他们是历史实践的政治哲学的两极——她写道:

> "如果马克思用人们自己创造自己的历史,但是他们并不是随心所欲地创造这句话来制止旧式的革命儿戏,那么拉萨尔反以同样的理由强调,把重点放在推进革命的主动权上,放在革命的能量和决心上,用火热的言辞向德国

---

① GW 1.2: 419.
② GW 1.2: 440.
③ GW 1.2: 155.

工人宣扬：人们不是随心所欲地创造历史，但他们自己创造自己的历史！"①

1900年后，如何"创造"历史成为卢森堡探索战略的过程中越来越重要的内容。她开始意识到，"我们生活在突如其来的电气时代，这个闪电般的惊喜是最新政策的操作工具"②。在她看来，德国社会民主党以前的活动形式似乎太过狭窄：选举活动、工会争论和政治鼓动愈加导致工人运动在德意志帝国的社会中安定下来。1900年，当德国军队加入帝国主义联军干涉中国时，卢森堡尖锐地批评了社会民主党的不作为，指出"局外人可能获得一种错误的印象"，认为"似乎我们主要是一个议会政党"③。可能催生革命经验的严重对抗未能出现。社会民主党内的左派开始越来越强调群众罢工的形式是实现核心的民主目标的重要手段。在此之前，这一形式主要被分析为抵御统治集团反民主进攻的最后手段④。然而现在，问题在于自己进攻和打破停滞。在这种背景下，卢森堡提到了比利时的经验，并对其进行了批判性分析。

1902年，比利时社会主义者曾试图在政治大罢工的帮助下实施民主选举，但在持续一周后，由于没什么结果就中断了这次罢工。罗莎·卢森堡认为，主要原因是社会主义者把政治领

---

① GW 3：182f.
② GW 6：286.
③ 《卢森堡文选》上卷，人民出版社1990年版，第270页。
④ Parvus 1896.

导权让给了自由主义者①。然而，与此同时，卢森堡也积累了运用总罢工的经验。在德国社会民主党中盛行的观点是，发动总罢工的前提是，整个工人阶级都应当全面组织起来并确信能够战胜资本主义，卢森堡认为，"不能用它来反对局部的和一时的政治总罢工，因为在这方面只要有一个很得人心的政治解决办法和有利的物质情况作为前提就可以了"②。卢森堡认为，总罢工并不与议会工作对立，而是与议会工作和政治鼓动并列的另一种"工具"。这也包括使用法外暴力的决心③。否则，就等于拒绝革命。她得出的结论是，与比利时或法国相比，德国放弃政治罢工的手段是社会民主党"在政治方面"的"半亚洲式落后状况"的表现④。这些都是质疑社会民主党基本共识的立场。对社会民主党来说，决不诉诸非法手段本身已成为理所当然的事，更不用说暴力了（甚至以非法政治罢工的形式也不行）。另一方面，罗莎·卢森堡强调，"无论在阶级斗争的个别事件中还是为了最终夺取政权都必须使用暴力"⑤。

在社会民主党人对政治的理解中，罗莎·卢森堡由于主张政治性的群众罢工，从而冒险进入了雷区。在社会民主党中，对政治性的群众罢工和总罢工的要求被看作是必须全力打击的反常现象的表现：无政府主义。19世纪70年代初，卡尔·马克思与一位曾在1848年革命中站在德累斯顿街垒上的俄国社

---

① GW 1.2: 218.
② 《卢森堡文选》上卷，人民出版社1990年版，第386页。
③ 同上。
④ 同上，第387页。
⑤ 同上，第398页。

会主义者——米哈伊尔·巴枯宁——无奈地闹翻了。马克思认为，工人从剥削和压迫中解放出来是历史规律的结果，而历史规律的最终原因包含在经济学中。仅有改变的意愿是不够的。如果想实施革命政策，就必须认识到这些规律，并按照这些规律行事，也就是说，向没有剥削和压迫的社会加速推进。然而，巴枯宁是一个在道德上和伦理上争论不休的社会主义者，他把个人和个人的解放放在中心位置。从行动意志（对资本主义带来的明显不公正的觉悟助长了这种意志）中，以及从激动人心的宣言中，巴枯宁看到了革命政策的关键要素。无政府主义者不仅想把罢工当作劳资之间经济斗争的武器，就像受社会民主主义鼓舞的工会所做的那样，还想把罢工当作政治斗争的首要武器。一些人甚至希望通过总罢工推翻整个体制。

在马克思和巴枯宁那里，甚至在他们的追随者那里（他们往往不过是模仿者），所谓的科学社会主义和所谓的自由社会主义——也叫无政府主义，彼此不可调和地对立。如果冷静地考虑的话，双方有一些重要的共同点，但这些共同点被刻意推到了幕后。相反，这两个年迈的男人将他们存在的分歧归咎于他们的个人敌意，从而给左派遗留了一种十分荒谬却一直延续至今的派别对立。

这两派在目标上几乎没有什么不同，至少在原则上是如此；真正的差异在于方式问题。在这一问题上，第一次爆发了一场争论，这场争论在20世纪将左派分裂成越来越小的宗派团体和小团体。每个人都是如此有理，库尔特·图霍尔斯基嘲讽道。这些团体中的每一个团体都是唯一知道走出资本主义苦

第六部分 突如其来的电气时代——作为转折点的1905年俄国革命

海的正确道路的团体,并按照这样的模式与所有其他"非信徒"进行斗争:你的观点越接近我们,它们就越危险——因此就必须更有效地同观点的持有者进行斗争。欧洲左派在20世纪的部分时期中都处于这种幼稚状态。资本主义在这一时期蓬勃发展,并催生了最具破坏性的危机和战争;最近出现的十分荒谬和不人道的金融市场资本主义,只是这一发展的合理结果。

关于比利时的总罢工,罗莎·卢森堡提出了一个重要的意见,即每一次群众行动的前提是,必须有非常高的组织力和相应的斗争意识才能成功,这种观点是错误的。她认为,在社会民主党内,普遍的想法是,只要不断提高工人的组织水平,就可以在某一时刻拥有压倒性的行动能力,以便——无论引发什么后果——夺取政权。这个党的行为就像一个躲避每一场战斗的统帅,因为他的兵力永远谈不上以绝对把握取胜。卢森堡反对说:"由此可见,一时的政治总罢工并不像……在作为前提的必要的社会主义教育和打算取得的社会主义教育的成果之间兜圈子,它只是同日常政治生活的某些具有深远意义和振奋人心作用的因素联系起来,同时又作为进行社会主义鼓动的有效手段发挥作用。"①

在卢森堡战略方针的中心,越来越多地出现了直接进攻性的群众行动,在这种行动中,环境被改变,行动者也在改变自己。恩格斯所写的"突击队"不再是通过选举悄悄地、基本上

---

① 《卢森堡文选》上卷,人民出版社1990年版,第386页。

被动地增加，而是在自己的行动中产生。这也意味着工人和领导层之间的关系与社会民主党几十年来的实践相悖，即使卢森堡此时还没有把这种冲突直接指向党的执委会。对她来说，对群众的统治是典型的资产阶级政治形式，这一点必须被扭转：

> "社会民主党的所谓'领袖'的唯一作用在于启发群众认识他们的历史任务。社会民主党的'领袖'的威信和影响的增长只能是同他们在这种意义上进行的启蒙工作的量成比例的，也就是说正好同他们破坏至今一切领袖集团的基础即群众的盲目性的程度成比例的，一句话，是同他们放弃自身的领袖作用，使群众成为领袖，使自己成为群众自觉行动的执行人和工具的程度成比例的。"①

然而，为此，他们必须不是僵化组织的官僚主义化身，而是真正的社会运动的一部分和灵魂，从这些运动中重新规定自己，并为此使用他们特定的智力和组织资源。如果因为担心在社会民主主义取得胜利的情况下敌人可能做出的残酷反应而放弃任何攻势，那将是灾难性的②。这将意味着永远处于守势。

1903年7月30日至8月23日，在布鲁塞尔和伦敦召开的第二次党代会上，俄国社会民主工党（SDAPR）在党章问题上出现了争议，也触及了领导权和"群众"问题。1904年，列宁在他的论文《进一步，退两步》中阐述了他对这一争端的立

---

① 《卢森堡文选》上卷，人民出版社1990年版，第490—491页。
② GW 6: 392 – 394.

第六部分 突如其来的电气时代——作为转折点的 1905 年俄国革命

场。他解释了为什么大多数代表采取的立场在他看来是在专制主义俄国的具体条件下推动"建立**真正的党**"① 的唯一可能的立场。关键在于将党员身份与积极的党务工作结合起来，以及党的领导机构的权利，这些机构只有在国外才能基本自由地运作。正如列宁所写："随着我们**真正的**政党的形成，觉悟的工人应当学会辨别无产阶级军队的战士的心理和爱说无政府主义空话的资产阶级知识分子的心理，应当学会不仅要求普通党员，而且**要求**'上层人物'履行党员的义务，应当学会像他很久以前蔑视策略问题上的尾巴主义那样，来蔑视组织问题上的尾巴主义！"②

卡尔·考茨基于 1904 年 5 月在《**火星报**》上对俄国社会民主党内部的争议进行了评论："如果我必须在你们的党代会上在马尔托夫和列宁之间做出选择，我会根据我们在德国活动的全部经验决定支持马尔托夫。"③ 孟什维克现在向卢森堡求助，以"摆脱反对他[列宁]的权威"④。紧接着，卢森堡写出了她的文章《俄国社会民主党的组织问题》，发表在《**火星报**》和《**新时代**》杂志上。《**前进报**》仍然拒绝了俄国社会民主党人在社会民主党最重要的党报上摆明立场的要求，说不能给他们太多的篇幅，因为俄国运动"还很年轻"，"能给成熟的德国运动的东西太少了"⑤。卢森堡对此的看法则完

---

① 《列宁全集》第 8 卷，人民出版社 2017 年版，第 212 页。
② 《列宁全集》第 8 卷，人民出版社 2017 年版，第 394—395 页。
③ 转引自 Laschitza 1996: 197。
④ 同上。
⑤ 同上: 196。

全不同:

"落后国家的社会民主党运动必须向先进国家的老的运动学习,这是一个历来受人尊敬的真理。我们可以大胆地用相反的一句话加以补充:老的、先进的社会民主党同样能够而且必须从同它们年青的兄弟的亲密交往中进行学习。对于马克思主义经济学……来说,资本主义经济制度以前的一切经济阶段,同造物的顶峰即资本主义相比,不是一种简单的'不发达'形态,而是在历史上享有同样权利的不同的经济类型。同样地,对于马克思主义政治家来说,各种发展程度不同的社会主义运动也是一定的历史的个体本身。我们越是了解处于不同社会环境中的千差万别的社会民主党的特征,就越是能认识本质的东西,基本的东西即社会民主党运动的原则,就越是能减少为任何地方主义所限制的眼界。"①

卢森堡在文章中强调了俄国的特殊性。由于沙皇专制主义,"无产阶级作为有自觉目的的斗争阶级直接从政治上的极端分散状态……引导到最高的组织形式中去"②。它必须"在虚无缥缈之中"创造③。当然,社会民主党总是以某种集中制

---

① 《卢森堡文选》上卷,人民出版社1990年版,第498页。
② 同上,第500页。
③ 同上。

第六部分 突如其来的电气时代——作为转折点的1905年俄国革命

为特征,但列宁是"无情的集中制"的代表①。这基于两个原则——第一,"使党的一切组织及其活动,甚至在最微小的细节上,都盲目服从中央机关,这个中央机关单独地为大家思考问题,制定计划和决定事情;第二,把党的有组织的核心同它周围的革命环境严格地隔离开来。"②卢森堡针对这种"极端集中制"提出了"无产阶级领导阶层的'自我集中制',是无产阶级在自己的党组织内部的大多数人的统治"③。工人阶级的自我赋权必须在党内找到充分的表达。这一立场的基础是确信:"然而事实上,社会民主主义与工人阶级的组织没有**关系**,它是工人阶级**自己的运动**"④。列宁多次正面提到雅各宾派的传统,他们在自己的统治过程中越来越限制巴黎人民的自我组织,首先是妇女的自我组织,卢森堡则写道:"社会民主党的运动是阶级社会历史上在其各个时期和全部过程中都要依靠群众的组织和群众的直接的独立行动的第一个运动。"⑤

人们可以把卢森堡对"有无数手和腿、但没有意志和思想的肉体"和"盲目服从"⑥的警告理解为对活生生的社会民主主义组织转变为第一次世界大战中的国内和平政党或斯大林化的共产党的悲观预期。但人们也可以从中看到对俄国特殊条件的误判。毕竟,布尔什维克在1905年和1917年的两次革命中

---

① GW 1.2:425.
② 《卢森堡文选》上卷,人民出版社1990年版,第504页。
③ 同上。
④ 同上。
⑤ 同上,第502页。
⑥ GW 1.2:430.

有能力产生特殊的影响力。无论如何,卢森堡把重点放在人民群众的"独立的直接行动"上,而列宁和其他许多社会民主党领导人一样,首先看重这种行动的工具性,以实现预定的目标。

卢森堡还领导了与社会民主党内压制工人自主权的倾向的对抗。在第一次世界大战前夕,她对德国社会民主党的官僚化和寡头化的批评变得越来越尖锐。她注意到"工人运动中央当局对权力的过度幻想"①,并且最迟在1914年必然了解到,这些不是幻想,而是真正地使工人在近四年的战争中普遍处于无力状态的权力。

卢森堡对集中制组织危险性的认识,使她低估了列宁,列宁会利用集中制与那些他认为准备屈从于自由派资产阶级的派别进行斗争。与她不同的是,对列宁来说,"纯洁"总是比团结更重要。他宁愿和少数遵循他的立场的人待在一起,也不愿意像她那样在一个大的组织中争取多数。列宁希望通过组织一个能够进行斗争的纪律严明的干部组织来最终赢得群众;卢森堡则主要是通过宣传和鼓动来寻求直接接触群众,不惜以容忍她所认为的党的领导人的错误政策为代价。

在与列宁的这次争论中,卢森堡形成了一个持久的见解,这个见解也包含于今天所有左派社会运动和政党的手册中,并被归入"自发主义"的范围内。关于社会民主党,卢森堡写道:

---

① GW 3:40.

第六部分 突如其来的电气时代——作为转折点的1905年俄国革命

"俄国运动近几十年来的最重要最有效的策略上的变化不是由运动的某些领导人'发明'的,更不用说是由领导机构'发明'的,而它们每次都是已经爆发起来的运动本身的自发产物。……社会民主党的斗争策略就其主要方面来说不是'发明'的,而是在试验性的、常常是自发的阶级斗争中发生的一系列连续不断的巨大创造行动所产生的结果。"①

带着这些知识、这些见解,罗莎·卢森堡对德国的发展深感不满,从而探讨了俄国革命,并对沙皇帝国即将发生的事情充满希望。正如她在1904年12月写给荷兰社会主义者罕丽达·罗兰·霍尔斯特(Henriette Roland Holst)的一封信中所说:

"追究个别机会主义者的愚蠢行为,并对他们进行批判性的喋喋不休,这对我来说不是令人满意的工作;相反,我对这种职务感到由衷的厌恶,在这种情况下我宁愿保持沉默。我也很佩服我们的一些激进的朋友总是认为只需要把迷途的羔羊——党领回'坚定的原则'这个安全的家园,而不觉得我们以这种纯粹消极的方式没有迈出任何一步。而对于一个革命运动来说,无法前进意味着后退。从根本上打击机会主义的唯一手段是自己前进、制定策

---

① 《卢森堡文选》上卷,人民出版社1990年版,第506、507页。

略、增加运动的革命性。机会主义就像是一种沼泽植物，在运动的死水中迅速繁茂地生长；在水流湍急的情况下，它自己就会枯萎。"①

在这封重要信件的结尾，她引用了康拉德·斐迪南·迈耶（Conrad Ferdinand Meyer）的诗歌《胡腾的末日》13中的几句话："我忏悔——我以忏悔的心态承认/我并不总是胡腾"，并补充道："这不就像是用铁锤敲打写出来的吗？"② 后来，在自证清白的时间里，她更频繁地引用这首诗。

第一次俄国革命——历史的教训

在她写下这些诗句的几周后，第一次俄国革命爆发了，它吞噬了整个沙皇俄国，甚至是被俄国占领的波兰。这次革命成为罗莎·卢森堡后续生活和工作的最重要转折点。正如唐纳德·谢泼德森（Donald E. Shepardson）所写的那样："1906年9月13日，卢森堡回到了柏林，与一年前离开柏林时的她判若两人。她与活跃的革命者的会面以及她在华沙的经历增加了她在社会民主党中的孤立感。"③ 这场革命使她相信平静的时代已经过去。对她来说，1905年标志着一个新纪元的开始："随着俄国革命的发生，资产阶级近60年的平静、议会式的统治结

---

① GB 6：102.
② 同上：103。
③ Shepardson 1996：53.

第六部分 突如其来的电气时代——作为转折点的1905年俄国革命

束了。随着俄国革命的进行，我们已经进入了从资本主义社会向社会主义社会的过渡时期。"① 甚至不再排除社会主义工人运动暂时接管政权的可能性。正如她所说："伟大的革命事件都会有这样的特征：尽管它大体上可以预见，可以预料，但是一旦它们发生了，却因为其本身的复杂性和具体形态而总是作为斯芬克司，作为一个要求我们彻底理解、彻底探究和彻底学习的问题出现在我们面前的。"② 因此，俄国革命对她来说成为需要去学习和掌握的科学。她反复研究了17和18世纪的英国和法国革命，在读完米涅（F. A. Mignet）的《法国革命史》后，她写道："这件事深深地攫住了我，我被这种宏大的、神圣的集体疯狂所淹没。革命的历史毕竟是科学中最有趣的东西。"③

通过她先前发起的争取承认政治性群众罢工是工人运动合法斗争手段的斗争（见上文），她想最终消除德国社会民主党的停滞并展开攻势，因为这种停滞正日益成为面对帝国主义、殖民主义和反动专制主义时的退缩。如果恩格斯及德国社会民主党的老领袖们首先以建立工人组织和选举成功来衡量他们工作的成功，并希望在"这段时间"让"突击队"保持安静，那么卢森堡就可以看到——顺便说一下，在1848年就已经有了——在一场革命中，组织的成功、革命意识的传播和实际的成功是如何在很短的时间内中止的。她强调："想用选举数据

---

① GW 2：9.
② 《卢森堡文选》下卷，人民出版社1990年版，第2页。
③ GB 2：343，另见 GB 3：50。

或者工会和选举协会的数字,来衡量工人阶级的政治成熟度和潜在革命能量,就好比用裁缝的尺子去测量勃朗峰。"① 卢森堡从俄国革命中得出了一个与德国社会民主党的优越感完全相悖的结论:俄国的工人运动之所以成为典范,是因为俄国"在资产阶级革命方面已经晚得不可原谅"②。俄国的工人运动能够证明自己是国际工人运动的"先锋队"③。落后可以转化为进步。根据厄内斯特·曼德尔(Ernest Mandel)的说法,所获得的经验使俄国的工人运动能够"将分散的要素组合成对西方社会民主党'经受考验的旧策略'的系统性批判"④。

在这场由俄国和日本之间的帝国主义内部战争直接引发的革命中,20世纪初世界上的深层紧张关系以其全部力量被揭示出来。帝国主义、战争、资本主义中心地区的部分加强、外围地区的殖民化、民族和社会问题的联系、工人运动和农民起义、反动和反犹太主义之间的交集变得很明显。在这场革命的背景下,罗莎·卢森堡敏锐地意识到,面对机会主义者对既定实力对比的迎合和对社会运动的独占政策,仅仅捍卫第二国际的理论和实践是不够的。最重要的是,她在群众罢工中看到了一种能够同等程度地摆脱两种倾向的运动形式。她继续独立地寻找一种能够同时以解放和革命的方式解决这些矛盾的理论和实践。而这一遗产仍然意义深远。俄国革命对她来说意义重

---

① GW 1.2: 488.
② GW 2: 150.
③ GW 2: 232.
④ Mandel 1986: 51.

第六部分 突如其来的电气时代——作为转折点的1905年俄国革命

大,因为在革命中出现了新的实践形式:"俄国社会民主党是第一个担任这样的艰巨而光荣的任务的党:不是在国家生活处于正常的、平静的、议会政治的时期,而是在一个暴风骤雨般的革命时期应用马克思学说的基本原理。"①

沙皇帝国的事件再次使卢森堡认识到,与社会民主党内有时的想象相反,"真正的革命"不可能成为"有意识、有计划的领导和鼓动的人为产物"②,即使马克思主义的分析在二三十年前就预见到了这样一场革命的到来。卢森堡认为,社会民主党面临的挑战产生于这一过程本身:"在革命**进程**中占据领导地位,机智地利用起义初期的各种胜利和失败,从而在洪流中抵制洪流,这是社会民主党在革命时期的任务。一个政党能够理智地提出的唯一目标,不是掌控和把握**开头**,而是掌控和把握**结尾**,即掌控和把握革命爆发的结果……"③她的分析重点不是新成立的苏维埃,而是群众斗争的形式,特别是群众罢工的形式。这种形式的斗争在早期的革命中不会起到核心作用:"在现代,以前的革命都没有这种致命的武器可以使用。……现在,在俄国,总罢工第一次成为这场革命的揭幕战,在这场革命中,无产阶级在历史上第一次作为意识到自己特殊利益的独立阶级而推进斗争。"④所有这些都是在由一个初步的冲击和相互学习的过程产生的。

---

① 《卢森堡文选》下卷,人民出版社1990年版,第123页。
② GW 1.2:510.
③ GW 1.2:500.
④ AR:68.

卢森堡表示,在俄国革命中,许多事情都被逆转了。在这场革命中,基本的社会和政治成就不是来自包围战略,而是来自进攻,而且是以惊人的速度取得的。而以前的经济的和政治的工人运动只存在于小型的、大多是非法的结构,在很短的时间内就形成了群众组织。她的结论是:"认为在开展斗争之前必须先有强大的组织,这完全是一种机械的非辩证的观点。相反,组织会和阶级教育一起,在斗争中诞生。"①

安东尼奥·葛兰西从20世纪20年代的后革命经验出发,成为阵地战的理论家,而罗莎·卢森堡在1905年的革命中则发展成为"'运动战'的(卓越)理论家,运动战总是与……主导的社会经济和政治秩序的危机式崩溃的真实历史经验相联系"②。另一方面,固定的组织结构(在涉及作出决策的情形或在撤退和失败的时候必须守住阵地时特别重要)则退居幕后了。卢卡奇想把卢森堡和列宁的立场结合起来,他正确地写道:"组织是理论与实践之间的调解形式。而在这里,正如在每一个辩证关系中一样,辩证关系的各个环节只有在它们的中介中并通过它们的中介才能达到具体化和现实化。"③由基层斗争产生的群众罢工的组织结构是一回事,而党的组织结构是另一回事。罗莎·卢森堡将解放政治理解为"社会大众的实际学习过程,在这个学习过程中,他们成为将自己从不成

---

① GW 1.2:603.
② Deppe 1997:18.
③ Lukács 1968:475.

第六部分 突如其来的电气时代——作为转折点的1905年俄国革命

熟、剥削和压迫中解放出来的主体"①，这一观点是在1905年革命中形成的。早在1904年，她在针对列宁时就坚持"无产阶级领导层的'自我集中制'"②。领导、组织、社会主义理论要从工人阶级的解放进程中生长出来，与他们发生关系——为他们服务——并成为他们自己的事业③。最后，领导、组织和社会主义理论对他们来说不是分立的事物，而只是同一过程的侧面。

在1905年和1906年的俄国革命期间，从德国赶回波兰家乡的罗莎·卢森堡在1906年落入华沙警察的魔掌。波兰的首都华沙曾是庞大的俄罗斯帝国的一部分，在那里，一个拥有秘密警察、腐败的官僚机构和无处不在的警察恐怖的沙皇政权在努力地维持着权力。由于在沙皇时代的条件下，即使是出于政治原因的逮捕，也可能伴随着人身和生命危险，罗莎·卢森堡最亲密的波兰朋友不仅筹集了3000卢布的保释金——他们还散布威胁言论说，如果他们的朋友被动了一根毫毛，俄国高级官员的生命就不再安全。不久之后，她被释放了——1906年8月1日，她非法前往相对安全的芬兰。芬兰在1809年从瑞典落入沙皇帝国之手，但1789年的瑞典宪法在那里仍然有效。像布尔什维克领导人列宁和季诺维也夫一样，罗莎·卢森堡在芬兰的库克卡拉定居，从那里——正如列夫·托洛茨基在1919年回忆的那样——她经常"非法前往彼得堡，她在当地我们的

---

① Brangsch 2011: 92.
② GW 1.2: 429.
③ Bellofiore 2013a: 49f.

圈子里活动,在监狱里用外国名字拜访我们这些当时被逮捕的人[包括亚历山大·帕尔乌斯和托洛茨基本人——作者注]。从真正意义上说,她是我们与当时的社会主义世界直接和间接联系的体现。"①

然而,比这些路途一小时的圣彼得堡之旅更重要的,是罗莎·卢森堡与列宁及其追随者关于革命失败的辩论;这种意见上的深重分歧——即使后来也无法克服——直到几年前才得以重构。从1924年开始"不承认"罗莎·卢森堡的格里高利·季诺维也夫(Grigori Sinowjew, 1883—1936),对于1919年在库卡拉的辩论至少说出了一半的真相:"罗莎·卢森堡是第三国际的少数参与者之一,她集火热的鼓动者、杰出的政治家,同时也是马克思主义最伟大的理论家和文学家之一的品质于一身。……我记得1906年在库克卡拉村列宁同志的小公寓里与罗莎·卢森堡的谈话……第一个开始从理论上评估这场被镇压的革命的人,第一个在1905年就明白我们的苏维埃是什么——尽管它们只是刚刚萌芽——的马克思主义理论家,第一个明确设想与武装起义相一致的大规模革命起义作用的欧洲马克思主义者,就是罗莎·卢森堡。"②

在库克卡拉,罗莎·卢森堡代表社会民主党汉堡执委会写下了她的分析报告《群众罢工、党和工会》。她在文中将俄国革命的经验与西欧的经验结合起来,拟订了新的大规模动员的进攻性战略的雏形。正如卡尔·拉狄克以布尔什维克代表的身

---

① Trotzki 1920: 16.
② Sinowjew 1920: 18f.

份后来写道:"这本小册子意味着社会主义新阶段的基础。它开启了共产主义运动与社会民主党的分离。"① 但同时这也是一种尝试——拉狄克后来拒绝认识到这一点——从理论上论证一种革命实践,它的结果不是实现**对**人民的统治,而是实现人民的自我解放。正如卢森堡所写的那样:"尽管有了社会民主党,世界历史的有生命的物质仍旧还是人民群众,而且,只有在组织核心和人民群众之间不断地进行血液循环,只有用同一个脉搏使这两者都活跃起来的时候,社会民主党才能表现出采取历史性行动的能力。"② 波佐利(Pozzoli)写道:"随着**群众罢工**小册子的出版,恩格斯去世后第一次有人用'马克思主义'思考真正的新事件"③,这是非常正确的。在这本小册子中,卢森堡证明了自己是"从阶级斗争中产生的理论的代表"④。

卢森堡立场的基本特征,后来被简单化或谴责性地称为她的**自发主义**。卢森堡对自发性的强调不是与混乱的任意性联系在一起,而是与基于自身洞察力的自由行动联系在一起,本着伊曼努尔·康德的精神,自发地开始行动。对她来说,革命是受制于依附关系的人们共同取得自由空间的过程⑤。工人运动不仅是慷慨激昂的,人民群众对她来说是真正的历史行动者。卢森堡认为,通过群众运动,工人集合成为有自我意识的、自由自决的行动者,在具体行动中把他们的社会化置于自己的控

---

① Radek 1986:27.
② 《卢森堡文选》下卷,人民出版社1990年版,第337页。
③ Pozzoli 1974a:17.
④ Howard 1974:106.
⑤ Vollrath 1973:93f.

制之下。社会主义对她来说，就是作为行动的自由和作为目标的自由。

她既不认为工人运动可以被这个阶级在工会或政党中的民主组织所取代，这正是德国社会民主党的观点，也不认为一个小团体可以发号施令。这不能理解为对组织的放弃，也不能理解为对领导的放弃，而是从四十年来工人运动独立组织的发展中吸收的经验。罗莎·卢森堡在寻找摆脱社会解放运动新出现的对自己创建的组织及其领导人的利益的从属地位的办法。她反对将工人运动和社会民主党的关系转变为民主或独裁代表的寡头关系，在这种关系中，代表是最终具有决定性的甚至是唯一的行动者。正是在这一时期，卢森堡的政治概念获得了清晰的轮廓。从这时起，重点是"通过完全公开的行动、攻击、抵御和学习来实现自我赋权"[1]。她坚持第一国际《成立宣言》中的观点，"工人阶级的解放应当是工人阶级自己的事情"[2]，并构想了一个彻底的"积极的政党观"，其中"期望领导层不是历史的创造者，而是指引和加强社会运动的创造性动力"[3]。

罗莎·卢森堡与第二国际和布尔什维克的许多领导人不同，她从下层，从工人社会运动内部来把握工人的自我组织与政党、工会和领导层之间的矛盾。她在那里，而不是主要在固定的组织和它们的领袖身上寻找"世界历史的活材料"。从那里出发，她试图了解组织和领袖的功能，领导和理论的功能。

---

[1] Schütrumpf 2018a: 67.
[2] 《马克思恩格斯全集》第25卷，人民出版社2001年版，第362页。
[3] Haug 2001: 63.

第六部分 突如其来的电气时代——作为转折点的1905年俄国革命

她意识到它们的独立是不可避免的,但她坚决抵制将这种独立作为一种美德。不是群众自己的行动**或**党和领导层的指示,不是真正的无产者的见解**或**科学理论的介绍,而是对群众实际行动的领导,对从实践中获得的对这种行动的认识的理论分析,对她来说才是解决每个实际运动中不可避免的矛盾的解放性形式。

罗莎·卢森堡的历史观是一条大河,各党派和组织的油轮和船只载着它们想象中和现实中的船长和船员在河上行驶——这绝不是毫无意义的,但不是真正的驱动力,只有当他们对深层的水流敏感时才能掌舵。对他们来说,真正的社会运动是历史潮流不断更新的真正来源。在罗莎·卢森堡看来,组织最终产生于社会运动的历史行动,而且必须始终高于社会运动:"究竟从什么时候起伟大的历史运动,伟大的人民运动是通过密室的密约进行的?"① 她在1906年社会民主党的曼海姆党代会上问道。她对德国社会民主党对行动的整体理解提出了尖锐的质疑,在她看来,这种理解"只适用于无产阶级中像驻扎在兵营里的那一小部分人所搞的漂亮行军"②。这一切都建立在"对资产阶级社会的平静的'正常'时期的一种幻想"之上,考虑的"只是在资产阶级社会制度的土壤上进行的"斗争③。这样便不可避免地会在工人运动中出现一个独立的官僚阶层,

---

① 《卢森堡文选》下卷,人民出版社1990年版,第113页。
② 同上,第84页。
③ 同上,第96页。

而组织也会成为目的本身①。

社会民主党及其领导层的任务是走在潮流的前列,壮大自己的力量,坚定自己的方向,把冲破资本主义社会堤坝的决心推向极致:

> "为斗争制定口号,给斗争指出方向;在安排政治斗争的**策略**时,要使现有的和已经迸发、已经行动起来的无产阶级的全部力量在斗争的每一阶段和每一时刻都有用武之地,而且要在党的战斗阵地上表现出来;要使社会民主党的策略在果断和锐利方面不但永不落后于实际力量对比的水平,而且还要跑在它的前面,这些才是群众罢工时期的'领导'的最重要的任务……"② 其前提条件是对现实状况和前景的"完全明了","整个党内生活的民主化"和"更多的自我批评"③。

如果想近似地总结罗莎·卢森堡对历史和社会主义运动的理解,就应该想象伟大的河流,但不是指那些为了通航而被拉直、变成乖巧水道的德国河流,而是指时而重新改道,时而缓慢流淌,疲惫不堪,时而穿透山脉,重新开辟大片区域,然后似乎在大湖中静止了一段时间,在一个强有力的过程中意外地重新搅翻了一切。她是一位伟大的文学家,她对1905年俄国

---

① 《卢森堡文选》下卷,人民出版社1990年版,第103页。
② 同上,第73页。
③ GW 3: 451.

第六部分 突如其来的电气时代——作为转折点的1905年俄国革命

革命中的群众罢工是这样评价的：

"俄国革命给我们展示的群众罢工是一种可以变化的现象，它反映着政治斗争和经济斗争的各个阶段，反映着革命的每一时期和每一瞬间。群众罢工这一斗争方式的可行性，它的影响力，发生罢工的时刻，都是不断地变化的。它能在革命似乎已经陷入绝境时突然开辟新的、广阔的革命前景；当人们满有把握地指靠它时，它却遭到了失败。它有时像宽阔的海涛一样汹涌澎湃地荡及全国，有时又分成无数涓涓细流，形成一片广阔的水网；它时而像一股清泉从地下喷涌而出，时而又完全渗入地下。政治罢工与经济罢工，群众罢工与局部罢工，示威性罢工与斗争性罢工，各个行业与各个城市的总罢工，和平的工资斗争与巷战、街垒战——所有这些形式的罢工是互相混杂地、互相并列地、互相交叉地进行的，它们像涨满河水的大川相互波及；这是由许多现象组成的汪洋大海，它永远都在运动着，变化着。这些现象的运动法则是清清楚楚的：它既不寓于群众罢工的本身，也不寓于群众罢工的技术特点之中，而是寓于革命的政治方面和社会方面的力量对比之中。"①

罗莎·卢森堡比许多人更早地坚持认为，如果要以解放的

---

① 《卢森堡文选》下卷，人民出版社1990年版，第63—64页。

方式改变社会，就需要一种尽可能自由、尽可能民主、对社会运动尽可能开放的组织形式。这样的组织，或这样的组织的空间，必须能够适应社会的地下潮流和创新。按照她的理解，没有这些，社会主义是不可能的。彼得·内特尔强调，"罗莎·卢森堡的主导思想不是民主、个人自由或自发性，而是参与——产生革命能量的摩擦"①。

失败是成功之母

俄国革命向参与其中的社会主义革命者表明，鉴于沙皇政府的明显弱点和沙皇帝国的资产阶级—资本主义集团在政治上完全不愿意把行动的主导权掌握在自己手中，推翻沙皇政权可以与社会民主党夺取政权联系起来——即使是与农民的代表结盟。孟什维克警告不要这样做，因为这只能导致灾难。一个社会主义政府必须执行社会主义政策，但俄国的条件还不成熟，资本主义还没有完全发展起来。而列宁和布尔什维克在这个时候发动的是社会主义领导下的激进民主的资产阶级革命，除此之外不会给自己设定任何社会主义目标。只有"在资产阶级社会基础上实现的改造不同于社会主义改造"② 才有可能。托洛茨基不同意这一点，并开始发展他的不断革命观，因为他假设"已经取得政权的无产阶级不可避免地被其地位的整个逻辑所

---

① Nettl 1967：30.
② 《列宁全集》第10卷，人民出版社2017年版，第10页。

第六部分 突如其来的电气时代——作为转折点的1905年俄国革命

驱使,将经济带入国家统制的方向"①。

卢森堡与列宁、托洛茨基和考茨基一样,都看到了俄国革命的过渡性特点。但她强调的是一个迥然不同的角度,并与她在修正主义争论中的立场联系在一起。当然,俄国工人阶级必须掌握权力。正因为"它将在它的任务的高度上证明自己,也就是说,通过它的行动,它将把革命事件的进程引向社会关系的客观发展所给予的极限","在这个极限上等待着它的是几乎不可避免的巨大的暂时性失败"②。在她眼里,这次失败不会是策略失误的结果,而是策略成功的结果!她的出发点是,革命中的问题在于,尽可能地革命"工厂和社会内部的关系",因为"这样一来,资产阶级在革命后就越是不能立刻扭转它所取得的成果"③。只有决定性的革命行动才能确保反动派在革命后无法使历史车轮倒转④。法国的"资产阶级共和主义"是"无产阶级的几次毫无前途的专政的历史产物"⑤,而自由主义在"夺取无产阶级的成果"时又会加强⑥。

在1905年的革命中,卢森堡提出了一种双重统治的概念。她强调,工人阶级必须清楚政治胜利后的具体步骤,以便"斗争的成果"不会被抢走⑦。一方面,需要一个临时革命政府来"把权力的物质手段和基础掌握在自己手中:军事力量、财政、

---

① Trotsky 1969:67.
② GW2:231.
③ AR:208.
④ AR 259ff.
⑤ AR:261.
⑥ AR:263.
⑦ Luxemburg 2015a:16.

税收和公共资产"①。这个政府必须与普遍的混乱作斗争,确保制宪会议的召开、选举和工作,同时让反动势力"受到控制,并把刀架在他们的脖子上"②。政府必须是稳固的社会主义政府,是"社会主义无产阶级"的政府,它在革命中起着主导作用。另一方面,政府成员必须从全体人民的自由选举中产生③。她的结论是:"因此,作为从革命的怀抱中产生的第一个权力机构的临时工人政府,以及在临时政府的保护和关怀下由全体人民选出来的制宪会议,是那些被要求贯彻革命的愿望和任务的机关,它们必须在胜利后立即引进政治自由。"④ 她还认为,政府成员中的多数人不应当是社会主义者,并要求即使从长远来看,斗争"也不应完全从街头转到封闭的会议厅"⑤。

事实上,卢森堡预见到了1917年10月至1918年1月的情况,指出革命政府召开制宪会议的任务,并从长远来看,将权力移交给这个会议。她没有预见到的是,列宁周围的核心圈子决定不允许实施这种权力移交。卢森堡预想的行动进程则不同:由于无产阶级不会占多数,社会主义政府必须在过渡期后交出这一权力(详细内容见第十部分)。

敌人的自由

与她在波兰社会民主党中的政治对手的争论中(这些对手

---

① Luxemburg 2015a: 20.
② 同上: 23。
③ 同上: 24f。
④ 同上: 25。
⑤ 同上: 35。

第六部分 突如其来的电气时代——作为转折点的1905年俄国革命

意欲坚持重建波兰国家的目标,而且在卢森堡看来,他们还准备为此压制自由讨论),下面这一思想以最尖锐的形式表达出来,随后在她1918年的狱中著作《论俄国革命》中作为旁注再次出现:"自由始终是持不同思想者的自由"。这一思想处于罗莎·卢森堡所表达出的矛盾状态中,她写道,社会民主党必须"在每一步都记住,革命不是与反动派讨论的时候,而是压制和……粉碎它的时候"①。如何将敌人不受限制的新闻和集会自由与粉碎敌人结合起来,如何解决这一矛盾,仍然没有定论。然而,这一警告公开提醒我们,没有这种自由,就不可能有被压迫者的真正自我解放。她认为,如果这种解放要成为对其利益和目标的自我启蒙的人的**自觉行为**,那么,如果这些人正好摧毁了这种自我启蒙不可缺少的空间,这种解放就是一件完全不可能的事。在卢森堡看来,从自由交流、思想和见解的公开竞争中产生的理性,比从工具性地服从预定的"正确"目标中产生的理性更为重要。也可以说,对她来说,解放的道路比承诺的最终目标的自由更重要。

"因此,利用集会和新闻自由是使无产阶级在斗争本身中获得意识的最重要的东西;因此,无产阶级在斗争中能够集会,讨论自己的事务,并在自由出版的报纸上了解自己的朋友和敌人。如果说无产阶级变得自觉的第一个条件是把集会自由、言论自由和新闻自由从政府手中强行拿

---

① AR:209.

出来,那么第二个条件就是不遗余力地利用这种自由,在战斗的工人队伍中实现批评和讨论的完全自由。舆论和新闻自由是无产阶级获得意识的一个条件,但另一个条件是,无产阶级本身不应该给自己戴上枷锁,不应该说对此不能讨论,最后也就不讨论了。全世界最开明的工人都知道这一点,他们总是竭尽全力,即使是对他们最坏的敌人,也要让他有权利能够自由地提出他的观点。他们说:让敌人自己向劳动人民陈述他的观点,这样我们就能对它作出反应,这样劳动群众就能清楚谁是朋友,谁是敌人。无产阶级的有意识的部分,即社会民主党,由于这些原因,站在了思想、讨论和批评自由的立场上。"[1]

---

[1] AR:152.

第七部分 处于守势
（1907—1917 年）

> "我必须演讲到嗓子沙哑，以便尽可能多的笨蛋进入帝国国会，在那里把社会主义变成笑谈。"①

站在十字路口的社会民主党

1907 年，社会民主党的战略家们在帝国国会选举中遭遇滑铁卢。该党没有进行任何认真的行动，反对资产阶级和君主制政党针对"目无祖国的家伙"的极端民族主义选举运动。因此，被成功宠坏的该党尽管再次获得了绝对票数，但却失去了选区，从而失去了候选人。因此，无产阶级的对立社会第一次达到了它的极限——这些极限是由威廉二世时代的多数社会为它设定的，而且越来越明显。因为在这个多数社会中，执政的、日趋帝国主义的政客们成功地使"阳光下的一席之地"的

---

① GB 4: 127.

梦想根深蒂固，并随之产生了民族主义的妄想。这对无产阶级所处的环境并非没有影响。

社会民主党领导层必须明白，它的无产阶级对立社会正在耗尽自己的力量——而且耗尽的程度正与该党成功发展自身的程度一致。两个社会要想并列和对立地并存，就必须彼此互相封闭起来。然而，从19世纪80年代开始，长期以来一直严格"向下"封闭的多数社会，在无产阶级化的阶层间越来越有效地宣传了有助于融合的意识形态：民族主义和帝国主义。在1907年的选举中，作为适于限制和消除社会民主党影响的手段，民族主义和帝国主义出现得特别明显。

然而，从战略上讲，这意味着为消灭资本主义而制定的社会民主党策略的失败。理论和实践处于一种奇怪的紧张状态。从理论上讲——正如修正主义辩论的结果再次强调的那样——这是一个持续克服资本主义的问题，因此也是一个社会主义意识形态的问题，社会民主党领导层希望从社会主义意识形态中获得高度的凝聚力。然而，实践中却是妥协的道路和越来越没有锋芒的议会主义——对其自身的组织来说危险性要小得多。最终，来自不断扩大的无产阶级社会的选票将被用来击败传统的多数社会——它在某一时刻将成为少数——从而通过和平手段引入社会主义。最迟从1907年的选举开始，社会民主党领导层就怀疑自己的实践观点是错误的，它永远不可能赢得两个社会的大多数选票。

需要在两种情况之间作出选择。要么像罗莎·卢森堡和左派所理所当然地要求的那样，凭借一群数量停滞不前，在战略

第七部分 处于守势（1907—1917年）

上甚至越来越次要的社会主义追随者发动进攻斗争。这样做的危险是，不仅有可能失去对自己的那部分转向民族主义的选民的影响力，而且由于预期的影响力丧失而被削弱，有可能破坏已经建立起来的组织力量。或者悄悄地颠覆此前的构想，不声不响地改变目标。社会民主党领导层决定选择后者：只要它还足够强大，它就不想继续发展自己的对立社会，而是想努力把它引向资产阶级社会，从而至少争取到一份权力。当然，这偏离了消灭资本主义的目标；资本主义反而只会在未来受到限制。对外暂且几乎没有任何改变，但对内几乎一切都改变了。这一有利于战略性地融入威廉二世时代的社会的决定最终导致社会民主党在1914年8月4日同意了战争拨款。然而，这一方针在1906年社会民主党的曼海姆党代会上就已经确定，当时考茨基试图使亲社会民主党的工会从属于作为一个政党的社会民主党，但被拒绝。[①] 这样一来，在帝国最大的邦——普鲁士，通过群众罢工最终实施普遍和平等的男性选举权的要求也失败了。

最先感受到这次方向调整的是罗莎·卢森堡的长期支持者和密友卡尔·考茨基，他的小册子《取得政权的道路——关于长入革命的政治思考》在1909年1月出版时，被社会民主党执行委员会背着他撤销销售。这个执行委员会的大多数人早已由这样的党员组成，他们——即使从外表看不出来——站在长入社会主义的立场上，试图阻止任何革命宣传。"他们是华而

---

① Shepardson 1996：55.

不实的目光短浅的新贵"①，考茨基直截了当地说，并争取出了第二版——但他迁就了他的对手，稍作修改并在序言中加上一句：党对本文不负责任②。考茨基很高兴他的文章由党的出版社出版，并把这种妥协看作是一种成功；对克拉拉·蔡特金来说，这是"彻底的投降"③，她无法原谅考茨基。罗莎·卢森堡和考茨基之间也开始出现了隔阂。

1907年，在社会民主党领导层看来，社会主义—国际主义的左派已经丧失了其作为将所有人团结在一起的世界观的保障者的职能。许多左派人士无法应对逐渐加深的孤立，放弃了他们的信念，变异为"党的士兵"，他们很快就成为驯服的工具。这首次揭示了一个至今仍被反复痛斥的现象：大多数左派人士并非一生都在追求革命的和社会主义的政治，即旨在消除资本主义的政治，而是在某一时刻"接受了生活"，只声称追求左翼政治。1907年后，社会民主党内的左派缩减为一股不愿屈服的残余力量。从1911年起，在弗兰茨·梅林和罗莎·卢森堡周围形成了一个"正直者团体"，战争开始后，卡尔·李卜克内西也加入其中。

1910年，社会民主党最后一次对"大政"进行了进攻性的干预，是在反对三级选举法的斗争中。但争端发展到这样的地步，"街头"和执政当局之间出现了公开对抗，以至于社会民主党领导层出于对自身勇气的恐惧，中断了这场斗争。针对

---

① Kautsky 1972：132.
② Kautsky 1909：6.
③ Zetkin 1972：137.

第七部分　处于守势（1907—1917年）

罗莎·卢森堡和她的朋友们提出的继续实行进攻性政策的要求，卡尔·考茨基专门提出了一个理论：随着新的中产阶级——白领工人和自由职业者的出现，将出现一种新的自由主义，它不会像传统的自由主义那样转向右派，如果社会民主党继续实行妥协政策，反而会转向工人运动。社会民主党凭借这种克制的路线参加了1912年的帝国国会选举活动，第一次获得了最强大的议会党的地位，并在选举后的政策中变得更加随波逐流。党的领导层觉得自己获得了认可，并在很大程度上放弃了任何抵抗，以至于在1914年8月4日之后，在转向战争政策和国内和平之后，批评的声音大多主动沉默了；"其余的人"在1917年之前被"清除"了，包括卡尔·考茨基在内，他参与了很多事情，但不是所有。

反对纯粹的议会主义

在制定这一秘密的新路线时，罗莎·卢森堡已经不再像在前往革命的俄属波兰之前那样坚决锚定社会民主党了。考虑到俄国的革命斗争，特别是考虑到群众罢工，她已经放弃了一些正统的马克思主义立场。最重要的是，她与无产阶级组织的关系发生了根本性的变化。在马克思主义经典著作中，强大的组织被认为是一般行动，特别是革命行动的决定性前提条件。罗莎·卢森堡现在确信，社会民主党的组织结构已经变成了任何行动，特别是任何革命行动的桎梏。因为社会民主党的领导层越来越认为行动对组织存在有危险，他们把保护组织不被军国主义警察国家摧毁看得比反对多数社会的行动更重要——在1907年之前就是如此，在1907年改变路线之后更是如此。

在1905—1906年的俄国革命中，罗莎·卢森堡体验到了组织是如何从革命行动中形成的，尤其是在政治性的群众罢工中，行动是如何先于组织的。她带着政治性大罢工的想法，在1906年参加了社会民主党的党代会——并在那里铩羽而归。现在回想起来，她专门为那次党代会写的小册子《群众罢工、党和工会》，竟然成了社会民主党内左派独立的理论起点。这一点并没有因为罗莎·卢森堡本意正相反而改变：不是从社会民主党中分裂出来，而是使社会民主党在革命政治中获胜——如果有必要的话，也只是为了赢得党的基层，反对一个越来越保守的领导层。

在第一次俄国革命之后的几年里，罗莎·卢森堡越来越坚决，越来越绝望地反对社会民主党在面对帝国主义、军国主义和德意志帝国的专制—半封建结构时的消极态度。她震惊地面对着"这个事实，即世界上最强大的无产阶级组织，在政治上达到了67万的组织者、225万的工会成员和325万的选民的力量面前，几乎就要宣布它不能执行国际代表大会的决定"[①]——这事关战争爆发时的行动问题。她一直认为，随着社会民主党的加强，"开明的工人群众……会把他们的命运、他们整个运动的方向、他们的指导方针的决定权掌握在自己手中"[②]。然后她不得不体验到，在帝国国会党团中组织起来的社会民主党领导

---

① GW 2：275.
② GW 2：280.

层是如何把这些群众引向战争的。她强烈反对考茨基的"疲劳战略",在该战略中,她只看到了对被动性的辩解:"**纯粹的议会主义**——这就是考茨基今天所知道的向党推荐的一切。"①

罗莎·卢森堡抵制了所有这些诱惑——以多年来在政治上被孤立为代价。那是第一次世界大战前的几年,她在德国社会民主党中最亲密的盟友卡尔·考茨基不断创造新的马克思主义理论,为社会民主党支委会实行的迁就威廉二世政权的政策进行辩护,两人因此也永远疏远了。从1910年起,她使用马克思主义者和马克思主义这两个词时,主要使用引号,而且大多带有贬义。虽然她是作为忠实的马克思主义者加入社会民主党运动的,但她几乎没有把自己说成是马克思主义者——无论如何,这在当时在第二国际的政党中是不常见的。在新世纪的第一个十年里,她已经把考茨基式的马克思主义的许多——尽管如前所述,不是全部——教条抛在脑后,并找到了她自己应用马克思的著作和方法的方式。在这一点上,同时代的人中几乎没有人能够与她相提并论。

即便直到社会民主党帝国国会党团在1914年8月4日对战争拨款投赞成票的最后一刻,她还觉得不可思议,但她的看法变得越来越清醒。1913年,她对德国社会民主党在议会中取得的成功进行了总结:

"在五十年的模范工作中,社会民主党从现在已变得

---

① GW 3: 316.

贫瘠的土地（议会制）上相当多地为工人阶级带来了切实的物质利益，也为工人阶级带来了阶级启蒙。我们党最近的、最伟大的选举胜利现在让大家清楚地看到，在帝国主义谵妄和议会无能的时代，一个110人的社会民主党议会党团比从前只有这个人数的四分之一的议会党团在社会改良和鼓动方面能够取得的成果不是更多，而是更少。而目前德国国内政治发展的结点——普鲁士选举法，由于其无望的泥潭，破坏了仅仅通过选举行动的压力而强制进行议会改革的所有前景。在普鲁士和在帝国，社会民主党的所有力量都在拉萨尔早在1851年就用下面的话所描述的障碍面前软弱无力：'从来没有、也永远不会有一个（立法）会议推翻现有的状况。这样的会议所做的和能够做的就是在外部宣布现有的条件，认可在外部已经完成的社会的推翻，并把它改造成具体的后果、法律等等。但是，这样的集会将永远无力自己推翻它所代表的社会本身。'然而，我们已经到了这样一个发展阶段：无产阶级最迫切、最不可缺少的防御性要求——普鲁士的普选权、帝国的全民武装——意味着实际推翻现有的普鲁士和德意志的阶级关系。如果今天工人阶级想在议会中维护自己的重要利益，就必须首先在'外部'进行实际的推翻。如果它想让议会主义再次获得政治上的成果，那么它就必须通过议会外的行动，带领群众自己走上政治舞台。"①

---

① GW 3：222f.

处于这一立场的她非常孤独。

在世界大战期间,卡尔·考茨基甚至以马克思主义为基础解释社会民主党为了国内和平赞同帝国进行战争的原因,罗莎·卢森堡只能对这种"主义"嗤之以鼻。"在战争爆发时迫不及待地从马克思主义堆放废物的屋子里找出一副思想盾牌,把德帝国主义的掠夺进军打扮起来,他们宣称这次进军是我们的老导师们在1848年就已经憧憬的反对俄国沙皇制度的解放者远征。"①

社会民主党的这种状态使她最后做出了愤世嫉俗的反应——尽管她真的很不喜欢这样做:

> "谢德曼一伙和哈泽一伙都认为,协会、领导机构、会议、全体大会、现金账簿和党员证就是'党'。双方都同样没有看到,当党不再执行由其本质决定的政策时,协会、机构、党员证和现金账簿会在转瞬之间变成一文不值的废物。双方都同样没有看到,由于这一点,他们关于社会民主党是分裂还是统一的争吵,就只不过是小事一桩,因为,时至今日,德国社会民主党作为一个整体已全然不复存在了。
>
> 我们姑且想象一下,在罗马的圣彼得教堂,在这座基督信念至尊无上的庙宇里,在这块极为珍贵的宗教文化的纪念碑下,有一个早晨,在众目睽睽之下突然爆发了一件

---

① 《卢森堡文选》下卷,人民出版社1990年版,第493页。

叫人几乎不愿意用笔记下来的事情：在这个圣殿里，不是在举行天主教的礼拜，而是在搞妓院里那样的无耻淫乐。让我们再想象一下更加骇人听闻的情景吧！我们设想这些教士在淫乐之际仍旧还穿着他们过去在做大弥撒时穿过的法衣、礼服，捧着他们那时用过的香炉。在发生了这一切之后，圣彼得大教堂仍旧还是一个教堂还是完全变成别的东西了呢？当然高墙还是那道高墙，祭坛和法衣也还是旧日原物，然而任何人只要向内部瞥一眼，都会吓得倒退，惊惶地问道：这教堂到底变成什么了呀？"①

1907年后，卢森堡参与了社会民主党的政治攻势，终于要求在普鲁士实行普选，鼓动建立共和国，打破皇帝身边的小集团的统治，并要求在发生战争时，德国工人不应该把枪口对准他们的阶级兄弟。这使她被判处12个月的监禁。她在德国工人中的威望上升，但她同时在社会民主党内失去了一切组织影响力。卢森堡说，党内的"泥潭"现在变成了左派的对手②。对她来说，她在党的报纸和杂志发表文章的机会变得越来越少了。组织横在她与群众之间，使卢森堡所呼吁的对帝国主义政策的反应，"最广大的群众自己起来……他们自己采取政治行动，进行群众示威游行和群众罢工"③完全不可能实现。1913年，卢森堡警告社会民主党："社会民主党成为无产阶级的先

---

① 《卢森堡文选》下卷，人民出版社1990年版，第470页。
② GW 3：352.
③ 《卢森堡文选》下卷，人民出版社1990年版，第329页。

锋队，这是历史赋予的使命。作为工人阶级的政党，它应该带头冲锋陷阵。但是，如果它妄自认为，只有社会民主党才有资格创造历史业绩，而阶级本身却微不足道，在采取行动之前，它首先必须全部转变为政党，那么，很容易出现这样的结果：社会民主党将成为阶级斗争的阻碍因素，它在时机成熟时，不得不跟在工人阶级后面，违心地被它拖着去决战。"① 她在1913年就预见到，帝国国会党团的政策，最终会导致他们在战争爆发时也同意为战争融资，即战争拨款②。在世界大战爆发前几个月，关于提高"群众行动能力"③ 的呼吁在党的基层得到了极大的赞同，但却没有对社会民主党的政策产生直接影响。

众所周知，罗莎·卢森堡早在1903年就对布尔什维克的独裁倾向进行了批评，并在1917—1918年对建立布尔什维克专政的批评中达到了顶峰。然而，这种对布尔什维克的批评的尖锐性和清醒性，首先是基于她在看似很民主的德国社会民主党中的直接政治经验。[14]1915年2月，罗莎·卢森堡指出了这个历史上最成功的无产阶级政党的主动投降的悖论。

"自从有阶级斗争的历史以来，自从有政党以来，还从未有过一个党像德国社会民主党这样，在经过五十年的不断发展之后，在获得了头等重要的实力地位之后，在把

---

① 《卢森堡文选》下卷，人民出版社1990年版，第339页。
② GW 3：341.
③ GW 3：451.

几百万人团结在自己周围之后，却在二十四小时内作为政治因素如此彻底地烟消云散了。它是国际的组织得最好的、最有纪律的、受过最好训练的先锋，正因为如此，在它身上可以最典型地证明今天的社会主义的崩溃。"①

这种主动投降的准备工作由来已久。这是德国社会民主党在威廉二世帝国内部成功建立强大的阶级组织的意外结果，也是那些将这一成果据为己有的人的有意识的决定。这个由社会民主党、社会民主党工会、众多文化和体育协会以及支持阶层组成的阶级组织的创建者们的愿景是在容克资本主义社会中建立反对力量，一支"突击队"，以便像老恩格斯所希望的那样，一步一步地成长，并在选举中获得成功，最后能够开启生产资料的社会化，希望能够和平夺取政权。将这种阶级组织与"科学社会主义"联系起来，似乎是一种保证，即手段不会独立于目的之外。倍倍尔强有力地反对伯恩施坦的修正主义，并在此过程中使罗莎·卢森堡能够在德国社会民主党的党代会上最早、最有效地亮相，这是因为他意识到，放弃必要的彻底决裂的革命意识形态会对他一生的工作和整个阶级组织造成危险。

早在1914年灾难性的8月的十年之前，罗莎·卢森堡就已经越来越清楚地认识到"出现了一个正规的工会官员阶层"②的趋势，它与社会民主党领导层的议会化和党内官员的发展相对应。她认为这是一种"必要的恶"，并警告说，"当工

---

① 《卢森堡文选》下卷，人民出版社1990年版，第368页。
② 同上，第103页。

第七部分 处于守势（1907—1917年）

会组织发展到一定水平，当客观情况达到一定的成熟程度的时候，这些曾经促进工会发展的必要手段又会转向其反面，成为继续向前发展的障碍"①。在缓慢演变的僵持状态下，议会和工会的斗争形式将越来越被视为唯一可能的形式，与之相关的组织"从一种达到目的的手段逐渐地变为目的本身，变为至高无上的财富，斗争的利益［经常］服从它"②。

按照罗莎·卢森堡的说法，由于害怕对迄今为止的发展成果——议会地位或工会组织的程度——提出质疑，在社会民主党内部，恰恰是在最迫切需要这些斗争手段的时候，却会放弃使用这些手段。以还没有形成议会多数为由，甚至放弃了社会民主党的最低要求；以并非所有工人都被组织起来，并非每个罢工者都能从罢工基金中得到全额报酬为由，在已经提上日程的情况下，果断的行动被阻止了。社会民主党在1907年的选举中失败，当时它在强大的民族主义倾向面前失去了支持，这意味着该党的领导层越来越倾向于向群众的情绪让步，即使这些情绪与它宣布的原则直接对立。在这种背景下，那些在许多问题上持有民族主义和政治保守立场、同情德国的帝国主义和殖民主义的人，得以在社会民主党的领导层中坚持自己的立场。

德国工人阶级的组织性权力手段越大，似乎就越不可能在政治和社会阶级斗争中使用它们。

---

① 《卢森堡文选》下卷，人民出版社1990年版，第104页。
② 同上。

> "我们的组织越是壮大，拥有几十万、几百万人，就势必加强集中主义，然而这样一来，在党的日常生活中各个组织所具有的少量思想政治内容、首倡精神和果断性，也就统统转移到一小部分人的领导集团身上，即党的选区协会执行委员会、地区执行委员会和国会议员身上。给广大党员群众剩下的就只有交纳党费、散发传单、参加选举、拉人投票、登门鼓励订阅报纸之类的义务了。"①

对她来说，这是"社会民主党生死攸关的问题"，"党的**群众**的政治思想和意愿要始终保持生动活泼的状态，它们能够**日益**使党员群众发挥主动性"②。她认为这是对战略进行必要改变的一个基本条件。她希望已达成的量变能化为新的质变，导致超越"资产阶级议会主义的框架"③，而群众罢工则成为"无产阶级群众独立行动阶段"的"无产阶级实践"④。

1914年1月14日，社会民主党的帝国国会党团讨论了群众罢工问题，卢森堡摆明了自己的观点，要求进攻性地宣传群众罢工作为斗争手段的提案被否决（以52票对37票，11票弃权），整个问题照例被提交给一个委员会作进一步审查⑤。早在1914年8月之前，社会民主党就放弃了对帝国的反对。它不再愿意战斗。不是它以前的敌人，而是它自己变得疲劳了。卢森

---

① 《卢森堡文选》下卷，人民出版社1990年版，第337页。
② 同上，第310页。
③ GW 3: 222.
④ GW 3: 247.
⑤ Laschitza 2016: 44–46.

堡对社会民主党帝国国会党团中的许多人的看法，在1911年她竭尽全力进行选举斗争期间的一封信中清楚地表露出来。她公开谈到了"议会迷"①。无政府主义者埃里希·米萨姆（Erich Mühsam）在1913年谈到罗莎·卢森堡时写道："在她的党内仍然存在的能量、积极性和理想主义的残余几乎完全集中在这个女人身上……尽管我到处都有不同的观点，但我仍充满敬意地向她的聪明和正直致敬。"②

社会民主党转变为一个以议会成功为目的的政党，最重要的社会原因之一是，社会民主党独立的无产阶级阶级组织的建立及其在议会中的代表，以及社会民主党工会的建立和与企业家的系统谈判过程，同时也是一个社会和政治**异议精英**的产生，并**将后者纳入**德意志帝国的体制及其精英行列的过程。对卢森堡来说，"一种铁笼子"③，即统治秩序的合法性，对社会民主党的领导层来说，已经成为一种认同的空间和自由行动的可能性。

社会民主党的领导层发现自己一方面要与自己的组织联系，有自己的文化、意识形态，与民主合法性和代表性的程序，另一方面要与德国的统治精英们进行越来越密切的互动。鉴于过弱的抗衡力量，这种互动成为社会民主党领导层加入上层统治者的抓手。这方面的机会随着第一次世界大战的爆发而出现了。用赞成战争拨款的办法，德国社会民主党的新领导人

---

① AR 4：202.
② 转引自 Geide 1995：138.
③ AR 205.

获得了机会,从被鄙视的弱者上升为公认的支持国家的领导集团。在德皇的眼中,他们终于成了"德国人"。

第一次世界大战的爆发

1914年8月对欧洲左派来说是一次冲击。十多年来,它在大会上和呼吁中为这一刻的世界大战做了准备。似乎社会民主党这艘油轮从今天到昨天,从帝国国会党团开始,突然转了个弯。但这次转弯已经准备了很久。1913年,它就很明显了:帝国国会中的社会民主党议会党团对扩军的财政法案投了赞成票,1914年的党代会又以多数票支持了这一法案。社会民主党的权力平衡在经历了漫长的"孵化期"后发生了倾斜①。铁的党团纪律使那些想在1914年8月至少投弃权票或直接投反对票的帝国国会议员受到控制。永远的反对党这只贱民毛虫蜕下了它的皮,一个支持帝国的共同建设的政党出现了。只是,一开始,共同建设意味着积极参与向战争经济的过渡,并对工人和士兵进行约束。组织的力量战胜了卢森堡始终支持的群众的自我活动。对卢森堡来说,最糟糕的是社会民主党作为一个独立的"力量要素"被消灭了,以及道德上的失败,对社会民主党所代表的理想的背叛②。

1913年9月,罗莎·卢森堡在美因河畔法兰克福的一次演讲中宣布:"如果指望我们对我们的法国或其他外国兄弟举起

---

① Anton 2018:82.
② GW 4:43.

凶器，我们宣布：不，我们不会。"为此，她于 1914 年 2 月被判处监禁，但判决没有立即执行——于是她和她的两位律师在德国各大城市组织了一次巡回演讲，警告即将到来的战争，并指出德国军营中可怕的丑闻。罗莎·卢森堡因此再次受到审判——但当她的律师在审判的第一天宣布，将传唤 3 万名证人以证明士兵受到虐待时，审判被取消了。两个月后，世界大战开始了。

1914 年 8 月 4 日晚，也就是社会民主党帝国国会党团对战争拨款投赞成票的那一天，罗莎·卢森堡想通过自杀来发出反对这场战争的信号；不过，她的朋友们及时劝阻了她。她转而向整个德意志帝国的社会民主党左派发出了 200 多份电报，要求他们签署反战呼吁。只有克拉拉·蔡特金一个人回复了，而且是拒绝。[15]

罗莎·卢森堡和她在柏林仅剩的几个追随者独自坚持着。他们开始组织非法集会，分发非法制作的材料。她不必像在法兰克福那样服刑；在战争开始时，德皇对那些被判犯有政治罪的人实行了大赦。然而，为了从这种大赦中获益，人们必须向德皇请愿。罗莎·卢森堡没有在 1906 年向沙皇请愿，当时她被囚禁在华沙，也没有在 1914 年向德皇请愿。1915 年 2 月 18 日，她被收押。在监狱里，她写了反战材料——总是欺骗她的看守，知情人经常把这些材料偷运出监狱。此外，她在这一时期还写了一些学术著作，以及她对社会民主党的清算——《尤尼乌斯小册子》，不过，这本书只能在国外，即瑞士出版（1916 年）。

从 1916 年 2 月中旬到 1916 年 7 月她再次被捕，她又进行了更多的非法集会，包括 1916 年 5 月 1 日在柏林波茨坦广场举行的公开反战活动,其间卡尔·李卜克内西被捕,随后被判刑入狱,而罗莎·卢森堡则被朋友及时带至安全地带。直到1918年11月9日,即柏林革命的那一天,罗莎·卢森堡作为战争期间行使内政权力的军管部门的囚犯被"保护性监禁"——没有被指控,没有被定罪,先是在波森附近的沃伦克(今天波兰波兹南附近的沃伦基),然后在布雷斯劳(今天弗罗茨瓦夫)。在布雷斯劳,她的健康因胃溃疡而受到了很大的损害,但她继续写她的反战文章,这些文章出现在非法的《斯巴达克》杂志上,这是一本由罗莎·卢森堡的第一个生活伴侣(1892—1906/1907)利奥·约吉希斯编辑和发行的杂志,并以假名发表在受审查的《斗争》(Der Kampf)周刊(杜伊斯堡)上,直到1917年6月被查禁为止。

如果关注卢森堡在第一次世界大战爆发后数月和数年内的言论和著作,就会发现它们与列宁的行动形成了鲜明的对比。后者只需要几分钟,最多几个小时,就能从震惊中解脱出来,认识到这场灾难是一个可能的机会。虽然卢森堡——像列宁一样——谴责叛国,而且——与后者不同——首先关注谋杀、野蛮、文明倒退,但列宁立即开始研究在可预见的俄国在对德战争中失败的情况下可能出现的战略选择。他想到的是,1904—1905年对日本的失败已经成为第一次俄国革命的导火索。基于这种洞察力,列宁开始发展他在1917—1918年不寻常的战略干预能力所依据的那些要素[①]。正如汉娜·阿伦特所写的那样,

---

① Brie 2017:13-52。

卢森堡"从头到尾都断然拒绝在战争中看到任何东西，除了最可怕的灾难，无论结果如何——在她看来，人类的生命代价，特别是无产阶级人民的生命代价，无论如何都是太高了。此外，她绝对不会认为革命是战争和流血的受益者。"[1] 罗莎·卢森堡将社会主义思想理解为一种道德资本，要在一切时代不被破坏地保存下来。对罗莎·卢森堡来说，一个名誉扫地的社会主义思想意味着一切社会主义运动的结束。

在卢森堡的著作中，直到1918年初，都没有详细地尝试思考结束战争的可能方案和德国（更不用说波兰）左派的战略选择。她不具备列宁所特有的工具性。据说，列宁在沙皇政府处决了他非常敬佩和爱戴的兄弟亚历山大后说："给我一个党，我就能从根本上改变俄国。"卢森堡的想法不同：通过她的工作，通过她的著作，她想鼓励工人，摇醒他们，激励他们把自己的事情掌握在自己手中。这对她来说首先是社会主义，就像她同时认为它是一种公有制一样。然而，这种制度对她来说只是工人在生活的各个领域进行自治的一种手段。卢森堡希望释放这种自我赋权的能量，而列宁则试图在最严格的控制下使用这种能量，目的是在一个有纪律的政党的领导下夺取政权。

卢森堡的激进民主取向也导致她在1914年秋天严词拒绝离开社会民主党。她在这个时候写信给科斯佳·蔡特金："我嘲笑你'离开'党。你这个大孩子，也许你也想从人类中'退出'？"[2]

---

[1] Arendt 1989: 66.
[2] GB 5: 7.

另一封信说，最差的工人党也比没有好①。她想为社会民主党中组织起来的工人群众赢得不同的政治，而不是让他们受制于另一个政党的纪律。既然广大有阶级意识的工人都在社会民主党内组织起来了，她就不想阻挠自己与他们接触："把扔掉党证幻想为解放，只不过是对作为权力幻想的党证无限崇拜的颠倒而已。二者都是组织迷的两个不同的极端"②。卢森堡也长期反对脱离独立社会民主党。她不希望与团结在那里的群众失去联系。她想和大多数人呆在一起，以便改变他们："少数人口袋里有最好的配方，已经知道如何领导群众，这是不够的。这些群众必须在精神上摆脱过去50年的传统，从这些传统中解脱出来。而他们只有在对整个运动不断进行最尖锐的内部自我批评的伟大过程中才能做到这一点"③。在很长一段时间里，她不愿意接受有必要脱离组织的说法。此外，她还担心建立自己的组织会"束缚少数有能力行动的人的手脚"④。

卢森堡不清楚在战争中和战争后该如何行动。她专注于对新国际的建议，但在很大程度上缺乏对可预见的公开情况下的具体行动方案的预测。正如她所承认的那样，"一切都还在变化，巨大的山崩地裂似乎根本没有尽头，在这样一个汹涌动荡的战场上确定战略和安排战斗是一种极其困难的事情。"⑤ 然而，彻底放弃对行动局面的战略思考，及一直持续到1918年

---

① GB 6: 177.
② 《卢森堡文选》下卷，人民出版社1990年版，第472—473页。
③ GW 4: 274.
④ AR 5: 93.
⑤ AR 5: 70.

第七部分 处于守势（1907—1917 年）

的对创建自己的政党的拒绝，在 11 月革命中被证明是致命的。在工兵代表苏维埃看来，社会民主党和独立社会民主党是拥有平等权利的社会民主主义政党，它们将共同临时接管政府事务，而斯巴达克派卡尔·李卜克内西和罗莎·卢森堡则是有名的人物——受到喜爱和钦佩，也受到憎恨，但他们并不代表左派自己的有组织的群众力量。在这种情况下，他们是不存在的，这一事实在 1919 年 1 月的起义中产生了影响。事实证明，没有组织的领导，没有立足于组织的领导信心，在关键时刻就会一无所获，就没有有效的力量来反对有组织的反革命。[16] 没有少数人的组织，群众的自我组织就太不稳定了。直接向更多的公众发出呼吁可以产生很高的道德影响，但在行动的关键时刻，和在平静期一样，组织是至关重要的。在对"组织迷"的批判中，卢森堡缺乏对组织权力的积极分析。彼得·内特尔正确地强调，"她对待问题和组织方法的冷漠，甚至蔑视，在高度组织化的社会中是不合时宜的"[①]。

在第一次世界大战的黑暗岁月里，在被长期关在帝国的监狱时，罗莎·卢森堡绝对相信一件事：社会民主党的这次失败，这场帝国主义国家战争的世界历史性灾难将产生一种反作用力，将社会主义提上日程。在 1914 年 8 月 27 日的《社会民主党通讯》（*Sozialdemokratische Korrespondenz*）中，她写道，这是她此时唯一可以发声的机关刊物。

---

① Nettl 1967：24.

"今天还处于沉默中,被难以置信的事情压垮,明天人民将奋起并且承认:一个怀抱着这样的怪物的社会是不可能的。导致混乱的社会制度,迟早要在混乱中灭亡。人类是重新陷入野蛮状态,还是通过按计划组织的、以民族友好为基础的社会秩序获得重生——这是所有文明国家在今天的世界大战中面临的选择,无论其结果如何。"[1]

她不得不等了四年,这个替代方案似乎才被提上议程。

---

[1] GW 7.2: 893.

第八部分　帝国主义时代和资本积累

"一直以来,都是由模仿者将大师富有启发的假设转化为僵硬的教条,而对开拓者提出创造性怀疑的地方,他们则十分安心。"①

卢森堡积累理论的前史

罗莎·卢森堡的积累理论的前史可以追溯到19世纪90年代中期。她关于俄属波兰王国的资本主义发展的论文使她了解到自给自足的农民和手工业生产转变为商品生产者的作用,以及与此相关的融入日益增长的资本主义市场的情况。她认识到小商品生产者对资本主义生产的商品的需求是如何为资本主义铺平道路的。马克思在《资本论》中专注于研究彻底资本化的国民经济模式,即假定存在"纯粹的"资本主义,而她的主题是包括资本主义大型企业以及半封建的大经济体和小生产的国

---

① GW 5:444.

民经济，其中自给经济占很大比例，而且所有这些都处于最迅速的动荡状态①。

在与伯恩施坦的辩论中，她已经提出了资本积累及其限度的问题（见第四部分）。正如卢森堡在1898年7月2日写给约吉希斯的信中所说的那样，在她为反伯恩施坦的文章工作的火热阶段："最困难的是两点：1. 关于危机；2. 资本主义势必自己碰破自己的脑袋的正面证明，我认为这是**不可避免的**。"② 因此，即使在这个时候，她也不满足于她从马克思那里掌握到的现有论证，并要求自己"要做的恰恰是对一种新的科学社会主义进行简要的论证"③。半年后，1899年1月9日，她在给约吉希斯的另一封信中具体说明了她的问题。

"现在帮我，但要快，解决下面这个小想法。随着资本主义的发展，不仅是资本主义经济，而且是资本主义**国家的不可持续的矛盾也在发展**。后者，也就是资本主义政治，也在努力**走向崩溃**。实践中的一个例子：在国际政治中，直到大约五六年前，君士坦丁堡一直发挥着核心作用，整个国际斗争都围绕着它展开。……1895年前后发生了一个重要的变化，日本战争打开了通往中国的大门，欧洲政治在资本主义和国家利益的驱动下，奔向了亚洲。君士坦丁堡退居次席。……显而易见的是，瓜分亚洲和非洲是最终目标，除此之外，欧洲政治没有进一步发展的领域了。然后，这种**僵局将**再次出现，就像前几天

---

① GW 1.1：117ff.
② GB 1：166.
③ 同上。

的东方问题一样,欧洲各国将别无选择,只能彼此相向,也就是说,在政治上,**最后的危机时期将**开始,等等。你已经明白**这提供了多么美好的前景**。"①

从一开始,卢森堡就把资本主义必然崩溃的问题与需求不足导致的生产过剩的趋势联系在一起:"可见,是否爆发世界危机,是否迟早会发生局部危机,这些都是次要问题,完全可以不用回答。只要知道迟早必然或将要发生普遍的**生产过剩**就够了。而**这**就是对资本主义社会的**死刑**判决。"② 在她对考茨基反对伯恩施坦的书③的详细讨论中,卢森堡又提到了这个问题。即使在这一点上,"这种不可救药的周期性生产过剩就是资本主义制度本身得以维持的最后界限"④,即使无产阶级的阶级斗争可以使资本主义生产方式"开始腐烂之前"终结⑤。卢森堡认为,只有通过对这种**绝对极限的**了解,社会主义才能从一个位于未来"模糊领域"、从"一个需要 500 年才能实现"的目标转变为"实践政治的在望的、必要的目标"⑥。在卢森堡看来,如果没有这样一个经过科学**证明的**绝对极限的假设,整个马克思主义的大厦将会坍塌,因为它没有稳定的基础。她所倡导的革命现实政治是建立在最终目标与当时的政治之间的联系之上的。然而,最终目标本身对她来说又是合理的,因为资本

---

① 罗莎·卢森堡:《论俄国革命——书信集》,贵州人民出版社,第174—175 页。
② 《卢森堡全集》第 1 卷,人民出版社 2021 年版,第 641 页。
③ Kautsky 1899.
④ 《卢森堡全集》第 1 卷,人民出版社 2021 年版,第 642 页。
⑤ 同上。
⑥ 同上。

主义本身产生的绝对必要性恰恰是它迟早要失败的那个极限。因此，卢森堡的积累理论为她科学地兑现了她在与伯恩施坦的争论中所宣称的东西，正如马克思的《资本论》将《共产党宣言》的假说转变为科学的政治经济学理论一样。

但只有在社会民主党党校担任国民经济学教师时，她才有机会系统地探讨资本主义的绝对极限问题，并找到了一个答案。从她的角度来看，这个答案能够用科学的术语令人信服地解释这一论题。这（也）是对一种主要是科学的工作方式的回归，在这种工作方式中，知识性的探索在很长一段时间内掩盖了在其他方面一直主导她工作的政治关切。一位课程参与者萝茜·沃尔夫施泰因（Rosi Wolfstein）在1920年写下了她的教学方法。

"她如何迫使我们自己处理国民经济问题，了解它们？通过问问题！通过一次又一次地提问、询问和研究，她从班级中吸收了需要确证的知识。通过提问，她挖掘了答案，让我们自己明白它在什么地方以及在多大程度上听起来是空洞的；通过提问，她探究了论点，让我们自己看到它们是错误的还是正确的；通过提问，她迫使我们超越对自己错误的认识，自己找到可靠的解决方案。"[1]

在这一时期，当她致力于研究"资本积累"时，帝国主义

---

[1] 转引自 Hirsch 1969: 72.

问题同时也对她变得越来越重要。在第二国际,殖民主义、帝国主义和战争的问题被转移到了中心。1904 年的阿姆斯特丹大会呼吁各成员党深入研究上述问题。在 1907 年的大会上,激烈的争论随之而来。一项强调殖民主义积极方面的决议仅以微弱的多数被否决。卢森堡、列宁、普列汉诺夫、托洛茨基等人提出的决议获得通过。

"如果存在着爆发战争的威胁,有关国家的工人及其议会代表就有责任尽一切努力采取适当手段阻止战争爆发,这种手段要根据阶级斗争的尖锐化程度和总的政治形势自然地加以改变和强化。如果战争还是爆发了,那么他们就有责任力求迅速结束战争,并且竭尽全力利用战争所引起的经济危机和政治危机来唤起人民群众的政治觉悟,加速资本主义阶级统治的崩溃。"①

卢森堡的政治鼓动和她的理论工作形成了相互联系的路线,提出了这两个问题。对内和对外政策应在其战略背景下加以理解②。她坚决拒绝将"殖民政策"仅仅描绘为"糟糕的生意"的论证,因为成本和收益并不相抵③。对她来说,帝国主义是那些"从摇篮里就伴随着资本历史"的要素的逻辑强化:"由于这些因素的极度加强,这些矛盾的集中和大量积累,在

---

① 《卢森堡文选》下卷,人民出版社 1990 年版,第 150 页。
② GW 3: 11.
③ GW 3: 35.

当前社会发展过程中出现了一个新时期。随着资本的大量积累，国内劳资之间的矛盾加剧和激化，国外各资本主义国家之间的矛盾也加剧和激化，帝国主义既是这一积累和矛盾激化的后果，又是二者的原因，它发挥辩证的相互作用开始了由猛烈冲击的资本用武力分割世界的最后阶段。"① 卢森堡因此将资本主义和帝国主义对殖民地被压迫人民的破坏性影响置于中心位置。与伯恩施坦不同，她不承认任何文明的福祉："资本主义国家的帝国主义政策的最深刻的本质，它的核心，它的整个含义和内容，就是继续不断地将一切非资本主义国家和人民撕成碎块，让资本主义逐渐吞食和消化。"②

1870年以后的时期是资本主义世界体系的中心相对平静的时代，同时也是对世界进行殖民瓜分的最终时代。西欧和美国社会的财富增加了，资本主义中心的工人阶级也随之参与分配了——尽管数额明显减少——这些财富。英国有产资产阶级至高无上的地位被金融和工业寡头的统治所取代。③

但这种相对的平静在1900年左右就结束了。在大都市的资本和工人之间发生阵地战的同时，边缘地区也爆发了暴力冲突——首先是帝国主义国家之间，其次是它们与正在形成的反殖民运动之间，第三是人民革命，例如中国的革命起义（自1900年以来）、俄国革命（1905—1907）和墨西哥革命（1913—1920）。在主要的帝国主义国家，民主和社会改革摇摇

---

① 《卢森堡文选》下卷，人民出版社1990年版，第328页。
② 同上，第304—305页。
③ 关于这一时期的悖论，见 Hobsbawm 1989: 9f.

欲坠，帝国主义的镇压在面对日益增长的抵抗时采取了更残酷的形式，帝国主义之间的冲突有可能失控。1900年后，卢森堡与列宁和社会党国际的其他激进左派一起，越来越多地要求社会民主党"认识到世界政治"，因为"所有国家都一直生活在战争状态中"①。因此，社会主义运动将需要一个新的战略和理论。对一些人来说，马克思的资本积累理论的重要假设似乎被简单地驳斥了。对其他人来说，为了找到应对挑战的进攻性答案，似乎有必要进一步发展马克思主义政治经济学及其扩展理论。拉娅·杜娜耶夫斯卡娅（Raya Dunayevskaya）关注了以下背景："在20世纪初，资本主义向其帝国主义阶段的过渡开启了一个全新的时代，因为直接的反面也出现了——革命。毫无疑问，这个新的全球层面——1905年的俄国革命，也表明了东方新的世界历史阶段——使历史的辩证法对卢森堡来说非常真实。"②

在这一时期，马克思主义对那些资本主义生产方式主导的社会的分析，首先以1910年出版的鲁道夫·希法亭（Rudolf Hilferding）对金融资本的宏大研究为标志③。从考茨基到布哈林或列宁④，第二国际的主要理论家们都提到了这部著作。所有这些人的一个重要理论来源也包括约翰·阿特金森·霍布森（John Atkinson Hobson）1902年的著作⑤。这部著作

---

① GW 6: 305, 306.
② Dunayevskaya 1981: 6.
③ Hilferding 1947.
④ Kautsky 1911; Kautsky 1914; Bucharin 1969; Lenin 1916.
⑤ Hobson 1968.

把马克思已经观察到的信贷和股份公司的发展,以及他所预言的资本集中作为出发点。恩格斯曾将这种集中推延至一种情况,即"在一个社会里,只有当社会总资本或者合并在惟一的资本家手中,或者合并在惟一的资本家公司手中的时候"①。

作为文化有机体的社会

罗莎·卢森堡对资本主义积累的态度明显不在这一论述范围之内。当然,她承认大银行和大公司以及卡特尔的重要性,但与上述许多理论家不同的是,她并没有在这种集中和积聚中首先发现社会主义初始的简单形式,人们只要将其倒转过来,使之有利于工人利益就行了,而是强调它们对殖民地或半殖民地经济,尤其是对小规模农民生产的破坏性影响。她详细分析了国家机关主导的流向垄断组织的再分配情况。她的积极参照物不是资本或国家的大规模组织,而是工人的自我组织,尤其是前资本主义共同体的农民的自我组织,她反复利用这些组织来说明非资本主义经济制度和所有制的可能性,特别是在她的《国民经济学入门》② 中。她尖锐地分析了这些制度的毁灭。1907 年,她在 1100 名女听众和 3500 名男听众面前进行公开演

---

① 《马克思恩格斯全集》第 44 卷,人民出版社 2001 年版,第 723 页。
② GW 5: 524 - 778. 中文版见《国民经济学入门》,彭尘舜译,生活·读书·新知三联书店 1962 年版。

讲，同时开始在社会民主党的党校工作。这些都是伟大的公共事件。

正如克里斯特尔·诺伊苏斯（Christel Neusüß）①所指出的那样，罗莎·卢森堡的核心问题是**整个社会的再生产问题**。卢森堡把社会理解为一个**文化有机体**，经济及其具体的社会文化和政治形式是这个有机体的一部分。她在开始研究资本积累时，不是像马克思那样把商品作为财富的基本形式，而是通过资本主义积累对整个社会的存续及其威胁进行思考，她强调："首先，生产的周期性重复是周期性消费的一般前提和基础，因此是人类社会在其所有历史形式下的文化存在的前提。在这个意义上，再生产的概念包含了一个文化史的要素"②。她对社会整体提出问题，并研究这个整体，尤其是其最弱小的成员因资本积累而面临的威胁。正是这个出发点，使卢森堡的著作具有很强的时效性，并受到了广泛的欢迎。在卢森堡看来，始终是文明在自我"复制"，而不仅仅是技术和经济条件。这就是为什么资本主义在她看来是"一个不可能的东西"，一个没有自觉组织的社会，"却能组合成一个整体并能存在"③。在她那里，政治经济学已经变成了文化政治经济学④。

一项研究所依据的首要问题与所选择的模型、研究方法和经验研究对象之间总是存在着不可分割的联系⑤。马克思假定，

---

① Neusüß 1985: 306.
② GW 5: 10.
③ GW 5: 770.
④ 见 Sum/Jessop 2013.
⑤ Brie 2019: 69.

共产主义社会革命将从先进国家工人阶级的解放斗争中产生。这一战略假设在很大程度上决定了他的政治经济学研究过程。因此,《资本论》假定一种不考虑非资本主义条件的资本主义生产方式,排除了家庭和公共再生产劳动、简单商品生产和殖民地。只有那些看起来对奠定无产阶级革命的基础绝对必要的过程才被包括在内。这不是因为无知而做出的决定,而是希望在分析中不包含更多的绝非必要的对象,以证明指导研究的假设。卢森堡在帝国主义时代的经验基础上认识到,必须扩大马克思主义社会分析的研究对象,以证明新条件下的革命战略是合理的。在她看来,需要考虑的整体包括两组国家——主要资本主义国家和殖民地国家。只有从它们的矛盾统一中才能解释资本积累的整体性①。

与希法亭不同,罗莎·卢森堡不认为资本主义外部和内部冲突日益加剧的原因,主要是"金融资本的完善意味着最高水平的经济和政治权力完善在资本寡头手中",而这"与受金融资本剥削、但也被号召进行斗争的人民群众的利益越来越不相容"②。她也没有像列宁那样给问题下定义,列宁强调"垄断,寡头统治,统治趋向代替了自由趋向,极少数最富强的国家剥削愈来愈多的弱小国家",将帝国主义定性为"寄生的或腐朽的资本主义"③。她认为危机的原因在于资本主义积累本身的极限,对此作出的是军国主义的、专制的和反社会的反应。她没

---

① Córdova 1974: 77f.
② Hilferding 1947: 518.
③ 《列宁全集》第 27 卷,人民出版社 2017 年版,第 436 页。

第八部分 帝国主义时代和资本积累

有关注 20 世纪初资本主义的特殊形式,而是在这种形式中看到了一般矛盾的激化。这既是她的方法的优点,也是缺点。

资本主义是一种不可能的世界形式

经济学家罗莎·卢森堡的意图之一是使她自己的职业派不上用场。当商品生产被克服后,政治经济学就会终结;罗莎·卢森堡的想法是这样的。在政治上和科学上,她来自马克思学派,但恰恰相反,她没有成为这位特里尔的思想家的众多模仿者之一。

为了能够分析资本主义剩余价值生产——包括增长、不断扩张,以灭亡为代价——马克思决定用一个简化模型来工作。他假设了一个只由资本家和雇佣工人组成的社会;换句话说,这个社会从未以这种方式存在过,正如马克思本人反复强调的那样。但只有在这些"实验室条件"下,他才有可能发现这种生产方式的某些基本联系。他能够说明剩余价值是如何被创造出来的,它是如何不被消费而被输入生产即积累的,目的是生产更多的商品,实现更多的剩余价值。任何拒绝玩这个游戏的资本家,迟早会被淘汰。

然而,马克思用他的简化方法无法回答一个问题:增长从何而来,不断增加的销售额从何而来,即投资于商品的资本重新转化为带来利润的更多的资本。这就是罗莎·卢森堡出现的地方。她认为,在一个只由资本家和雇佣工人组成的社会中,扩大销售是不可能的。然而,她并没有拒绝马克思,而是采纳了他的见解，踏上了回归之路——从抽象到现实。在那里，她遇到了资本和雇佣劳动之外的第三个行为者：非资本主义销售市场的行为者。她的理解是：

> "资本主义生产，作为真正的大规模生产，依赖于来自旧国家的农民和工匠圈子的买家以及所有其他国家的消费者，而就其本身而言，它在技术上不能没有这些阶层和国家的产品（无论是作为生产资料，还是作为生活资料）。因此，从一开始，在资本主义生产和它的非资本主义环境之间就必须发展出一种交换关系，在这种关系中，资本既可以实现自己的剩余价值，以进一步实现变为纯金的资本化，又可以为自己提供扩大自己的生产所必需的各种商品，最后还可以通过瓦解那些非资本主义的生产形式来获得不断涌入的无产阶级化的劳动力。"①

如果它不能征服非资本主义世界，作为原材料的廉价供应者和资本主义"母国"昂贵工业产品的销售市场，资本循环就会停滞不前——然而，这些国家在这一点上是有分歧的。对这些地区的竞争最终会使资本主义"母国"陷入一场世界大战。罗莎·卢森堡于1913年在其著作《资本积累论。对帝国主义的经济解释》中表达了上述观点。她希望能获得巨大的成功，但未能实现。除了她的盟友弗兰茨·梅林向社会民主党的70

---

① GW 5：429。

第八部分 帝国主义时代和资本积累

多家报纸免费提供正面评论外，社会民主党上层对这位在党的基层很受欢迎的激进同志相当恼火——主要是因为罗莎·卢森堡对社会民主党领导层日益心不在焉的政策的攻击。对罗莎·卢森堡著作的反应也受到了这种冲突的影响。

顺便说一下，她的书真的不能算作一本真正意义上的"好书"：很大一部分篇幅，前200页读起来就像一个自我理解，像一个粗略的草稿。只有末尾关于积累、帝国主义和军国主义的七个历史章节不同——那才是世界文学。在失败后，罗莎·卢森堡在另一部以"反批判"为题的著作中回答了批评者。她在1915年写了这部著作，当时她因为不妥协的反战政治而在柏林巴尼姆大街的女子监狱服刑一年。由于没有人敢印刷这位弃儿的作品，这本书直到1921年才由莱比锡的弗兰克出版社出版，也就是在作者被谋杀两年后。这部《资本积累论》的"反批判"的进展，与其说表现在叙述的内容上，不如说是表现在叙述的方式上。因为在这部著作中，罗莎·卢森堡才做到了流畅和文采极高地阐述观点。然而，即便是她在这部著作中的计算结果也有错误。直到——长期以来基本被遗忘——弗里茨·施特恩伯格（Fritz Sternberg）[1] 在1926年出版的《帝国主义》[2] 一书才克服了这些弱点，完整表述了罗莎·卢森堡的方法。因此，任何想研究罗莎·卢森堡的积累理论的人，最好从施特恩伯格[3]开始研究。与研究史上的情况一样，进步不是从

---

[1] Grebing/Scherer 2017.
[2] Sternberg 1926.
[3] Sternberg 1929.

正确的答案开始,而是从聪明的问题开始。卢森堡提出了几个问题,即使她不能全部回答。

卢森堡的著作《资本积累论。对帝国主义的经济解释》是由各种因素引发的。首先,她对世界政治冲突的转变的细心观察(见上文)起到了至关重要的作用。其次,在社会民主党党校任教期间,她遇到了在她所理解的马克思主义范式中无法解决的问题。第三,她一方面对具有共产主义特征的前资本主义经济形式感兴趣,另一方面对被帝国主义奴役的人民表示同情,这有利于她提出的解决方案的方向。直接的起因是她的《国民经济学入门》一书,该书始终是片断,直到1925年才出版。她当时写信给科斯佳·蔡特金:"正在写我的经济著作,也就是说正在写论证帝国主义的最后一章。……严格的经济论证使我看到了马克思《资本论》第二卷末尾的公式,长期以来,我对这些公式感到十分恐惧,现在我在其中发现了一个又一个的缺陷。我将不得不彻底研究这个问题,否则我将无法确立我的观点。这让我很高兴,因为这是一项思想工作,但这需要时间。"[①] 对她来说,主要的内在理论问题是,她无法在马克思政治经济学中找到以下问题的答案:"谁能……成为社会生产的商品的购买者、消费者,这些商品的销售首先应该使积累成为可能?这一点很清楚,它既不可能是工人,也不可能是资本家本人。"[②]

在解决积累问题的工作中,卢森堡的三个兴趣点交织在一

[①] GB 4: 124.
[②] GW 5: 426.

起：首先，她寻求答案，说明为什么资本主义不可避免地会遇到无法跨越的极限。在她看来，这一点在传统的马克思主义中似乎没有得到令人信服的澄清。其次，她的东欧和中欧视角因资本主义在其边缘地区的破坏而变得尖锐。更确切地说，她是第一批从世界资本主义的（半）边缘向中心看的马克思主义者之一。第三，她试图为日益加剧的帝国主义紧张局势和不断积累的战争威胁提出理由。她在1912年12月著作的序言中以这样的话结尾：

"如果我在科学上准确把握这个问题的尝试成功，那么这项工作在我看来，除了具有纯粹的理论意义之外，还会对我们与帝国主义的实际斗争具有一定的意义。"①

罗莎·卢森堡发现资本主义的核心矛盾在于："资本主义积累需要非资本主义社会形态作为其运动的环境，在与它们不断的新陈代谢中前进，它只有在找到这个环境时才能存在。"②也可以说：没有非资本主义，就没有资本主义！她认为，这"符合马克思学说的精神"，但实际上，这与马克思在《资本论》第一卷中选择的资本积累观点根本不同。马克思只考虑了这种积累的"一面"，即在"剩余价值的生产场所"中资本和劳动之间发生的积累。卢森堡说，"资本积累的另一面发生在

---

① GW 5：7.
② GW5：315.

资本和非资本主义生产形式之间"①。然而,资本积累的这一面和地球一样是有限的,即使在她的时代,环游地球的时间也远远短于80天。然而,在过去的一百年里,人们也很清楚,"资本主义不仅生产它自己的'外部',而且对维持这种外部有很大的兴趣,以便能够继续依靠其资源生活"②。

在卢森堡看来,资本积累是对雇佣劳动的剥削**和**对非资本主义文明的破坏的结合。在后者中,她发现了一些在她看来资本主义所不具备的东西——为即时需要而生产,以及对公共事务的直接管理。这个模式就是"农业共产主义经济组织"。这是她的同情所在,正如她选择的表达方式所显示的那样:

> "人们无法想象还有什么比古老的日耳曼边区这种经济制度更简单,同时也更和谐。整个社会生活的机制就像躺在一只平坦的手上。一个严格的计划,一个严密的组织包含了每个人的行动,并将他作为一个粒子融入整体。日常生活的直接需求和对所有人的平等满足,是整个组织的出发点和终点。大家一起为大家工作,一起决定一切。但是,这种组织和整体对个人的力量来自什么,它的基础是什么?它无非是土地上的共产主义,也就是劳动者对最重要的生产资料的共同所有权。"③

---

① GW 5: 397.
② Soiland 2016: 209.
③ GW 5: 656.

她对印加人统治下的经济制度做出了类似的评论。对卢森堡来说，前资本主义社会是一个"有价值的历史参考点，使我们有可能批评资本主义"①。

卢森堡为资本积累必然依赖于非资本主义环境这一事实找到了理由，即不断增长的剩余价值无法在等价交换的条件下找到实现的机会，而且它不会仅仅落入资本家自己的消费中，因为剩余价值正是在等价交换之外产生的东西。在马克思的《资本论》第二卷的再生产图式中，无法解释对额外创造的价值的额外需求从何而来。它需要"第三方"②。诚然，"**至少要资本化的剩余价值和与之相应的资本主义生产量的部分**"必须在资本主义圈子之外实现——除了在"非资本主义世界"③之外，还能在哪里实现？

"在马克思学说的意义上，[积累问题——作者注]的解决方案在于辩证的矛盾，即资本主义积累需要非资本主义社会形态作为其运动的环境，在与它们不断的新陈代谢中前进，它只有在找到这个环境时才能存在。从这里，可以对在积累问题的理论争论中发挥了突出作用的内部和外部市场的概念进行修正。内部和外部市场在资本主义发展过程当中当然发挥着巨大的、根本不同的作用，但不是作为政治地理学的概念，而是作为社会经济学的概念。从资本

---

① Löwy 1989: 141.
② GW 5: 299.
③ GW 5: 308.

主义生产的角度来看，内部市场是资本主义市场，是这个生产本身作为自己产品的买方和自己生产要素的供应来源。资本的外部市场是吸收其产品并为其提供生产和劳动要素的非资本主义社会环境。"①

卢森堡认为，与之前的每一种生产方式不同，资本主义必须取代所有非资本主义形式，但又像呼吸空气一样需要它们。资本主义是一种经济形式，"在它趋向于成为一种世界形式的同时，由于它内在的无能而无法成为一种世界生产形式"②。在此可以利用她对全球棉花生产和资本主义工业革命发展的精彩简述，其中资本主义、殖民主义和新奴隶制以及农奴制、中心和边缘的矛盾像在凸透镜下一样被寻根究底了③。

卢森堡所强调的扩大再生产条件下的有效需求问题并不能通过有些人提到的资本主义企业对不变资本的需求和企业对自己产品（如铁、煤等）不断扩大的自身消费得到解释。当卢森堡强调资本与雇佣劳动之间的矛盾和资本主义积累的阶级性这些（和其他）矛盾的运动必须通过需求穿针引线时，并没有转移对资本与雇佣劳动之间的矛盾和资本主义积累的阶级性的注意力。④ 除了非资本主义环境外，她还关注了国家开支（尤其是在军备领域），尽管只是在她作品的最后几页。后来在福特

---

① GW 5: 315.
② GW 5: 411.
③ GW 5: 557 – 563；见 Beckert 2014 的新叙述。
④ 主要见 Dunayevskaya 1981: 41; Hudis 2014: 478 ff。

主义、福利国家、凯恩斯主义宏观调控或债务驱动的积累框架内探讨她所提出的问题的尝试，指出了处理资本关系扩大再生产的冲动与确保为此所需的增殖条件之间的矛盾的方式的多样性，这些条件不仅包括创造需求，而且首先包括作为文明的社会再生产绝对必需的许多劳动形式。贝洛菲奥雷（Bellofiore）这样总结卢森堡的三个主要经济见解。"它们是：（1）资本主义进程的宏观货币性质，从而金融对于资本积累的核心意义；（2）扩大再生产的动态平衡对投资动力的依赖，以及它对投资动机的依赖；（3）危机理论在价值和剩余价值生产动力中的基础，因为价值和剩余价值实现的危机是实现**相对剩余价值的**必然结果，它产生了'相对'工资的趋势性下降。卢森堡确实没能充分运用她的洞察力，但她的批评者甚至没有看到她提出的问题，这也是事实。"①

正如卢森堡一直强调的那样，不存在自动崩溃的问题。朱迪斯·德尔海姆（Judith Dellheim）提到了她著作的这个方面，她写道："劳动人民如何愿意并能够改变他们的物质需求和生活方式，从而结束并克服对彼此、对其他国家的工人、对世界各地的社会弱势人群、对自然的暴力？"② 没有找到这个答案，资本主义积累就会开辟出越来越多的占领和剥夺的新领域，并将自身的破坏性后果转化为不断增加的增殖对象。

在讨论所谓的生产性劳动，即创造马克思意义上的剩余价值的劳动时，卢森堡指出，使人类生活成为可能的最重要的活

---

① Bellofiore 2013b: 5f.
② Dellheim 2016: 313.

动,即生产和维持人类作为人的活动,这些活动发生在家庭中,今天仍然主要由妇女进行,被认为是非生产性的。她用以下的话概括了这一矛盾。

> "与资本家阶级的妇女不同,无产阶级的妇女在经济上是独立的,和男人一样为社会从事**生产性劳动**。而当她们通过家务劳动帮助男人维持家庭的日常生存,用微薄的工资养育孩子就是另一回事了。这种工作不是今天资本主义经济秩序意义上的生产性工作,即使它的结果是无数的小努力所汇集而成的巨大自我牺牲和精力付出。这只是无产者的私事,是他的幸福和福气,正因为如此,对今天的社会来说只是空气。只要资本统治和工资制度持续存在,只有创造剩余价值和产生资本主义利润的劳动才被认为是生产性的。从这个角度来看,低级娱乐场所用腿把利润扫进企业家口袋的舞女是生产性的工人,而无产阶级的妻子和母亲在家中各处的所有劳作都被认为是非生产性的活动。这听起来很粗糙,很疯狂,但它恰恰对应着目前资本主义经济秩序的粗糙和疯狂。"[①]

拉娅·杜娜耶夫斯卡娅注意到了卢森堡的积累理论中的一个严重弱点。一方面,卢森堡将注意力从片面关注资本主义核心工业部门和工业中心的资本与雇佣劳动之间的关系转移开

---

① GW 3: 163.

来,她还详细分析了帝国主义在全球范围内的渗透所造成的破坏,她对非洲、亚洲和拉丁美洲被压迫人民的起义进行了详尽描述。但另一方面,她并没有得出这些民族在帝国主义时代可以自己成为革命主体的结论。她并没有放弃将作为唯一革命力量的无产阶级视为中心。杜娜耶夫斯卡娅写道:"在卢森堡的**积累论**中,一些最好的论述见于她对征服阿尔及利亚和印度、对中国的鸦片战争、英缅战争和瓜分非洲以及灭绝美洲原住民的'现实'积累过程的描述。尽管卢森堡非常详细地描述了布尔人和英国人之间的战争是如何在'黑人的背上'进行的,但她并没有从中得出任何关于非洲黑人作为革命力量的结论。革命的作用是专门留给无产阶级的。在对马克思图式的批判中,她只把经济范畴看作是经济的,而不是主要作为阶级斗争本身的象征。"[①] 卢森堡与任何貌似小资产阶级或民族主义、貌似妇女和"犹太人的痛苦"的特殊利益如此绝对地划清界限,以至于她没有将这些特殊斗争中的普遍潜能纳入她的战略思考。对她来说,无产阶级现在是而且仍然是普遍的阶级,这使得他们自己的民族主义、帝国主义、反犹太主义或性别歧视的倾向看起来仅仅是反常的,在革命的自我赋权过程中会被克服。

随着罗莎·卢森堡的出现,积累理论出现了以帝国主义和再生产为导向的转变,这种转变一直延续到今天。如果说马克思把"纯粹的资本主义"假定为一个真实的抽象物,从这里出发,似乎只有无产阶级显示为真正的进步阶级,那么卢森堡则

---

① Dunayevskaya 1981: 37.

把资本主义生产方式和非资本主义生产方式之间的关系构建为每一次资本积累的组成部分,但并没有从中得出可能的革命战略结论。因此,罗莎·卢森堡对马克思的积累理论作了重大的扩展。从这个角度来看,工人阶级必须同时直接对抗资本及帝国主义和军国主义产生的那些破坏。正如彼得·胡迪斯(Peter Hudis)所说,"罗莎·卢森堡仍然是对我们这个时代产生重要影响的人物。因为她坚持认为,资本积累不仅取决于特定资本主义社会内部的**时间**动力,而且首先取决于资本主义对非资本主义世界的空间渗透和破坏"①。同时,这也提出了反殖民主义和反帝国主义斗争对社会主义战略的意义问题。无论如何,对卢森堡来说,很明显,对资本主义积累矛盾的忽视——她指出这种矛盾正在被帝国主义用武力解决——不可避免地导致了社会民主党在第一次世界大战中经历的"悲惨失败"②。

根据罗莎·卢森堡对这个时代的定义,资本正在以其最新的军国主义形式扩张,在外部和内部摧毁的正是它实现剩余价值所需的购买力。她得出了精彩的结论:

>"资本通过军国主义的手段,越是猛烈地清理世界上和国内的非资本主义阶层的存在,越是压低所有劳动阶层的生存条件,世界舞台上的资本积累的日常历史就越是转化为一连串的政治和社会灾难和痉挛。这与危机形式的周期性经济灾难一起,将使积累的继续成为不可能,使国际

---

① Hudis 2014: 474.
② GW 5: 517.

工人阶级对资本统治的反抗成为必然,甚至在它尚未在经济上遇到其自然的自我创造的障碍[即缺失的非资本主义需求——作者注]时,就已经这样了。"①

卢森堡认为,只有工人阶级的政治革命才能积极解决这一矛盾,否则就会有陷入野蛮的危险②。[17]

新战略的政治经济学基础

资本主义世界体系的中心和(半)边缘地区的发展相结合,总是具有强烈的野蛮特征。鉴于这一事实,汉娜·阿伦特直接借鉴了罗莎·卢森堡的观点,将帝国主义视为极权主义统治的"要素"之一,为民族社会主义铺平道路。她写道:"在关于帝国主义的书籍中,也许没有一本像罗莎·卢森堡的著作那样被一种非凡的历史本能所引导。由于她在研究过程中得出的结果无法与马克思主义的正统形式或改革形式相协调,但又无法从其思维方式中解脱出来,所以她的著作一直是零敲碎打;由于她既无法让马克思主义者满意,也无法让他们的反对者满意,所以她的著作几乎没有人注意到。"③ 卢森堡对社会主义工人运动的战略结论首先是与帝国主义、军国主义和殖民主

---

① GW 5:410 f. 另见她唯一的遗作《国民经济学入门》的结论,GW 5:778,以及《一个反批判》,GW5:430。
② 见 GW 7.1:229。
③ Arendt 1995:254.

义的持续对抗，以及对那些被资本主义征服和剥夺的人民的明确声援。

罗莎·卢森堡在评价1905年俄国革命时形成了对政治的理解，不再认为有组织的工人运动的斗争和最广泛的无产阶级阶层之间存在任何分界线，包括那些经常被主要是马克思等人简单地写成"流氓无产者"的人。在这些斗争中，她接纳了最广泛的人民阶层，尤其是农民，他们长期以来一直被视为反动分子。她强调了发达资本主义国家的斗争、俄国的斗争和非洲、拉丁美洲或亚洲的殖民地或半殖民地人民的斗争之间的联系。在她看来，在所有这些冲突中，总是以资本的积累为一方，以对资本的抵抗为另一方，直接或间接地确定议程。在这方面，恰恰是那些不在体系中心的人，可能会出现最大的解放性创新。在理论上，德国工人阶级也因此失去了卢森堡眼中的先锋地位。她不认为殖民地仅仅是中心的经济附属物，也不认为被征服的人民是"文明化"的对象。她在评论一份基于帝国思想写成的社会民主党传单时说："让我们补充一下，在整张传单中，没有一个字提到人民，提到殖民地的土人，提到他们的权利、利益和由于世界政治而遭受的痛苦，传单多次谈到'辉煌的英国殖民政策'，却没有提到印度人的周期性饥荒伤寒，澳大利亚土人的灭绝，埃及人背上的皮鞭……"[①] 卢森堡同情反抗运动，即使她与列宁不同，还没有从战略上预见到完全独立和成功的反殖民运动

---

① GW 3：35.

第八部分　帝国主义时代和资本积累

的出现①。通过对整个斗争的**实际看法**，从被压迫者、自我组织者、斗争者的角度看世界，通过对整个资本积累的**理论看法**，不局限于眼前的资本—工资—工人关系，她为马克思主义和社会主义打开了新形式的运动和斗争。对卢森堡来说，她改写了马克思的积累理论，并证明了整个工人和人民群众自我组织的战略——甚至反对她自己运动中的官僚化机构的统治——旨在实现团结一致。

这一切也改变了人们对社会主义的看法。对罗莎·卢森堡来说，这不仅仅是胜利的工人阶级手中的工业体系，而是一个新文明的开始，它不仅会继承伟大的工业遗产，而且会继承更丰富的文明遗产。对她来说，"社会主义的目的不是积累，而是以发展全球生产力来满足劳动人民的需要。因此，我们看到，社会主义由于它本身的特质，是一个和谐的、普遍的经济形态"②，这就是她的著作《资本积累论》的最后一句话。在一个高于资本主义的新社会中，卢森堡的设想是，前资本主义经济形式的要素将重新出现——为实际需要而生产，直接关系的透明度，生产者的民主自决和直接民主。③

---

①　只有欧洲劳工运动在第一次世界大战期间和之后的"失败"才让左派看到这一点。正是早期的第三国际首次将来自殖民地的运动平等地纳入其中（Leonhard 1981）。

②　《资本积累论》，生活·读书·新知三联书店1959年版，第376页。

③　在这里，罗莎·卢森堡与威廉莫里斯·不谋而合，他在未来的共产主义中首先看到的是以自由为基础的中世纪晚期社会的共同体——个人生活方式的复兴（Morris 2013）。对卢森堡来说，未来社会的模式不是总体化的工厂或官僚组织。相反，她在生活、有机世界和活生生的共同体中寻找模式。资本主义对她来说和对马克思来说一样，也是一个必要的阶段，即使她对这个阶段的"成就"的赞美比马克思少，对文明损失的强调比马克思多。

第九部分 1918年的著作 《论俄国革命》——一首 民主社会主义的交响曲

布尔什维克"树立了不朽的历史功勋,第一次把社会主义的最终目的宣布为实际政治的当前纲领"①。

我们回到1918年夏天。罗莎·卢森堡在一年前被转移到布雷斯劳监狱。自从俄国革命开始以来,已经过去一年多了,她是如此热情地迎接这场革命。在彼得格勒二月革命爆发时,她知道:"俄国的事件具有不可估量的巨大影响,而且我认为那里到现在为止发生的事情只是一个小序曲。那里的事件必将蔚为大观,这是事情的本质决定的,而在全世界引发反响是不可避免的。"②但战争仍在继续。新的折磨使她的生活更加困难。她被转移到布雷斯劳的监狱。她的健康受到了损害。世界处于运动之中,特别是在东方,但她仍然在监禁中。在德国,对战争的抵抗终于蠢蠢欲动,发生了罢工,但这种抵抗还没有演变

---

① 《卢森堡文选》下卷,人民出版社1990年版,第483页。
② GB 5:205.

第九部分　1918年的著作《论俄国革命》——一首民主社会主义的交响曲

成大规模抗命,没有导致苏维埃的建立,没有导致革命。在俄国,她最亲密的政治盟友布尔什维克在1917年11月夺取了政权,并为建设社会主义而战。一年前,卢森堡就已经预见到了这一点,并警告说,如果没有"国际无产阶级革命",俄国的无产阶级专政就"注定要遭到彻底失败","与之相比,巴黎公社的命运就是儿戏"①。如果从罗莎·卢森堡在这一时期所写的文章来看,那么在1918年间,她如此盼望的这种社会主义就变成了对她所承诺的那些理想的歪曲。对再次失望的恐惧紧紧裹挟着她。在这种情况下,她写下了著名的《论俄国革命》一文。最迟在1917年,一个"矛盾和争论的时代"开始了,彼得·魏斯（Peter Weiss）认为:"不可能有一个绝对正确、准确的观点;如果把现有的分歧纳入对事实的分析,就最接近真理了。"② 这正是卢森堡的与众不同之处。对她来说,矛盾始终会成为自相矛盾。

"自由始终是持不同思想者的自由",1918年初秋,罗莎·卢森堡在《论俄国革命》一文中批判分析布尔什维克时这样写道。[18]自由决不能成为一种"特权"。她的任何一句话都没有比这句话更经常、更容易被（几乎）各方引用。而且,她的任何一句话也都没有像这句话那样被如此浅薄地抛弃掉。这句话站在了国有社会主义的起点和终点,它在与国有社会主义的对抗中仿佛已经耗尽了自己的爆破力。但这是一个致命的错误。请再次考虑一下罗莎·卢森堡写下这句话时的处境:她在

---

① GW 4:279.
② 转引自 Gioia 1989:13.

1915 年至 1918 年间在德国监狱中被监禁了 1200 多天;她的朋友在战争中倒下了,或者像她一样被迫害和监禁;她以在德国闻所未闻的严厉态度抗议军国主义的野蛮行为,并因此像罪犯一样受到谴责;她以她的全部人格反对世界大战的野蛮行为——她对她最亲密的政治朋友们做出了严厉的评价,而他们刚刚赢得一场革命。

尽管布尔什维克的专政是罗莎·卢森堡的"同道们"的专政,尽管这个专政的社会目标也是她的目标,尽管她可能希望通过革命暴力获得解放,尽管她因此似乎得到了这个专政的青睐,但罗莎·卢森堡还是拒绝了这个专政。她看到比她自身利益更高的利害关系受到了威胁。但罗莎·卢森堡在保尔·列维的坚持下,出于政治考虑,在公开场合压制了自己的异议,这在她一生中还是第一次。也许这是她最大的政治错误。直到她去世后三年,为时已晚,这篇由列维编辑的文章才作为民主社会主义者和布尔什维克第三国际之间斗争的工具发表。

卢森堡在很短的时间内,可能在 1918 年 9 月和 10 月初就写出了她那篇精心构思的论文《论俄国革命》[1]。她有机会接触到最重要的信息以及当时德国和俄国左派的讨论概况[2]。对我们来说,重点在于罗莎·卢森堡个人对这篇著作的追求,而不是它最迟在发表后在布尔什维克和社会民主党之间的兄弟之争中所具有的重要性。我们关心的是,她表达了哪些观点,以及为什么这些观点在今天仍然如此具有挑衅性。

---

[1] 关于这一点,见 Laschitza 1996:571。
[2] 她所接触到的全部内容见 Schütrumpf 2017。

第九部分 1918年的著作《论俄国革命》——一首民主社会主义的交响曲

还在战争期间，面对围绕布尔什维克政治的激烈的利弊之争，卢森堡就做了一些完全不可能的事。她违背了"我们或他们"的逻辑，她既**支持**布尔什维克又**反对**他们。她清楚地知道："根本就没有正确的策略可以让今天的俄国无产阶级遵循，虽然这听起来很矛盾！"① 这种正确的策略只有通过德国的社会主义革命才能成为可能。对她来说，布尔什维克在消除资本主义、民族仇恨和战争的根源方面不够坚决彻底，因为他们把土地给了农民，让受压迫的民族实现民族独立，并在布列斯特－立托夫斯克（Brest-Litowsk）与德国人媾和。因此，罗莎·卢森堡认为，他们选择了不**直接**通向社会主义的道路，而且，可能使社会主义名誉扫地。她还以最严厉的措辞批评了布尔什维克向专政的过渡。她手稿上的一条边注就像一朵野花一样绽放，上面的文字至今仍在发出回响："只给政府的拥护者以自由，只给一个党的党员以自由——就算他们的人数很多——这不是自由。自由始终是持不同思想者的自由。这不是由于对'正义'的狂热，而是因为政治自由的一切振奋人心的、有益的、净化的作用都同这一本质相联系，如果'自由'成了特权，这一切就不起作用了。"②

有时人们会说，罗莎·卢森堡不应该被简化为所引用的那句"自由始终是持不同思想者的自由"。这样的简化要么是对罗莎·卢森堡这样一位留下博大精深业绩的思想家和政治家的平庸的评判，要么是有意贬低这句话，就好像它只是一个装饰

---

① GW 4: 277.
② GW 4: 359.

品,只是罗莎·卢森堡在激烈的论战中顺便讲出来的。但她在对民主制的取消中看到了布尔什维克政治的致命手段,并写道:"它堵塞了唯一能够纠正社会机构的一切天生缺陷的那一生机勃勃的源泉本身,这就是最广大人民群众的积极的、不受限制的、朝气蓬勃的政治生活。"① 就像她经常做的那样,当她想表达她的理想时,她用的是一个来自大自然的比喻。

在讨论经常为"朋友及敌人"所引用的她著作的这个旁注时,人们常常忘记的是,罗莎·卢森堡不仅批评布尔什维克是反民主的,而且同时也批评他们是非社会主义的!对她来说,这两者是密不可分的,原因我们将在后面解释。对她来说,为了首先建造社会主义的房子,然后再给予其居民对住房管理条例的发言权,因而暂时中止民主是绝对不可能的。但在1918年,她认为也不可能再走资产阶级民族国家、资产阶级土地关系、与德帝国主义媾和的建设社会主义的弯路。她对社会主义的理解和对民主的理解在内心深处是相通的。

为什么这篇短文《论俄国革命》至今还让我们感到不安和困扰?为什么它像"无拘无束"的生命一样,在不需要它的地方一次又一次地迸发出来?为什么它不适合20世纪看似清晰的阵线,为什么它正因为此而成为21世纪社会主义复兴的灵感来源?为什么一些人和另一些人都可以试图去占有它,为什么每个人都很难把这篇文章的精神简化为一个简单的分母?我们看到,在这份文稿中,罗莎·卢森堡试图将20世纪历史上

---

① 《卢森堡文选》下卷,人民出版社1990年版,第497页。

第九部分　1918年的著作《论俄国革命》——一首民主社会主义的交响曲

看似完全不可调和的两个对立面——社会主义和民主——统一起来，这就是原因所在。当许多人站在一边或另一边时，她却面对着矛盾的局面。而这种尝试迫使人们从根本上重新思考社会主义和民主。只需从恩斯特·布洛赫的著作《自然法与人的尊严》中引用几句很有分量的话，他写的这几句话指的就是罗莎·卢森堡："作为古典自然法的最后精髓，不需要其他附带条件，人的尊严的假设始终存在着；不仅仅是人所属的阶级，而且人本身——正如布莱希特所说——也不喜欢靴子踩在自己脸上……因此，曾经是革命性的自然法的独特遗产是：废除所有的关系，在这种关系中，人与物一起被异化为商品，不仅被异化为商品，而且还被异化为内在价值的虚无[1]。没有社会主义就没有民主，没有民主就没有社会主义，这就是决定未来的相互作用公式。"[2]

我们就此回到这个"公式"的活的源泉，回到罗莎·卢森堡的著作《论俄国革命》。这一著作的起因是恩斯特·迈耶负责的一个脚注，他在利奥·约吉希斯被捕后担任《斯巴达克通讯》的主编。这个脚注小心翼翼地、但又足够明确地与卢森堡对布尔什维克的批评保持了距离。我们不想通过下面的办法来探讨卢森堡的《论俄国革命》一文：单独挑出这个或那个论点，并将其与作为被反复引用的反例的列宁和托洛茨基这一方的观点或考茨基那一方的观点建立联系。我们对重建罗莎·卢

---

[1] 恩斯特·布洛赫显然是根据对纳粹主义灭绝人类经历的印象，但也是根据对斯大林主义的印象才这样说的。
[2] Bloch 2007：232.

森堡在其文本中创造的语境本身感兴趣。要做到这一点，我们要把这部有巨大反响的短小著作视为一个整体。因此，我们将像对待交响曲一样对待它，它是用同样丰富的严谨、深思熟虑与激情创作的，并以古典方式由四个乐章组成。我们关注的不是她的言论的历史或当下的真实性，而是它们预期的目的；我们关注的是罗莎·卢森堡的本意，而不是她造成的影响。

卢森堡交响曲的第一和第四乐章

《论俄国革命》一文的开头和结尾都是对俄国革命和布尔什维克的赞扬。这主要指的是第一节和第二节以及结尾部分——我们可以把这些段落看作是她的"交响曲"的第一长乐章和第四短乐章。文章的开场白像鼓点一样点出了主题："俄国革命是世界大战最重大的事件。"① 这个主题一次又一次地被重复。贝多芬的交响曲《**英雄**》似乎是灵感的来源。对布尔什维克在这场革命中的作用的赞扬，点出了即将展开的第一主题。正是布尔什维克才理解，在俄国本身，就像在欧洲一样，社会主义已经提上日程，即无产阶级专政。通过要求一切权力归苏维埃，他们提出了"向前推进的口号"，并把它"贯彻到底"②。他们已经证明，"不是通过多数实行革命策略，而是通过革命策略达到多数。"③

---

① 《卢森堡文选》下卷，人民出版社1990年版，第474页。
② 同上，第482页。
③ 同上，第483页。

第九部分　1918年的著作《论俄国革命》——一首民主社会主义的交响曲

文章最后对布尔什维克表示赞扬，认为他们超越了"具体的策略问题"，把"社会主义的最重要问题"提到了中心位置："无产阶级的行动能力，群众的革命毅力，社会主义本身的取得政权的意志。"① 卢森堡在手稿的最后说："**在这一意义上说，未来是到处都属于'布尔什维主义'的。**"② 但人们也可以把她写的最后一句话理解为"**只有**在这一意义上说，未来才是到处都属于'布尔什维主义'的。"鼓点已经变成了一个先强后弱的音。这是一个与《英雄》非常不同的交响曲结尾。

发人深省的是，罗莎·卢森堡没有把布尔什维克在俄国夺取政权作为她作品开头和结尾的中心，没有把建立社会主义政府、巩固政权和构建社会主义制度作为主旋律，而是首先强调了布尔什维克在发展俄国工人阶级和群众的革命**行动能力**方面的成就。她仍然忠实于她借用海涅的诗句所表述的自己的人生格言："人多力量大"。③ 这一点，实际上也只有这一点，在她看来才是列宁的党的永久贡献。她的真正兴趣不在于克里姆林宫上的红旗，而在于数百万工人、农民和士兵的行动。而这也是交响曲"第二主题"响起的地方。如同以前写的其他文章[19]一样，她探讨布尔什维克政策——无论是赞同还是批评——的目的都是为了克服"德国群众致命的无所作为"④。

卢森堡写作的对象不是俄国布尔什维克，而是"无所作为

---

① 《卢森堡文选》下卷，人民出版社1990年版，第507页。
② 同上。
③ GW 4：208.
④ 《卢森堡文选》下卷，人民出版社1990年版，第477页。

的"德国工人。她对苏维埃俄国政府政策的批判，目的正是为了在德国促成她所认为的布尔什维克对俄国的真正贡献：群众的革命社会主义行动。但是，在她看来，这种行动不能"用已故的德国社会民主党那种监护的办法，依靠对群众示意，依靠对某一毫无瑕疵的权威（无论是本国的'上级'还是'俄国的榜样'）的盲目信仰用魔法召唤出来"①。她对此深信不疑：

"德国无产阶级的历史行动能力是不能凭制造欢呼革命的气氛而产生的，而是相反，只有通过了解任务的全部惊人的严肃性和全部复杂性，依靠政治成熟和思想独立性，依靠群众几十年来被德国社会民主党以种种借口有计划地加以扼杀的批判的判断力才能产生出来。把俄国革命放在它的全部历史关系中进行批判的探讨，就是最好地训练德国和国际的工人去完成目前形势向他们提出的任务。"②

因此，让我们来总结一下：虽然卢森堡写作《论俄国革命》的主要动机是，宣传布尔什维克通过正确的口号发动和指导群众独立进行革命行动的成就，但她作品的第二个动机恰恰是对她认为布尔什维克的政策与这一目标背道而驰之处进行批评。对布尔什维克历史成就的至高钦佩和对他们最严厉的批评遵循同一个标准。对罗莎·卢森堡来说，社会主义首先总是与

---

① 《卢森堡文选》下卷，人民出版社1990年版，第477页。
② 同上。

第九部分 1918年的著作《论俄国革命》——一首民主社会主义的交响曲

一件事有关:"全体人民群众必须参加国家的公共生活。"① 这个标准构成了整部作品的共同基调,包含了两个主题——对布尔什维克的赞扬和对他们的批评。

卢森堡文章篇幅较长的第一节是对布尔什维克的赞扬,而第三和第四节则集中在批评方面。有三个中心点:(1)土地改革的性质,(2)宣布民族自决权,包括与德国的特别和平协议②,以及(3)"扼杀民主"③。前两点在第三节总结,第三点在第四节总结;而且二者的篇幅几乎完全相同。它们是卢森堡的《论俄国革命》交响曲的第二和第三乐章。

她对布尔什维克的批评:社会主义太少,民主太少

卢森堡对布尔什维克的批评④有一个奇怪的特点。首先,她批评布尔什维克采取了减少政府与可能的反对者之间紧张关系的政策,她还提出了一些——人们必须假定——可能会增加对布尔什维克的抵抗的建议。然后,她向布尔什维克建议进行彻底的政治民主化,这必然会增加布尔什维克几乎不可避免地失去其来之不易的权力的危险。她的文章的第三节和第四节处于似乎不可调和的逻辑矛盾中。让我们更仔细地研究这个矛盾。

---

① 《卢森堡文选》下卷,人民出版社1990年版,第502页。
② 关于这个和平协议,主要参见《历史的责任》和《俄国的悲剧》两篇文章,这些文章在著作集中不知道为什么被刊印在《论俄国革命》之后。
③ 《卢森堡文选》下卷,人民出版社1990年版,第493页。
④ Laschitza 1990.

在第三节中，布尔什维克的土地和民族政策受到了批评。罗莎·卢森堡反对将土地分配给农民私有，反对俄罗斯帝国受压迫民族的民族自决权。她既不想加强私有制，也不想加强民族国家的划界。当然，罗莎·卢森堡知道，布尔什维克的政策是一种相当"良好的策略"，旨在"巩固无产阶级社会主义政府"①，并使"许多非俄罗斯民族……支持革命的事业"②。在这两种情况中，对大部分人口的渴求——无论是农民，还是芬兰人、爱沙尼亚人、拉脱维亚人、格鲁吉亚人等等——都作出了让步。而布列斯特-立托夫斯克的"和平"也主要是由于布尔什维克没有能力进一步动员士兵参战而产生的。任何其他政策——至少在列宁看来——都会使布尔什维克不可能夺取政权或促使这一政权迅速完结。但是，为什么卢森堡会对这些政策进行如此坚决的批评呢？

人们有理由认为，对罗莎·卢森堡来说，维护布尔什维克的权力不如拯救左派来得重要。在她看来，宁可容忍布尔什维克俄国的垮台，也不能再次背叛社会主义理想（就像右翼社会民主党人在1914年所做的那样）。这样做特别是对她所认为的德国和西欧所有重要社会主义革命的前景更有利。这就是她的看法，但是她从来没有十分清晰地表明这种看法。面对列宁政府在1918年秋天几乎无望的处境下，准备与德意志帝国结盟以确保其权力的可能性，她写道："俄国是仍然珍视革命的社会主义、原则的纯洁性、理想的财富的唯一和最后一个角落。

---

① 《卢森堡文选》下卷，人民出版社1990年版，第484页。
② 同上，第489页。

第九部分 1918年的著作《论俄国革命》——一首民主社会主义的交响曲

德国和整个欧洲所有诚实的社会主义分子的目光转向那里,从西欧工人运动的实践所引起的厌恶中恢复过来,用坚持的勇气、对理想工作的信念、神圣的言语来武装自己。随着列宁和兴登堡之间怪诞的'结合',东方的道德光源将被熄灭。"① 对于这样写的人来说,对以这种方式呼吁绝对之物的人来说,要么全部,要么没有。

尽管罗莎·卢森堡知道列宁政策的策略意义,但她向布尔什维克建议了一种战略,这种战略必然会使他们与民众,特别是与农民、士兵和前沙皇帝国的边疆形成更深的对抗。她认为,现实的社会主义政策的任何现实步骤,至少不能"妨碍"或"切断"通往社会主义的道路②。而对她来说,这种社会主义显然包括公有制占统治地位和各民族在统一的苏维埃国家框架内的直接的国际团结。她不接受增加农民私有制以及长期以来属于俄国主导的经济区和市场内各民族的民族独立的"弯路"。她认为,小私有者和新的小"民族国家"是帝国主义和反革命的天生盟友③。

如果继续使用交响曲的比喻,那么在她的交响曲的第二个乐章中,罗莎·卢森堡向布尔什维克建议,采取经济和政治中央集权的符合共产主义原则的政策,与她自己所说的"农民的自发运动"④以及被压迫民族的"资产阶级和小资产阶级"⑤

---

① GW 4:390。
② GW 4:343。
③ 见 GW 4:344f,350。
④ 《卢森堡文选》下卷,人民出版社1990年版,第486页。
⑤ GW 4:348。

的努力运动相矛盾。她认为布尔什维克实施在她看来有悖社会主义原则的政策的原因在于维护权力的策略利益,并认为这种"打算完全落空了"①。这一点在历史上没有得到证实,尽管在1918年初秋,有很多迹象表明列宁的政府无法坚持下去。得益于德国和奥地利的十一月革命,之后的内战,偶尔在内部和外部作出的最大让步(新经济政策),后来以巨大暴力推行的工业化和剥夺农民(称为"集体化"),布尔什维克得以坚持了70年。

然而,就这里要讨论的背景而言,比这些事实更有趣的是:虽然在她的交响曲的第二乐章中,罗莎·卢森堡提出了一些步骤,至少从布尔什维克的角度来看,这些步骤会加强对俄国及其边疆地区广大农民的反对;但另一方面,在第三乐章中,她又极为坚决地拒绝了布尔什维克在面对已经存在的对抗时试图稳固权力的那些手段——专政和恐怖。卢森堡似乎认为,直接推动生产资料社会化(在城市和某种程度上在农村)的政策和全面民主化这二者可以共生。社会主义民主和民主社会主义建设应该齐头并进②。

当罗莎·卢森堡把经济中的任何单独利益视为私有制的加强时,当她把将各民族从经济上融为一体的帝国实体中分离出来的任何举动视为分裂工人阶级,当她向任何国内外资产阶级的联盟宣战时,她也希望,即使是社会主义政府的公开敌人也应该有言论自由、集会自由、选举自由。她严格强调"没有普

---

① GW 4: 348.
② GW 4: 363.

第九部分　1918年的著作《论俄国革命》——一首民主社会主义的交响曲

选,没有不受限制的出版和集会自由,没有自由的意见交锋,任何公共机构的生命就要逐渐灭绝",就会出现"一小撮政治家的专政"①,随后她还将其定性为"资产阶级的"专政,因为它是"一小撮人的专政"②。她以自己的方式解决了专政或民主的对立问题,再次证明了这一点:"如果无产阶级掌握了政权,它永远不能按照考茨基的善意劝告,在'国家不成熟'的借口下放弃社会主义革命而仅仅献身于民主,他们这样做就不可能不是背叛自己,背叛国际,背叛革命。他们恰恰应当并且必须立即劲头十足地、不屈不挠地、毫无顾虑地采取社会主义措施,也就是实行专政,但这是阶级的专政,不是一个党或一个集团的专政,这就是说,最大限度公开的、由人民群众最积极地、不受阻碍地参加的、实行不受限制的民主的阶级专政。"③

罗莎·卢森堡认为,布尔什维克尽管作出了许多让步,但却未能赢得广泛的支持,其原因完全在于资产阶级、小资产阶级和农民对社会主义的原则性反对。她认为,对社会主义原则的偏离使布尔什维克在工人群众中失去了多数,并加强了反革命。她写道:"布尔什维克不去警告边疆各国的无产者提防陷入任何一种分离主义的纯粹资产阶级陷坑,不是在分离主义意向处于萌芽状态时就用铁腕扼杀它(**在这一**事例上使用铁腕确实是符合无产阶级专政的宗旨和精神的),反而用自己的口号使一切边疆国家的群众发生迷惑并且受资产阶级蛊惑宣传的支

---

① 《卢森堡文选》下卷,人民出版社1990年版,第504页。
② 同上。
③ 同上。

配。布尔什维克通过这一民族主义的要求导致了和准备了俄国本身的瓦解,从而把刀子送到自己的敌人手里,好让他们用它来扎进俄国革命的心脏。"①

希望得到的对位和谐:社会主义和自由

但是,用"无产阶级专政"的"铁掌"来镇压一切与这样理解的社会主义的利益不直接一致的特殊利益,以及"自由、不受限制的报刊","不受阻碍的结社和集会生活"②,如何调和这两点呢?"不屈不挠、毫不留情的"变革与"不受限制的民主"又如何同时实行呢?看来,罗莎·卢森堡想要实现不可能实现的事情,而且要以民主的方式来实现。第三节与第四节或者说她的"交响曲"的第二乐章与第三乐章是相互矛盾的。将所有社会和民族国家的多元性"压制在萌芽状态",并对政治自由发出最高的赞美;用"铁掌"进行反对私人占有土地和与俄国分离的斗争,并最大限度地促进无限制的政治自由和民主,作为"一切精神财富和进步的生动活泼的泉源"③。至少在历史上,这些对立的方面是互相分离的:尽管资产阶级和资本主义社会与政治民主至少暂时可以兼容,但是,这不适用于社会主义。在社会主义中,对国有化经济的集中控制和自由选举是相互排斥的。

---

① 《卢森堡文选》下卷,人民出版社1990年版,第491—492页。
② 同上,第500页。
③ 同上,第502页。

第九部分　1918 年的著作《论俄国革命》——一首民主社会主义的交响曲

罗莎·卢森堡能够将这些对立面统一起来。在她那里，这些对位的不同旋律最后同时发声，通过它们之间的特殊的相互作用创造出真正的和谐。然而，这种统一对她来说可能实现的原因只是，她认为工人和群众恰恰会在日常实践中，在建设社会主义的"千头万绪"中，在"不受拘束的汹涌澎湃的生活"① 中发生变化，"社会本能代替自私本能；群众首创性代替惰性；把一切苦难置于度外的理想主义，等等"② 会出现。而她认为这些本能和主动性以及这种理想主义会与她所宣传的社会主义政治方向完全一致。因此，她也可以认为，最大限度的自由同时也会产生对社会主义作为公有制、利益认同、国际主义与和平社会的正确性的最大洞察力。

但罗莎·卢森堡似乎也认为存在相反的情况。通过强行阻止农民群众占有私人土地，从而迫使他们进行联合生产，通过不允许俄罗斯帝国的各民族独立，而是"用铁掌"把他们控制在一个政治和经济空间里，通过让工人在公有制的工厂里一起工作，同样参与计划和执行，在这样做的同时也将产生获得某种经验的空间，这些经验将导致赞成、自愿支持和热情捍卫社会主义。她在民族问题上的论证正是朝向这个方向。在她看来，在分离中，对立发展成了资产阶级民族主义者鼓动的民族仇恨。她认为，留在一个革命化的共同国家里，即使一开始只是被迫的，也会产生对这种共同性的认同。

在罗莎·卢森堡看来，群众自由的自我行动和历史必然性

---

① 《卢森堡文选》下卷，人民出版社 1990 年版，第 501—502 页。
② 同上，第 502 页。

往往是一致的。领导首先是积极促进这种一致的能力。对她来说，压制持不同思想者和恐怖是社会主义的死敌，因为通过压制群众的独立行动，它们也压制了任何具有社会主义倾向的实际行动者。独裁者是社会主义的掘墓人，因为他们把社会主义的行动者自己埋葬在命令式社会的牢笼里，而从这个牢笼中是没有办法进入自由王国的。这就是卢森堡的信息。

与列宁和考茨基不同，罗莎·卢森堡并不认为会自发地产生导致远离社会主义的信念，因此社会主义"意识"必须从外部带入工人阶级。她相信，工人和劳动群众自己的实践会直接导致社会主义——前提是这是一种基于自身行动的、不受监护、不受操纵的自由实践，以及生产和生活有真正的共同点。对她来说，社会主义不是中央计划的机器，而是生活，是自由人的自由自主活动，她把它与直接的公共性联系起来。如果眼前的实践经验和被设想为生产资料社会化的社会主义条件之间真的存在这样的对应关系，那么，也只有在那时，党的专政和恐怖才不仅是道德上的错误，而且是完全错误的权力政治手段，正如罗莎·卢森堡反复强调的那样。她没有意识到的是，社会主义只要与集中的共同经济相联系，就会与群众的独立行动发生最深刻的矛盾。然而，她从来没有批判性地反思过她对社会主义假设的一般前提，这些假设来自第二国际的马克思主义，而只是具体地将它们问题化。[1]

---

[1] 伊林·费彻认为，对社会主义的这种理解也导致了卢森堡的以下看法："资产阶级已经宣布的政治自由，但在实践中往往被收回或限制……因此，在社会主义中决不会失去意义，而只是变得十分重要。"（Fetscher 1974: 63.）

第九部分 1918年的著作《论俄国革命》——一首民主社会主义的交响曲

在我们看来，罗莎·卢森堡对布尔什维克的批判，一方面是从社会主义应该是什么样的预定形象，即统一实施公有制的社会的角度来进行的，而另一方面是从运动的角度来进行的，这个运动应该从被压迫者本身的行动力量的发展中汲取全部力量，只有这样才能建立起指导其决策的标准。这种独立的思想和活生生的运动之间的矛盾成为她全部工作的特点，直到她被谋杀前都没有得到解决。因此，她完全置身于这场运动中，对于这场运动来说，工人的解放必须是工人自己的事业，但在这场运动中，对这些工人的家长作风甚至压迫成了特点。

第十部分　在社会民主党和布尔什维克之间

19世纪上半叶，一边是英国的宪章派，另一边是德国的弗里德里希·恩格斯和卡尔·马克思，他们都相信，无产阶级使他们终于找到了左派几个世纪以来一直在寻找的社会"主体"，从而使他们的思想成为现实。无论是改良者还是革命者——在世纪之交的社会民主党中，这一观点被广泛认为是无可争议的。后来，在斯大林主义下，这一观点被发展到了荒唐的地步。一方面，处于生产中的工人，甚至更多的是通过强制措施转变为工人的农村人口，在政治上被剥夺了权利，就像早期资本主义那样，一些国家甚至加剧了剥削。另一方面，官方赞美对"工人阶级"的神化，并在早期阶段体现在征召"干部"的特殊实践中。那些能够表现出完美无缺的无产阶级背景的人——最好是没有任何工人运动的经历，没有受到独立政治思想的影响——适合成为第一流的人，从而上升为新的统治阶级。其他所有人更加不被信任，即使许多"非无产阶级的力量"是根本不可缺少的。

这种对无产阶级的社会还原主义理解在罗莎·卢森堡的著

作中是找不到的。对她来说，工人阶级包括那些积极参与并与她一起反对现行条件的人，不管他们来自哪里，也不管他们在社会上的地位如何。实践，而不是地位，是她的标准。对她来说，阶级除了运动什么都不是。没有参加运动的以工资为生的人被认为是要被争取加入运动的"群众"。

但即使是罗莎·卢森堡也没有完全摆脱对工人选择权的信念。与悄悄不再幻想的社会民主党领导层不同，她期望"工人"对反资本主义（即便不是革命）的态度有一种一定程度上由社会遗传的亲和力。在罗莎·卢森堡的理解中，政治的任务是通过运动的实践来唤醒和释放这种态度，如实地唤醒"阶级"。她一直坚持这一观点，直到去世，尽管她不止一次地对"无产阶级群众"濒临绝望，即便还没有放弃所有希望。1914年8月4日，当社会民主党的帝国国会党团对战争拨款投赞成票，大部分"无产阶级群众"戴着花环前往战场时，罗莎·卢森堡认真考虑过自杀①——为了释放一个信号，唤醒群众。她在法国的志同道合者——至少在战争与和平问题上——社会主义者和和平主义者让·饶勒斯，在这些日子里被法国战争狂热者杀害了。在那里，也没有发生任何事情；在那里，"无产阶级群众"也轻率地走向自己的屠宰场。

归根结底，左派对它的"革命主体"——工人阶级并不满意，尽管从社会学上讲，社会上的工人构成了那些至少暂时热

---

① "罗莎首先谈道，自杀是对背叛党的最明显的抗议，是对无产阶级群众最明显的警告信号。我们用全部精力劝说她不要有这种打算。"（Eberlein 2005：359f.）

衷于革命思想，有时甚至热衷于革命行动的人中的最大群体。在国际上，在20世纪初探讨左派中的工人阶级问题时，有两个派别很重要，今天仍然值得仔细研究：属于罗莎·卢森堡周围群体的德国左派，以及属于列宁周围的布尔什维克的俄国左派。

这两派都把德国社会民主党——在当时被认为是其他国家许多无产阶级政党和运动的典范，特别是那些联合在第二国际的政党和运动——的畏缩表现解释为政治领袖的"偏离"和"背叛"。无论是罗莎·卢森堡的圈子还是列宁的圈子都不接受这样的观点，即工人阶级并不是"作为一个阶级"为社会主义而奋斗，而只是产生了最多的对社会主义理想有反应的人。这两派都支持一种政治理解，即社会主义和国际主义的左派形成了无产阶级政治上最清晰的部分，因此也是其政治支柱。而这两派都在争取对工人阶级的决定性影响中，看到了改善世界的条件。社会主义对他们来说仍然是工人阶级的任务。不把走向社会主义的运动看作是工人阶级的运动，这种想法对任何一派都是不可能的。这两派的持久优点是将社会主义思想保留在政治领域中——与社会民主党不同，社会民主党将社会主义思想越来越多地转移到模糊的地方。

但这两派在一点上有根本的不同：列宁追随卡尔·考茨基，认为无产阶级不可能自己意识到自己是社会主义的承担者，因此这种意识必须"从外部"带来，而对罗莎·卢森堡来说，社会主义不是一种可以获得的理论，然后根据"十诫"采取行动。她认为，监护人的启蒙不仅令人深恶痛绝，还最终破

第十部分 在社会民主党和布尔什维克之间

坏了社会主义的解放主张。根据她的理解,无产阶级应该通过生活实践——通过自己的成功经验,更通过自己的失败经验——来意识到自己的任务,从而使自己相信社会主义或野蛮的选择。

罗莎·卢森堡知道,18世纪的欧洲启蒙运动几乎把封建统治的所有神性都抹去了,特别是在正在崛起的法国资产阶级的头脑中,并在他们身上释放出一种不可动摇的夺取政权的意志。没有启蒙运动,就没有法国大革命,而法国大革命为欧洲开辟了通往资产阶级时代的道路。在罗莎·卢森堡看来,基于资本主义生产方式的现代统治尤其是对头脑的统治——是教会、国家、学校、军队和发表的意见的相互作用。对她来说,从所有压迫和剥削中解放出来,始于从这种统治中解放出来。这是迈向没有束缚和压迫的革命的第一步,无可替代。指导无产阶级政策的不是无产阶级组织成员和选民人数的永久增加,而是自信心和政治行动能力的提高。

然而,她越是年长,就越是意识到,争取启蒙的斗争总是伴随着倒退。一方面是由猖獗的民族主义引发的,另一方面,具有讽刺意味的是,恰恰是由从统治势力那里争取的让步引发的。因此,她的政治活动的中心是揭露社会中实际存在的对立。她不断寻求将"持不同思想者"及其真正的意图和行动拖到光天化日之下,迫使他们公开为自己辩护,揭露统治者,而统治者至今仍然像魔鬼憎恨圣水一样憎恨这一点。她对军国主义的抨击切中了威廉二世体制的要害。

罗莎·卢森堡遵循的格言是:谁不攻击谁就会被攻击。对她来说，一场永久的、当然总是在公开场合被否认和掩盖的战争正在进行：统治势力对"社会的其他部分"使用和平手段，如果允许的话，则用恐怖手段。她看重的是，人们通过联合行动学会克服自己的无力感，通过参与运动意识到自己的力量，从而在当时的斗争中意识到自己的利益。

这也是政治性群众罢工的目的。罗莎·卢森堡并不关心这种形式的斗争"本身"。对她来说，政治性大罢工是一系列行动的同义词，无产阶级群众通过这些行动，在反对占统治地位的经济政治政权的斗争中增强自己的力量。同时他们也要把自己从越来越沙文主义的领导人的监护下解放出来。

对她来说，社会主义工人运动首先不是主要由工会领导的争取更好生活条件的斗争——即使她知道这种斗争的重要性，也绝不是无视这种斗争——而是争取扩大政治自由权利的斗争，她想用社会自由权利来补充这种权利。1918年，她转而反对布尔什维克的做法，他们宣扬社会自由，但只做到废除生产资料私有制这一步就罢手了。

"我们从来不是形式民主的偶像崇拜者，这不过是说：我们始终把资产阶级民主制的社会内核同它的政治形式区别开来，我们始终揭露形式上的平等和自由的甜蜜外壳所掩盖着的社会不平等和不自由的酸涩内核——不是为了抛弃这个外壳，而是为了激励工人阶级，叫他们不要满足于外壳，却去夺取政权，以便用新的社会内容去充实这一外壳。如果无产阶级取得了政权，它应当创造社会主义民主制去代替资产阶级民主制,而不是取消一切民主制,这是无产阶级的历史使命。但是社会主义民主制并不是在乐土中才开始的,那时社会主义经济的基础已经创造出来,社会主义民主制将作为现成的圣诞节礼物送给曾在这一期间忠实支持了一小撮社会主义独裁者的恭顺的人民。社会主义民主制是与废除阶级统治和建设社会主义同时开始的。它在社会主义政党夺取政权的那一时刻就开始了。它无非是无产阶级专政。

是啊:专政!但这一专政是在于运用民主的方式,而不是在于取消民主,是在于有力地、坚决地侵犯资产阶级社会的既得权利和经济关系,没有这种侵犯,社会主义革命就不能实现。但是这一专政必须是阶级的事业,而不是极少数领导人以阶级的名义实行的事业,这就是说,它必须处处来自群众的积极参与,处于群众的直接影响下,接受全体公众的监督,从人民群众日益发达的政治教育中产生出来。"①

对她来说,通向这种变革的道路是扩大政治自由权利,必须从统治势力手中夺取这些权利,即通过自我赋权——目的是改变权力平衡,使统治方越来越无法以谎言脱险。这样一来,统治方的权力就会被削弱,以至于它发现越来越难以使用暴力。罗莎·卢森堡知道:暴力只有在大多数人麻木不仁或无动

---

① 《卢森堡文选》下卷,人民出版社1990年版,第505页。

于衷时才会发挥作用——无论是通过恐惧,还是通过面包和游戏。巧妙的公开进攻,不断地重组自己的力量,对她来说是唯一可持续的教育和自我教育的形式。

在她生命的最后阶段,她十分憎恨那些左派,他们知道如何利用他们所争取的还过得去的自由条件,只是为了做与所有其他政治家无异的事:资产阶级的密室政治。对罗莎·卢森堡来说,问题在于离开资产阶级政治马戏团,以一种完全公开的、可不断验证的、因此自然自己也可能受到攻击的方式,让公众认识到这个由资本主义生产方式主导的社会是敌视人类与社会的。

她对她所要求的"持不同思想者的自由"是非常认真的,她这样做不是出于浅薄的道德或愚蠢的自杀式公平的原因。她真正关心的是各方的自由,而不仅仅是——某类左派至今仍认为是不可置疑的——"革命阶级"、工人阶级的自由。作为一位自然科学家,罗莎·卢森堡也确实是一位自然科学家,她把社会理解为有机的东西,是一个活的有机体。只有在所有的斗争都公开进行的情况下,社会才能发生长远的变化;为此,每个参与者都必须有自己的自由。其他一切对她来说都显得很荒谬。

她比大多数左翼政治家更有洞察力,她认识到,是持不同思想者的自由使解放政治成为可能。她认为没有什么比任何形式的限制更能危及解放政治。用列宁主义的政治概念——后来的共产主义者喜欢用"不利的条件",特别是流行的"群众的不成熟"来为其辩护——来解放,对罗莎·卢森堡来说意味着放弃了她的政治方法。她清楚地认识到：只有通过对矛盾的斗争，"社会的其他部分"才能意识到自己受到的压迫和剥削，从而摆脱对自己头脑的支配。

她深信，一切人为的东西，一切"自上而下"创造的条件，要么导致恐怖统治——因为以这种方式创造的条件只能用压迫和最终的恐怖来维持，要么这些条件就不可行。她对这两种情况都表示非常遗憾。罗莎·卢森堡坚持进行持久的变革：

"社会主义的社会制度只应当而且只能是一个历史产物，它是在它自己的经验的学校中，在它得到实现的那一时刻，从活的历史的发展中产生的；历史归根到底是有机自然界的一个部分，它同有机自然界完全一样，有一个好习惯，总是在产生实际的社会需要的同时也产生满足这一需要的手段，在提出任务的同时也提出解决的办法。但是既然如此，那么社会主义显然就其**本性**来说就是不能钦定的，不能通过敕令来引进的了。它需要一系列针对财产等等的强制措施作为前提。消极的东西，即废除，是可以用命令实行的，积极的东西，即建设，却**不行**。这是处女地。问题上千。只有经验才能纠正错误并且开辟新的道路。只有不受拘束的汹涌澎湃的生活才使人想出成千的新形式、即兴而来的主意，保持**创造力**，自己纠正一切失误。自由受到了限制，国家的公共生活就是枯燥的、贫乏的、公式化的、没有成效的，这正是因为它通过取消民主而堵塞了一切精神财富和进步的生动活泼的泉源。"①

保尔·列维在 1922 年总结了这一点,适用于罗莎·卢森堡对革命的理解——并反对列宁和托洛茨基的革命实践。

"她知道如何把斗争当作斗争,把战争当作战争,把内战当作内战来进行。但她只能把内战想象成力量的自由发挥,在内战中,即使是资产阶级也不会被警察措施驱逐到地窖里,因为群众只有在公开斗争中才能成长,才能意识到他们斗争的伟大和严重性。她不希望通过无聊的恐怖主义、通过单调的绞杀任务来消灭资产阶级,就像猎人不希望消灭其林中的野兽一样。在与野兽的搏斗中,其他动物会变得更强大。对她来说,她也乐见的资产阶级的毁灭,是革命所标志的社会结构调整的**结果**。"②

通过充分的公共行动、攻击、抵御和学习来实现自我赋权,是她的政治理念,据此她认为从倒退中学习是最值得的。当然,前提是不能掩盖倒退,因为掩盖自己的弱点和错误会导致自我减权。教育对罗莎·卢森堡来说也是非常重要的——尤其是她和弗兰茨·梅林一起组建了社会民主党的党校,并在那里任教——她不认为这是一种"灌输"缺失的"意识"的手段,也就是把某些东西强加给别人。她把她提供的教育活动理

---

① 《卢森堡文选》下卷,人民出版社 1990 年版,第 501—502 页。
② Levi 1990: 224.

解为对自我帮助的帮助。

出于这个原因,她赋予党的功能也与老德国社会民主党和俄国布尔什维克不同。对前者来说,党日趋变异为一个选举协会,要赢得尽可能多的议会席位,而且在1907年选举失败后,准备对德国的沙文主义和军国主义作出越来越多的让步,而对后者来说,党是一台机器,要用它在革命中夺取权力,消除过去历史的所有罪恶。最后,他们取得的成功越多,他们与他们所代表的阶级的关系就越具有工具性和监护性。对罗莎·卢森堡来说,这两种变体都是一种恐怖。党应该向工人阶级提出建议,把决定权留给他们——即使冒着被拒绝的风险,在任何情况下都必须接受,甚至在革命成功之后也是如此。

列宁不能原谅她的这种"背离",但同时也强调了她的伟大之处。在她去世多年后,他在与保尔·列维的争论中写道:

"罗莎·卢森堡在波兰独立的问题上犯过错误,在1903年对孟什维主义的评价上犯过错误,在资本积累的理论上犯过错误,在1914年7月犯过同普列汉诺夫、王德威尔得、考茨基等一起主张布尔什维克和孟什维克联合的错误,1918年在监狱里所写的著作中也犯有错误(不过她已在1918年底1919年初即出狱以后纠正了自己的很大一部分错误)。虽然犯了这些错误,但她始终是一只鹰,不仅永远值得全世界的共产党人怀念,而且她的生平和她的全部著作(德国共产党人延缓她的全集的出版太久了,他们在艰苦斗争中遭到空前惨重的牺牲也只能使他们在某种程度情有可原）对教育全世界好几代共产党人来说都将是极其有益的。"①

作为社会革命的支持者，她关注的问题是革命问题。正是在这一点上，时至今日都有人在诋毁她。一个特别阴险的说法是，罗莎·卢森堡主张恐怖。[20]但其实恰恰相反：

"在资产阶级革命中，流血、恐怖、政治谋杀是崛起阶级手中不可缺少的武器。无产阶级革命不需要恐怖来实现其目标；它讨厌并憎恨对人的谋杀。它不需要这些斗争手段，因为它打击的不是个人，而是机构，因为它不会带着天真的幻想上场，而这些幻想的失望将使它不得不血债血偿。这不是少数人以武力将世界塑造成其理想的绝望尝试，而是广大人民群众的行动……"②

卢森堡也清楚地知道她不想要的第二件事：任何形式的布朗基主义。路易·奥古斯特·布朗基（Louis Auguste Blanqui，1805—1881）一生中大部分时间都在监狱中度过，他提出了建立一个组织严密的秘密社团的想法，该社团将通过政变夺取政权，然后实施社会主义。1904年，罗莎·卢森堡首次指责了列宁和布尔什维克的这种意图。列宁的"新型政党"，即由职业革命家组成的布尔什维克党，与其说是工人党，不如说是布朗

---

① 《列宁全集》第42卷，人民出版社2017年版，第464—465页。
② GW 4/445.

基主义者，如果党认为政治上合适，就不会关心工人的利益。在这一点上，罗莎·卢森堡被证明是正确的，其程度甚至是她所无法想象的。因为与理论上的假设相反，人数少的布尔什维克在夺取政权后，并不太依靠工人及其运动，而是依靠革命的和农民的军事运动。在托洛茨基的倡议下，布尔什维克建立了一支专门为自身服务的新的军事力量——红军，从而使自己有了社会和权力政治的基础。即使在1938年整个指挥集团被消灭之后，这支军队与斯大林的党和国家机器以及政治警察一起，直到1991年——作为一个新的阶层——仍然是苏联政治统治的决定性社会基础。

列宁对革命的理解有一些机械性的成分：有了一个战斗的政党，在革命形势下，就要在社会中最容易改变的地方取得突破。这个地方就是政权，它将被夺取，随后永远不会再被放弃。然后，在政权的帮助下，社会将从上层开始转变，首先是所有制关系。这个在理论上被温柔的神圣光芒所包围的东西，在实践中却没有产生什么神圣的东西：现实存在的社会主义。它经历了三个阶段：1927—1928年之前的革命阶段，1953年之前的威权阶段，以及1989—1991年之前的缓慢瓦解的官僚独裁阶段。最后，它像一棵空心树一样倒下了。

对罗莎·卢森堡来说，可以通过"革命的现实政治"——利用一切手段，也利用改良——来完成这一过渡是确定无疑的，同时，她认为暴力革命即使不一定可取，至少也是非常可能的。然而，她避免事先说明自己打算在革命中如何行事。这是与列宁的最大区别，他清楚地知道自己想要什么：在第一个有利的机会夺取政权，而且是全部政权——然后看看会发生什么。

还有第二个分歧——在组织上脱离社会民主党的问题上。布尔什维克将组织问题视为所有革命实践的起点，并据此行事，而罗莎·卢森堡却从1905—1907年的俄国革命中得出了相反的结论。她认为，左派应该尽可能长时间地留在社会民主党这个大党中，从而接近工人阶级。否则，就有落入宗派的危险。

为此，她坚决拒绝离开社会民主党，尽管社会民主党帝国国会党团对战争拨款投了赞成票。她确实与弗兰茨·梅林组建了"国际派"，不久又被称为"斯巴达克派"，但这是在社会民主党内进行的。1917年，社会民主党因战争与和平问题而分裂，罗莎·卢森堡和她的朋友们不太情愿地、在政治上继续保持独立地加入了"德国独立社会民主党"。她认为拥有自己的党是有害的。她认为，如果发生革命，群众的运动——如1905年俄国的苏维埃——会产生适当的组织形式。

即使在德国爆发革命之后，罗莎·卢森堡也没有放弃不愿意建立自己的党的想法，直到出现了不可避免的危险：布尔什维克准备在不来梅、汉堡和德累斯顿的左翼激进派的帮助下建立自己的德国共产党。这一点在1921年由莱奥·约吉希斯和罗莎·卢森堡的亲密知己、斯巴达克派的经济专家保尔·朗格证实。他写道："如果战后斯巴达克派与德国列宁主义者在组织上的合并是通过成立共产党来实现的，那么这与其说是符合罗莎·卢森堡和莱奥·约吉希斯的内心愿望，不如说是为了避免看到除了斯巴达克派之外,又出现一个新党。"①

俄国的革命——一种替代战略

1905—1906年革命后,俄罗斯帝国内部的左派的分歧之一,是一场新革命应当有什么特征的问题。1905年的革命甚至没有诞生"一部微不足道的宪法",而罗莎·卢森堡在那场革命爆发时至少认为这是可能的②,之后的革命只是一个时间问题——有些人渴望,有些人害怕。

在尤利乌斯·马尔托夫(Julius Martow)的领导下,孟什维克虽然在世界观上绝非统一,但采取了最"马克思主义"的方法。他们认为,由于资本主义工业生产和无产阶级在广袤的俄国只落户于几个地区——波兰和拉脱维亚的工业城市,以及彼得堡、莫斯科、巴库、高加索和乌拉尔的一些地区,以及顿巴斯——所以议程不是社会主义,而是改造一个大部分仍处于半亚细亚式封建野蛮状态的不成熟社会:通过由自由资产阶级领导的资产阶级革命。由于革命的资产阶级性质,俄国的社会民主党,无论如何都是从西欧的社会民主主义运动中引进的,而不是俄国独立的无产阶级运动的政治表现,只能充当自由主义者的马镫,最多只能充当年轻副手,但在任何情况下,它都不能自己领军。

另一方面,列宁和在世界观上几乎与孟什维克同样不统一

---

① Lange 2017: 47.
② GW 1.2: 479.

的布尔什维克认为，革命舞台上出现的"自由主义英雄"——就像法国的1789年后那样——是一种过时的幻觉：法国和中欧的1848—1849年革命已经表明，自由主义者害怕被追赶他们的无产阶级推上墙头，这使得他们对任何起义的厌恶是压倒性的，在有疑问的情况下，会使他们把自己的利益放在一边。这就是为什么列宁主张获得无产阶级领导权，在这一点上，他不仅遇到了喜欢在对立阵营之间进行调停、经常被夹在各方中间的托洛茨基，而且还遇到了罗莎·卢森堡。然而，托洛茨基认为，未来的俄国革命将在其进程中具有更多的无产阶级特征，而罗莎·卢森堡在这个问题上与孟什维克保持一致。列宁，这个"反教条主义的教条主义者"（按照永远的讽刺者保尔·列维的说法），最初也认为革命具有资产阶级性质。

四个派别——孟什维克、布尔什维克、托洛茨基、罗莎·卢森堡——都没有对俄国小工业无产阶级的弱点自欺欺人。然而，他们在对待俄国大多数人口、对待小农的态度上存在分歧。孟什维克认为他们支持沙皇反动派，罗莎·卢森堡也倾向于这个观点，而列宁则怀疑他们是潜在的革命力量，这就是为什么他主张建立"无产阶级和农民的民主专政"。托洛茨基是农民的儿子，他也想与小农联合起来，但他不认为他们是革命力量，而是认为他们是"没有形状的、分散的、利益狭窄而有限的群众，没有能力协调共同行动"①。但是：无产阶级会解放农民，然后农民会服从无产阶级——就像法国的农民曾经追随

---

① Deutscher 1972：156.

第十部分 在社会民主党和布尔什维克之间

拿破仑一样,只要他保护他们不让曾经的地主贵族卷土重来。但托洛茨基继续说,一旦反革命被驱逐,俄国的农民就会转向反对执政的无产阶级,但救兵会出现——以西欧无产阶级起义的形式。这是托洛茨基的"不断革命"理论的核心,借用了19世纪50年代马克思的说法。1917年,布尔什维克确实把赌注下在西欧无产阶级上;其结果是众所周知的。

自19世纪90年代以来,罗莎·卢森堡多次警告说,要防止革命滑向少数人的独裁统治。对她来说,没有什么比赌上社会主义的道德信用更糟糕的了,因为没有这样的信用,这一思想就只能是一种宗派意识形态。此外,罗莎·卢森堡并没有像托洛茨基一样,从19世纪50年代的马克思那里想到革命,而是与恩格斯建立了联系。恩格斯在去世前的最后几年,再次转而讨论他年轻时的主题——革命;不过,这一次不是作为军人,而是作为理论家:

"以往的一切革命,结果都是某一阶级的统治被另一阶级的统治所排挤;但是,以往的一切统治阶级,对被统治的人民群众而言,都只是区区少数。这样,一个统治的少数被推翻了,另一个少数又取代它执掌政权并依照自己的利益改造国家制度。每次上台的都是一个由于经济发展状况而有能力并且负有使命进行统治的少数集团,正因为如此,并且也只是因为如此,所以在变革发生时,被统治的多数或者站在这个少数集团方面参加变革,或者安然听之任之。但是,如果撇开每一次的具体内容不谈,那么这一切革命的共同形式就在于：它们都是少数人的革命。多数人即使参加了，他们也只是自觉地或不自觉地为少数人效劳；然而，正是由于这种情形，或者甚至只是由于多数人采取消极的不反抗的态度，就造成了一种假象，好像这个少数是代表全体人民的。

在初次取得巨大的成就以后，胜利的少数照例发生分裂，其中一部分人满足于已经达到的成就，另一部分人则想继续前进，提出一些新的要求，这些要求至少有一部分是符合广大人民群众的真正的或表面的利益的。在个别场合，这些比较激进的要求也曾实现过；不过，往往只是瞬间的，较温和的一派重新占了上风，刚取得的成果又全部或部分地化为乌有；于是战败者就高呼有人叛变，或者把失败归咎于偶然。而实际上情形大多是这样：第一次胜利的成果，只有通过较激进的一派取得第二次胜利才会巩固下来；而一旦达到这一点，从而实现当前所必需的东西，激进派及其成就又从舞台上消失了。"①

罗莎·卢森堡知道：革命不会自动导致社会进步，因为每场革命的转折点都是它的热月，即不可避免的倒退。只有在这样的社会中才会爆发革命，其中能够使不同的社会和政治力量之间的利益冲突进行谈判的公民社会机制要么完全不存在，要么已经失去了以前的作用，最多只能在毫无意义的仪式中生

---

① 《马克思恩格斯全集》第29卷，第624—625页。

存。革命是历史上的例外；在革命中，被压抑的政治和社会紧张情绪被释放出来，有时几乎是爆炸性的。然而，一场革命是否成为"历史的火车头"①，只有在其结束时才能决定——而且是由以下问题决定：革命是否会倒退或甚至退到起点之前，即比革命前更加反动的条件——近代欧洲以外地区历史的例子不言自明——或者倒退是否在到达起点前就已经停止了？这一点决定了一场革命被体验和评价为胜利还是失败。

为此，罗莎·卢森堡主张革命最大限度地向左摆动，直至无产阶级专政——因为她清楚地意识到，专政将无法持续下去。在罗莎·卢森堡的理解中，这种专政的功能首先不是释放社会主义因素，而是缓冲倒退：1789年的法国革命表明，直到雅各宾专政才使法国的资产阶级的资本主义关系的解放不可逆转。直到变革的程度超越了非革命时期可能的社会变革程度时，才能震慑反对势力，使反对势力同意做出任何妥协，只要妥协可以防止革命的新突破。

如果没有政治自由——即没有言论自由、新闻自由、集会自由、结社和组织自由，简而言之：没有一个由宪政国家在政治上和法律上保障的公共空间——对罗莎·卢森堡来说，任何争取社会主义的斗争都是荒谬的。由于在俄国，自由主义已经厌倦了革命，它的职能将由无产阶级临时专政接管，目的是通过建立基于法治国家的资产阶级与资本主义的制度，争取社会主义的斗争只有在这一基础上才是可行的。

---

① 《马克思恩格斯选集》第一卷，人民出版社2012年版，第527页。

罗莎·卢森堡在分析1905—1906年革命时已经描述了这种情况：

"战斗的无产阶级当然不能对其在社会中的统治期限抱有幻想。在目前的革命结束后，在社会恢复到'正常'条件后，资产阶级的统治，无论是在工厂内还是在国家内，肯定会在第一阶段把目前革命斗争中所取得的大部分成果推到一边并消除。更重要的是，无产阶级应该对目前的条件进行最有力的突破，应该尽可能地对工厂内部和社会的条件进行革命。社会民主党越能把革命浪潮推向无产阶级的政治专政，资产阶级就越不能把社会民主党在革命后立即取得的成果扭转。"①

而在1908年，在1905—1906年的俄国革命表面上又被抛回起点后，她重申了这一观点：

"但现在担心，革命会保留其应有的'资产阶级'性质，对无产阶级来说是完全多余的任务。资产阶级性质的表现是因为无产阶级不会成功地保持自己的权力，因为它迟早会再次被反革命行动所粉碎，被资产阶级、地主、小资产阶级和广大农民所粉碎。也有可能在无产阶级本身被推翻后，共和国就会灭亡，并开始长期实行深度温和的君

---

① AR 208.

主立宪统治。这是很有可能的。但现在的阶级状况是，在俄国，即使是通往温和的君主制宪法的道路也要经过革命行动和无产阶级的共和专政。"①

罗莎·卢森堡的这一立场，自然使想"赢得"革命的布尔什维克领导人感到害怕和愤怒……

布尔什维克"赢得"革命与卢森堡噩梦成真的历程

在罗莎·卢森堡身上，革命的热情与一种——几乎可以说是无情的——清醒相结合：

> "无产阶级作为最革命的分子，有可能承担起旧秩序清算者的角色，为了防止反革命而'夺权'，为了不让本质上反动的资产阶级使革命变质。没有任何一场革命的结局不是作为一个阶级的专政，而所有的事实都表明，无产阶级现在可能成为这个清算者。诚然，社会民主党人假设无产阶级能够掌握政权是没有错的，因为如果它掌握了政权，它就会迎来它的阶级思想的统治，社会主义就会实现了。今天的力量还不足以做到这一点，因为在俄国，无产阶级，按照这个词的确切含义，恰恰是社会的少数。然而，由少数人实现社会主义是绝对不可能的，因为社会主

---

① AR 264.

义的理念本身就排除了少数人的统治。所以无产阶级在对沙皇统治取得政治胜利后，第二天就会失去对多数人的权力。具体而言，在推翻沙皇统治之后，权力将转到社会中最革命的部分，转到无产阶级手中，因为这个无产阶级将占据所有的职位，并将一直在这个职位上，直到它把权力交到合法的人手中，也就是交到新政府手中，而新政府只能由制宪者，由全体人民选出的立法机构决定。但是，鉴于在社会中构成多数的不是工人阶级，不是无产阶级，而是小资产阶级和农民，即使在制宪议会中，也不会有社会民主党人的多数，而是农民小资产阶级的民主人士。我们可以觉得这很遗憾，但我们不能改变它。"①

列宁不准备屈服于这种"失败主义"，他对倒退不屑一顾，即使这些倒退导致资产阶级议会共和国成为无产阶级自我组织和自我意识的前提；在1917—1918年，列宁把目光放在了突破和捷径上。卢森堡在我们已经分析过的《论俄国革命》一文中也没有明确考虑这个概念。

列宁和他的布尔什维克在1917年投入斗争时，对俄国革命最感兴趣的是一件事：斗争（期望产生）的作用是它将成为欧洲无产阶级和社会主义风暴的革命开端，在风暴结束时，一个建立在所有人的社会自由基础上的后资本主义社会将矗立起来。作为一场"民族"革命，俄国革命对这些世界主义者来说

---

① AR: 218.

完全不感兴趣,至少最初是这样,尤其是他们知道,在俄国不仅建立不了一个好的国家,而且完全建立不了社会主义。

列宁早就清楚,俄国无产阶级即使夺取了政权,也不可能长期维持,即使与政治上更有经验的波兰无产阶级——以利奥·约吉希斯和罗莎·卢森堡等人为代表——联手也是如此。然而,他相信他已经找到了一个摆脱困境的巧妙方法。他主张建立火与水的联盟,无产阶级与渴求土地即资本的贫农的联盟。

尽管由于缺乏成功的后续革命,俄国革命作为国际革命的开端失败了,但布尔什维克通过赢得内战完成了他们在国内的任务,但随着这一胜利,他们也将每一次激进革命中固有的社会和政治领导权之间的矛盾[①]推到了交汇点。从来没有一群社会领导者,即"主顾"(在俄国革命中直到1921年前是无产阶级),作为一个整体行使过政治领导权;要么是活跃分子团体行使这一权力,如1791—1793年的法国革命中的吉伦特派和1793—1794年的雅各宾派,以及1917—1921年的俄国革命中的布尔什维克;要么就是缺位或过弱的资产阶级被军队所"替代"。

作为"与人民在一起的雅各宾派"(列宁),布尔什维克取得了一些连他们自己最初都不相信自己能做到的成就:像1789年及以后的法国革命者一样,他们利用战争来深化革命,从而使工人的利益,但首先是农民的利益,在内战的胜利中进

---

① Kossok 2016: 46.

一步稳固。随着1920年内战的胜利，布尔什维克已经实现了这场革命所能实现的一切。因此，在1921年初，他们的热月已经成熟了。因为社会领导者——革命工人，他们当然对无产阶级专政感兴趣，但对布尔什维克的专政不感兴趣——看到了内战的胜利所确保的革命成果。因此，布尔什维克的统治似乎变得多余了，特别是随着他们的政党独裁的建立，他们单方面放弃了无产阶级的共识，其中包括通过直接选举的委员会使社会民主化，以及共同实施社会主义生产方式，作为所有人的社会自由的前提。

然而，俄国革命的倒退不是来自自由主义者或沙皇势力——他们在内战中被击溃，而是来自布尔什维克的精锐战斗力量：喀琅施塔得的水手和工人；托洛茨基曾称他们为"革命的光荣和骄傲"。但喀琅施塔得反对一党专政的起义被打败了；1921年3月，布尔什维克让他们的老近卫军流尽了自己的血。

工人的这次失败暴露了以往社会领导者的全部弱点，表明即使工人没有被政治领导权即布尔什维克击败，他们也永远不可能维持自己的社会领导权，在下一刻就会被底层的农民群众打回到无足轻重的地位中去，而革命曾使他们在四年中摆脱了这种地位。

因为随着内战的胜利，农民群众对进一步的布尔什维克统治的所有兴趣，以及在工人（以前的社会领导者）被镇压之后继续与工人联盟的兴趣都消失了。全国各地都爆发了农民起义。因此，列宁选择的出路：火与水的联盟，无产阶级与少地农民的联盟，已被证明是一个死胡同。这种联盟在反封建的突破中相当有效；但是像列宁所设想的那样用以避免革命的倒退是不合适的。

随着对以前的"主顾"的胜利，布尔什维克不仅没有得到什么，反而失去了一切。1921年春天，他们孤军奋战：原来的"主顾"，即城市的工人，先是被疏远，然后被赶走。

农民起义可以被镇压，1921年春天的布尔什维克也是这样做的，但他们很快就不得不意识到："枪杆子里面出不了政权。"① 然而，由于布尔什维克不会（也可能无法）自愿放弃政治统治，他们的胜利让他们别无选择，只能让自己为最强大的社会力量——农民服务，并邀请——尽管是徒劳的——部分国际资产阶级（之前在国内已基本消灭）投资。这是一种国家指导的市场经济，特点难以用一句话说清楚，叫作"新经济政策"（NEP）。自皮洛士以来，还没出现过比这更奇特的胜利。

因此，俄国革命经历了它的倒退，它的热月，不是一次而是两次：一次是不可避免地失败的无产阶级热月，另一次是巩固了有生命力的革命成果，即土地革命成果的热月，由革命者自己实行，因此没有杀害革命者："俄国革命的热月……与其他热月的不同之处，既不在于其内容，也不在于其效果，只在于其形式。这是一个'干燥的'热月。它在布尔什维克的怀抱和组织中安静而和平地进行着。当然它仍会立即向工人阶级亮出蛇发女妖头颅：在喀琅施塔得。但其效果与他长兄的效果相同。……1921年3月，俄国工人阶级受到双重打击。它把这个

---

① Arendt 2005：54.

阶级本身交给了农民，在农民之后又交给了敲诈者、投机者，在他们之后又交给了大资本家。同时从他们那里夺走了他们的领导人，把昨天的雅各宾派变成了今天的热月派。"①

只有安吉丽卡-巴拉巴诺夫，1919年共产国际的共同创始人和正式领导人，引以为戒，悄悄地交出了权力，回到"家"流亡。在她去世前几年，她写道，假若没有与布尔什维克决裂，那么"今天，我将作为无数反人类罪行的帮凶，作为背叛社会主义的帮凶，作为无数可耻行为的帮凶站在这里。我既没有权利也没有勇气去面对社会不公的受害者，因为我已经通过成为一名社会主义者而宣誓效忠于他们。……被迫像布尔什维克那样生活，被谄媚者包围，享受各种特权，并理应遭到布尔什维克的无数殉难者的咒骂，分担他们当着我的面所施行的暴行的责任，这将是对我的可怕的惩罚。"②

布尔什维克已经落入了弗里德里希·恩格斯在1850年描述过的"黑色乌托邦"的陷阱：

> "对于一个激进派领袖来说，最糟糕的事情，莫过于在运动还没有达到成熟的地步，还没有使他所代表的阶级具备进行统治的条件，而且也不可能去实行为维持这个阶级的统治所必须贯彻的各项措施的时候，就被迫出来掌握政权。他所能做的事，并不取决于他的意志，而……取决于历来决定阶级对立发展程度的物质生活条件、生产关系

---

① Levi 2020: 1255f.
② Balabanoff 2013: 177f.

第十部分 在社会民主党和布尔什维克之间

和交换关系的发展程度。他所应做的事,他那一派要求于他的事,也并不取决于他……;他必须恪守自己一向鼓吹的理论和要求,而这些理论和要求又并不是产生于当时社会各阶级相互对立的态势以及当时生产关系和交换关系的或多或少是偶然的状况,而是产生于他对于社会运动和政治运动的一般结果所持的或深或浅的认识。于是他就不可避免地陷入一种无法摆脱的进退维谷的境地:他所能做的事,同他迄今为止的全部行动,同他的原则以及他那一派的直接利益是互相矛盾的;而他所应做的事,则是无法办到的。总而言之,他是被迫而不代表自己那一派,不代表自己的阶级,而去代表在当时运动中进行统治的条件已经成熟的那个阶级。他不得不为运动本身的利益而维护一个异己阶级的利益,不得不以一些空话和诺言来对自己的阶级进行搪塞,声称那个异己阶级的利益就是本阶级的利益。谁要是陷入这样窘境,那就无可挽回地要遭到失败。"[1][21]

但是,不仅是镇压喀琅施塔得的无产阶级热月揭示了布尔什维克与他们想要帮助解放的阶级的关系的性质。布尔什维克的优势和劣势从一开始就体现在他们对先锋队的理解上:罗莎·卢森堡被暗杀后的第一位德国共产党领导人保尔·列维,由于拒绝投奔布尔什维克,在1921年被开除出他所领导的党,

---

[1] 《马克思恩格斯全集》第10卷,人民出版社1998年版,第551—552页。

他这样描述：

> "如果布尔什维克除了行使无产阶级专政外从未做过任何事情，他们就不会像现在这样落魄。他们还做了别的事情。他们没有对敌对阶级实行无产阶级专政，而是首先开始'领导'无产阶级，然后引导它，然后整顿它，然后教育它，然后操练它，然后指挥它，然后殴打它，然后折磨它，然后以'专政'的名义恐吓它。在这种完全错误的关于'党的作用'、关于党内中央委员会的全能性、关于几个大人物的神一样的性质的理论中：在这种理论中包含了现在俄国发生的事情的开始和结束。不是社会主义……在俄国破产了，而是一个学派在俄国破产了。……无产阶级是一个庞大而强大的机构，其力量比任何其他阶级都要强大。强壮的身体为了统治所需要的东西，即权力意志，没有人可以给它，它必须从一千多个细胞和小细胞的千变万化中为自己创造，每个细胞都有自己的生命。这就是工人阶级内部和党内**民主的**意义，以这种方式形成这种意志。"①

对于新的社会领导者——农民和重新崛起的资产阶级来说，布尔什维克完全不是理想的伙伴。在社会和政治领导者之间存在着不折不扣的对立关系——这是一个临时的联盟，只能

---

① Levi 2016: 1157.

在布尔什维克看起来不会被赶下台的时候可以保持。布尔什维克深知这一点,一直生活在对另一场热月的恐惧中,只知道一个帮助自己的秘方。他们使暴力成为永久性的:"特殊的社会状况成为'常态'。暴力不仅成为新社会的'助产士'[马克思],而且仍然是其决定性的支柱。"①

布尔什维克当然知道,光靠暴力是很难做到的;拿破仑是第一个宣布这一点的人,用刺刀可以做很多事情,除了一个:坐在上面。这就是为什么在从下层(通过粉碎喀琅施塔得热月)和通过他们自己的热月(通过改用新经济政策)结束革命后,布尔什维克转而在"阶级之上"跳舞,继续作为波拿巴主义者进行统治。

我们只能猜测,如果斯大林和他的团队在1928年没有断绝这一发展,事情会如何继续下去。安吉里卡·巴拉巴诺夫(Angelica Balabanoff)指出,对于接下来的事情,斯大林不需要创造任何东西。

斯大林的强项在于认识到正在逼近的危险,并在它们仍然可控的阶段与之斗争。1927年,农民第一次拒绝向国家出售粮食,宣布布尔什维克的波拿巴主义时期即将结束。因此,现在又到了改变社会领导权的时候了——是时候进行当时被人们亲切地称为"第二次革命"的"斯大林革命"了。

革命的结果是混合经济:在集体化的标志下,国家的奴隶制在劳改营中被过度扩大,特别是在采掘业。只要农民没有饿

---

① Kossok 2016:45.

死或被谋杀——最近的统计表明有一千多万人死亡——他们就被迫进入第二个农奴制,与之相比,普鲁士的第二个农奴制简直是仁爱的化身。那些没有被处决的人,或者没有在国家奴隶制或农奴制的环境中苦苦挣扎的人,以及没有死于饥饿的人,如果被允许从事雇佣劳动,可以认为自己是幸运的,当然绝不是作为一个双重自由的雇佣劳动者。与许多新城镇的建设者在最初几年不得不为自己挖掘的泥屋相比,传统工业区的公共公寓几乎是一种特权。1921年后又开始形成的本地资产阶级,被以类似于农民的方式处理。由此释放的资金被用于重工业。

在"现实存在的社会主义"中的"工农国家",社会所呈现的形态对西方双重自由的雇佣工人来说不一定是有吸引力的选择,他们在受利润原则支配的社会中受到剥削。在这个意义上,斯大林成为西方的最佳人选。

新的社会领导权与政治领导权不谋而合;布尔什维克产生了自己的阶级:南斯拉夫共产党人米洛万·吉拉斯(Milovan Djilas)称之为"新阶级"。① 他们坐在权力的杠杆上:供职于国家、经济、行政、军队、政治警察……布尔什维克色彩的社会主义并不意味着从所有的剥削和压迫中解放出来,并不意味着集体团结奋斗——这原本是社会主义的含义——而是向有意愿的人提供社会崛起的机会。

这个"新阶级"即使在1932—1933年"成功的集体化"之后有数百万人饿死的情况下,仍然享受着它的胜利。因为

---

① Djilas 1958.

第十部分 在社会民主党和布尔什维克之间

"新阶级"意味着特权阶层的口粮（pajok），意味着生存——至少目前在"新阶级"的帮助下，社会被征服，从而结束了危险的波拿巴主义阶段。1927—1928年，没有产生资本主义生产方式的要素和资产阶级社会的要素，没有加强法律保障，而是国家摆脱了束缚。在"工农政权"的名义下，建立了一个基于恐怖的政权，这个政权试图实现一个"无阶级"的社会，在这样做的时候，即使是"新阶级"也绝不放过，有时甚至宁可摧毁它。在"一国社会主义"的口号下，形成了一种统治体系，试图在一场不宣而战的战争中建立一个平等主义的社会，建立一个无法进行任何形式的抵抗的社会。

在奴役了新经济时代的暴发户和农民之后，轮到了革命的近卫军，最后轮到了所有不能掩盖个性的人。所有的社会关系，只要是基于信任的，都被蓄意破坏。出现的是一个平等的社会，尽管是在束缚中的平等，在恐惧中的平等，在没有联系中的平等——最终是一个缺乏公民社会标志的非社会。新一代人，"未被生活污染"，应当是可用于一切事务的"新人"；"老人们"不值得可惜。这里掌权的是一个措施国家——不受任何约束。

斯大林的领导层试图超越现代社会的运作方式，即其法律——办法是使法律失效。从阶级存在和阶级统治中解放出来并没有像卡尔·马克思、罗莎·卢森堡以及在某种程度上列宁所设想的那样发生。在这里，社会被上层和下层所取代，也许更确切地是，被一个内部和外部所取代，个人可以在两者之间被任意抛来抛去：今天是警卫，明天是奴隶；今天是奴隶，明天是将军；昨天是政治警察头子，明天是酷刑受害者。角色是可以互换的，而且确实被互换了。

无阶级性并不是由于伟大的阶级斗争而出现的，而是由于无所不在的警察国家的活动，这个警察国家作为"统治阶级的主要工具"，"创造"了一个所谓的社会主义社会。这个社会必须被"创造"出来，因为社会主义社会在现有条件下无法发展。布尔什维克国家为自己创造了一个基础，而不是基础创造了它的国家。

这个国家的到来甚至比罗莎·卢森堡在1918年所担心的还要可怕：

"绝对公开的监督是必不可少的。否则交换经验就只限于新政府的官员的排他的圈子之内。腐化不可避免。……社会主义的实践要求在几个世纪以来资产阶级的阶级统治下已经退化的群众在精神上彻底转变。社会本能代替自私本能；群众首创性代替惰性；把一切苦难置于度外的理想主义，等等，等等。对于这一点，没有人比列宁知道得更清楚，描绘得更透彻，也没有人曾像他那样坚持不懈地反复强调，只不过他采取的手段完全错了。命令，工厂监工的独裁暴力，严酷的处罚，恐怖统治，这一切都是治标的办法。达到再生的唯一途径：公共生活本身的学校，不受限制的、最广泛的民主，公共舆论。恐怖统治恰恰是败坏道德的。

如果这一切都取消了，现实中还剩下什么呢？列宁和托洛茨基用苏维埃代替了根据普选产生的代议机构,认为苏维埃是劳动群众唯一真正的代表。但是随着政治生活在全国受到压制,苏维埃的生活也一定会日益陷于瘫痪。没有普选,没有不受限制的出版和集会自由,没有自由的意见交锋,任何公共机构的生命就要逐渐灭绝,就成为没有灵魂的生活,只有官僚仍是其中唯一的活动因素。公共生活逐渐沉寂,几十个具有无穷无尽的精力和无边无际的理想主义的党的领导人指挥着和统治着,在他们中间实际上是十几个杰出人物在领导,还有一批工人中的精华不时被召集来开会,聆听领袖的演说并为之鼓掌,一致同意提出来的决议,由此可见,这根本是一种小集团统治——这固然是一种专政,但不是无产阶级专政,而是一小撮政治家的专政,就是说,纯粹资产阶级意义上的专政,雅各宾派统治意义上的专政……不仅如此,这种情况一定会引起公共生活的野蛮化:暗杀,枪决人质等等。这是一条极其强大的客观的规律,任何党派都摆脱不了它。"[①]

[①] 《卢森堡文选》下卷,人民出版社1990年版,第502—504页。

第十一部分　十一月革命——
在通往新起点的道路上

"社会主义社会的本质在于大多数劳动群众不再是被统治的群众,而是自己的全部政治和经济生活的主人,并且在有意识的,自由的自决中领导着这全部生活。"①

作为日常任务的社会主义

1913年,罗莎·卢森堡号召美因河畔法兰克福附近博肯海姆的士兵在发生战争时拒绝服从,并因此被判处了一年徒刑。自1915年初起,她不得不在柏林巴尼姆大街的女子监狱服刑。在那之后,她只获得了短暂的自由。到十一月革命爆发前,她曾被关押在波森附近的弗龙克要塞,还曾在布雷斯劳被"保护性羁押"。卡尔·李卜克内西在1918年10月23日从监狱获释后重新建立起与外界失去的联系,并在11月9日之前从一次

---

① 《卢森堡文选》下卷,人民出版社1990年版,第526—527页。

第十一部分 十一月革命——在通往新起点的道路上

密谋会议匆忙赶往下一次会议,而罗莎·卢森堡——作为较少受到关注的人——直到11月8日晚上10点才被释放。47岁的她明显老了,头发几乎白了,却依然投身于革命。罗莎·卢森堡与自11月3日以来震动德国的革命事件无关。11月9日上午,她只能在布雷斯劳的集市广场上简短地讲话。她在布雷斯劳百年大厅①当着6000名听众发表演讲的计划被当地的社会民主党组织阻止。与此同时,柏林宣布成立共和国,而德皇这位最高军阀变成了德国历史上级别最高的逃兵;与协约国的停战谈判即将结束。

直到1918年9月,包括德国工人在内的大多数德国人都是军事独裁者兴登堡和鲁登道夫的支持者。1918年3月3日,在掠夺性的布列斯特-立托夫斯克条约被强加于苏俄之后,列昂·托洛茨基甚至预计德军将在1918年8月完全占领苏维埃俄国——他宁愿让德军占领也不让日本(最终是英法)占领,理由是德国在革命方面比日本成熟得多。对此,罗莎·卢森堡在非法的《斯巴达克》九月版中回答他:"德国发生一次革命的希望和可能性恰恰由于德国军国主义任何一次得到加强和任何一次取得胜利而被堵死了,就这一点来说,托洛茨基的推理是根本错误的。"② 在这种情况下,任何为革命做的准备都显得幼稚;也没有人想过要准备一场革命。7月底,德国领导人拒绝了协约国提出的达成和解的和平条约的提议。(如果他们接受了这个提议,20世纪就会不同了。)

---

① 今天的"弗罗茨瓦夫百年厅(Hala Ludowa)"。
② 《卢森堡文选》下卷,人民出版社1990年版,第512页。

1918年8月和9月，经过四年的战争，随着美军在法国的部署，德国显然已经输掉了战争。奥地利的军队崩溃了。西方盟军开始对所谓的兴登堡防线发动重大攻势，并于9月27日攻破。现在，埃里希·鲁登道夫（Erich Ludendorff）敦促皇帝将政府制度议会化，并将社会民主党纳入政府，目的是将失败的责任转移到这个议会政府身上——这一由统治经验证明的战略性举措获得完全成功。军事上的失败迫使军事独裁者兴登堡和鲁登道夫辞职，德皇同意向一个议会支持的联合政府过渡。1918年10月4日，马克斯·冯·巴登（Max von Baden）内阁在社会民主党多数派的参与下成立；帝国劳工局被社会民主党人古斯塔夫·鲍尔（Gustav Bauer）接管，菲利普·谢德曼（Philipp Scheidemann）成为无任所国务秘书。1918年11月9日，这届内阁垮台，德国封建制度的统治地位告终，从而结束了1871年封建精英和大资产阶级之间的阶级妥协，这使得双方都能够影响政治决策，尽管是在不同的程度上。

国会被告知了一个难以想象的事情：德国投降了。据报道，弗里德里希·艾伯特（Friedrich Ebert）脸色苍白，一句话也说不出来。冯·泰尔上校的日记中有这样一段话，复述了鲁登道夫的讲话："他不得不告诉我们，我们的军事形势非常严峻。我们的西部战线每天都可能被攻破……军队已经靠不住了……所以可以预见，不久的将来，在好战的美国人的帮助下，敌人会取得**巨大的胜利，非常大规模的突破**。随后，这支西线军队将失去最后的支持，完全解散，横渡莱茵河，将革命带到德国。**必须**要绝对避免这种灾难。"① 正是这种共识将德意志帝国的精英，包括社会民主党的领导层，在这个自己造成的政治军事失败的时刻凝聚在一起。卢森堡在狱中写道："这一次，历史上第一次，一个自称为社会民主主义的政党在现有阶级统治的灾难面前，扮演危难中的救星，通过虚假的改革和虚假的革新，给即将到来的民族风暴泼冷水，控制住群众。"②

但风暴完全无法被阻挡下来。皇帝被保得太久了，"虚假的改革"得以维持，战争并未停止。革命的导火索是命令海军舰队大规模攻击强大两倍的英国海军（还有美国的支持）。基尔爆发了起义。从基尔开始，起义迅速蔓延到整个帝国。11月6日，弗里德里希·艾伯特也要求皇帝退位。当时的帝国首相冯·巴登在回忆录中写道："如果德皇不退位，那么社会革命就不可避免。但我不想要社会革命，是的，我像憎恨罪恶一样憎恨它。"③ 11月9日上午，柏林工人举行游行，驻柏林的军队与他们结为兄弟。革命已经成为事实。谢德曼为社会民主党宣告了共和国——违背了艾伯特的意愿，他想坚持君主制。不久后，卡尔·李卜克内西从皇宫中宣布社会主义共和国成立。

没有人为普鲁士专制主义的崩溃做好准备。然而，有一股力量立即被证明是既能行动又愿意行动的——社会民主党的领导层，嘴边总是唱着社会主义的欢歌。1918年11月9日午餐时，他们的联合主席菲利普·谢德曼走进柏林皇宫的一扇被革

---

① 转引自 Haffner 1969：39.
② GW 4：394.
③ 转引自 Baden 2011：599f.

命掀开的窗户,宣布成立共和国,从而欺骗了他的竞争对手弗里德里希·艾伯特。艾伯特看出这是一个非自愿地送给他的机会,立即转向,抓住了主动权。艾伯特痛恨革命,但现在却站在前列,把谢德曼耍得团团转。在政治上,这几乎是天才。1919年,艾伯特成为一个违背自己意愿、他人经过斗争得到的共和国的总统。

战争期间,社会民主党领导层开始与国家机器——警察、司法部门和军队合作。在社会民主党领导层看来,这种合作"卓有成效",以至于社会民主党领导层早已悄悄地将可以追溯到马克思的旧社会民主主义要求——即要求彻底改组国家——搁置一旁。因此,在阻止了普鲁士军国主义之后,反专制革命的第二个核心计划被放弃了。[22]

无论是社会革命还是社会主义共和国——它们只存在于罗莎·卢森堡和她的朋友们的一系列要求中——在社会民主党领导层的议程上都没占有一席之地。因此,从革命的第一天起就千方百计将革命的结果限制在议会制共和国,扼杀建立苏维埃的想法,并尽可能多地挽救旧政权,这也就不奇怪了。

1918年,受过彻底的马克思主义教育的社会民主党人还没有忘记关于革命启动机制的知识。弗里德里希·艾伯特并不是唯一一个在社会民主党党校受教于罗莎·卢森堡的人。社会民主党领导层非常清楚,从政治革命到社会革命的任何深化迟早都会把它自己扫地出门。苏俄提供了相关的客观教训:自1917年以来激烈进行的俄国革命的激进主义,强调了社会民主党领导层有必要采取一贯的、同时灵活的反革命政策。很少有政治家——人们常常说他们拒绝建议——在如此短的时间内从另一位政治家的失败中学到这么多,这另一位政治家是临时政府的最后一位总理亚历山大·克伦斯基,1917年被布尔什维克流放。

虽然由于受到当局多年的持续迫害和缺乏组织,斯巴达克联盟集团从来只是一个小型的宣传团体,但它参与了柏林起义的准备工作,德国独立社会民主党的领导层相当于这场革命的"天然霸主"。但在整个革命过程中,德国独立社会民主党的领导层并没有试图为取得领导权而斗争。领导权从一开始就掌握在社会民主党领导层的手中,并一直保持到资产阶级德国适应新形势并自己提出领导权的要求。

在1918年至1920/1921年间,社会民主党领导层履行了路易·拿破仑在1848年法国革命后和俾斯麦在1862年普鲁士革命后所履行的相同职能:徘徊在互相敌对的社会团体之上,他们的政策稳定了资产阶级—资本主义的条件,直到这种状况的承载者成长为他们"应得的"统治者角色;这种政策通常被称为波拿巴主义。但路易·拿破仑和俾斯麦仍然代表了一种由腐朽的统治阶级成员执行的波拿巴主义。1918年,随着弗里德里希·艾伯特和古斯塔夫·诺斯克的出现,一个在社会上从对立势力中产生的政党,赶来向寻求方向的德国资产阶级提供帮助——类似于"现代化"的波拿巴主义。从1923年起,政府中不再需要社会民主党;以资本为基础的资产阶级现在能够管理自己的事务。

1918年,罗莎·卢森堡别无选择,只能从一开始就对革命的这种发展发出警告。然而，除了在几次会议上的发言外，她几乎无法对革命施加任何影响；罗莎·卢森堡和卡尔·李卜克内西甚至没有被允许参加第一届帝国议员代表大会（1918年12月16日至21日），该大会决定支持国民议会选举，并反对按照俄国的先例建立苏维埃政权。

此外，罗莎·卢森堡出狱后不仅十分虚弱，还有严重的胃病。她把剩下的所有力量都投入到她的报纸《红旗报》上："我们在革命的头几周里——罗莎·卢森堡则是直到12月初——都是在一个接一个的酒店房间中度过的，连能够阅读一本书的机会都没有，而我们常常放弃这样的机会。我们从上午11点到半夜12点都在编辑部和印刷厂。罗莎·卢森堡是最后一个离开印刷厂的，她常常虚弱到不得不被抬到车上。"① 1919年1月1日，德国共产党建党大会的最后一天，中午她昏倒了，并且在被抬出去后，没有再回到大会。直到1月7日，她才能够再次发表文章。分配给《红旗报》报社的是全国最少的纸张配额："上周日的出版情况：《前进报》16页，《德意志日报》16页，《柏林日报》20页，《福斯报》24页。在当周的周三，同样的报纸以同样的篇幅再次出版；总篇幅为76页。如果算上所有其他的柏林报刊，例如《每日评论》《十字报》《晨邮报》《人民报》《日耳曼尼亚志》《自由思想报》《本地万象》《柏林日报》等等，资产阶级的报纸在这几天出版了至少300页。相比之下，《红旗报》的出版篇幅为4页！没有更

---

① Levi 2017：57.

多了!"① 发行量也很低；此外，1919年1月，这张报纸还被查抄过很多次。

11月8日，罗莎·卢森堡终于收到通知，她现在自由了。但直到11月10日，她才抵达柏林，并立即接管了斯巴达克联盟的报纸《红旗报》的编辑工作。和以前一样，她的领导主要依靠信念。在她生命的最后68天里，除了大量的组织工作和大量的咨询之外，她还留下了140印刷页的文章、纲领文件和演讲。尽管在权力问题（是苏维埃还是国民议会）上的分歧十分明显，但她仍然没有与德国独立社会民主党分离。卢森堡不想与支持德国社会民主党和德国独立社会民主党的工人群众失去联系②。

1917年3月，卢森堡在狱中就已经阐述了与社会民主党相关的三项中心任务："1. 消除在党［德国社会民主党——作者注］内掌权的资产阶级帝国主义分子的统治。2. 将现今被党内该阶级统治扼杀、排挤或因此停滞不前的无产阶级社会主义分子聚集起来。3. 在组织和战术关系上彻底重组整个运动，使其适应真正的历史任务，避免在下一次历史考验中重蹈覆辙。"③ 在她1918年同样于狱中撰写的书简中，卢森堡试图弄清在预期的一场革命"风暴期"④中将会出现的情况和任务："现在是总结和算账的时候了。最重要的是，无产阶级必须自

---

① 未署名（Ungezeichnet 1918）.
② Laschitza 1996：589.
③ GW 7.2：1031.
④ GW 7.2：1036.

己算账、盘点回顾和展望。思想朝着以下三个方向转变：1. 回到过去，回答为什么的问题。2. 俄国革命后，检视他们的教训。3. 面向未来，着眼于战争所创造的新形势，以及由此产生的社会主义前景和任务。"① 这三项任务也是她出狱后确定的议程。

11月18日，当《红旗报》在被迫中断（缺少印刷厂和纸张）后能够重新出版时，卢森堡在一篇题为《开端》的文章中阐述了斯巴达克联盟为下一步所做的计划。她的主要论点是：废除君主制不过是拆毁帝国主义资产阶级统治和资产阶级统治的门面。真正的任务还在后面：

>"革命的目标指明革命的道路，任务决定方法。**把整个政权交给劳动群众掌握，交给工兵代表苏维埃掌握；捍卫革命事业，使它不受潜藏着的敌人破坏。**这就是革命政府一切措施的准绳。
>
>政府的每一个步骤、每一个行动必须像罗盘一样指向这个方向：
>
>扩大和重选地方工兵代表苏维埃……
>
>经常召开这些群众代表机构的议会，把真正的政治权力从执行委员会的小委员会手中转移到工兵代表苏维埃的更为广泛的基础上。
>
>尽快召开工人和士兵的全国议会，以把整个德国的无

---

① GW 7.2：1092.

产者组成阶级、组成坚实的政治势力，作为防卫队和突击力量支持革命事业。

立即把农村的无产者和小农……组织起来……

组建一支常备的保卫革命的无产阶级的赤卫队……

将已被接管的专制主义军事警察国家的机构，从行政、司法和军队中排除出去。

立即没收王室的动产和不动产以及大地主的土地……

立即在德国召开世界工人代表大会，以便清楚明确地指出这次革命的社会主义和国际的性质，因为德国革命的未来完全寄托于国际，寄托于无产阶级的世界革命。"①

斯巴达克联盟想要将工兵代表苏维埃作为长久的中央权力机构，并将国民议会视为一种可以使资产阶级变强大并把可能的社会主义革命直接变成资产阶级民主革命的"弯路"。② 为此，卢森堡和她的同志们也做好了忍受内战的准备："人们忧心忡忡地力图从革命排除出去的那种'内战'是避免不了的。因为内战不过是阶级斗争的别名。不用阶级斗争，经过国会多数表决就可能达到社会主义的思想，是一种可笑的小资产阶级的幻想。"③ 但这样的立场也存在于无望的少数，甚至在动员起来的工兵代表苏维埃之中。对他们来说，社会民主党和独立社会民主党仍然是工人阶级团结的象征。他们在很大程度上支持

---

① 《卢森堡文选》下卷，人民出版社1990年版，第516—517页。
② 同上，第522页。
③ 同上。

尝试妥协的政策，并希望无条件避免内战。直到弗里德里希·艾伯特领导的帝国政府明显开始对革命进行暴力解除武装时［这与1919年初柏林警察局长、左翼独立社会民主党成员埃米尔·艾希霍恩（Emil Eichhorn）被免职有关］，才出现对政府的反抗。

再说一下罗莎·卢森堡对工兵代表苏维埃的立场：当罗莎·卢森堡出狱时，这些代表苏维埃的组建工作早已全面展开。早在1905—1906年第一次俄国革命期间，她就在华沙见过工人代表苏维埃；在禁止工会和政党的俄国警察国家，这些苏维埃随着革命自发地成为具有决策和执行职能的基层民主机构，这似乎印证了罗莎·卢森堡对群众的民主能力和意愿以及创造力的假设。

1918年的德国苏维埃显然是从俄国引进的，是为了反对社会民主党和工会四年半的国内和平政策中产生的，它"在街垒的另一边"。但是社会民主党和工会几乎立即成功地将他们的官僚机构从国内和平转移到革命上。对此，库尔特·图霍尔斯基的评论是这样的："当你有一个机构时，还需要什么原则？"——此外，许多士兵渴望回家，从而使最初推动革命的士兵代表苏维埃丧失了冲击力。

但是，卢森堡和斯巴达克联盟的领导人并不准备妥协。他们拒接了德国独立社会民主党关于推迟国民议会选举并首先实施重要的激进社会化措施的建议，并构建了一个非此即彼的局面："要么希望国民议会作为欺骗无产阶级权力的手段，使其丧失阶级能量，消解他们最终的社会主义目标，要么想要将所有权力交到无产阶级手中,把已经开始的革命发展成为为社会主义社会秩序而进行的强大阶级斗争,旨在实现广大劳动人民的政治统治,实现工兵代表苏维埃的专政。支持或反对社会主义,反对或支持国民议会,没有第三条路。"① 第三条道路是否会有现实的机会,仍然没有定论。这个差异导致了危及生命的后果。[23]激进化已经发展到如此地步,以至于卢森堡在这一时期没有回到她在 1905—1906 年阐释的临时政府和制宪议会长期双重统治的概念(见第十部分)。但是卢森堡及其斯巴达克联盟的这种激进化与 1918 年底厌战群众的革命激进化并不相适应。正是在俄国发展的背景下,他们担心"一场走得太远的革命会导致新的流血、混乱和不安全"②。在 1918 年 12 月 16 日召开的第一届工兵代表苏维埃大会的 489 名代表中,289 名来自社会民主党,80 名来自独立社会民主党,只有 10 名来自斯巴达克联盟和共产国际③。[24]

国民议会的选举得到了绝大多数社会主义工人阶级的支持。即使在柏林,在独立社会民主党中组织起来的工人比在社会民主党中多的地方,社会民主党在帝国国会大会的选举中也比独立社会民主党受到了更大的支持。在柏林的独立社会民主党组织中,四分之三的多数票赞成国民议会选举,反对卢森堡提出的工兵代表苏维埃直接接管权力。④

罗莎·卢森堡是否将苏维埃视为永久可行的机构,这一点

---

① GW 4:427.
② Laschitza 1998:123.
③ Schmidt 1988:106.
④ Luban 1997:24.

无法澄清。唯一清楚的是，在第一次苏维埃大会否决了苏维埃的统治权后，罗莎·卢森堡主张参加国民议会选举，但在德国共产党的创建中，她与其他斯巴达克领导人一起沦为了少数派。他们以 62 票对 23 票被否决。① 这是刚刚成立的德国共产党的荆棘之路的开端：直到 1920 年 6 月的帝国国会选举前，该党都没有得到议会的保护；它通过国家恐怖活动失去了数千名追随者——罗莎·卢森堡和卡尔·李卜克内西只是第一批受害者。后来的巴伐利亚州州长威廉·霍格纳（Wilhelm Hoegner，社会民主党）在 1945 年这样描述道："1918—1919 年，社会民主党人艾伯特和诺斯克在帝国将军的帮助下才能够镇压斯巴达克的起义。从那时起，德国的工人阶级中出现了一条鸿沟，里面充满了鲜血。后来就再无法将其填平了……"②

纲领性的革新和共产党的成立

在 1918 年 11 月和 1919 年 12 月这忙碌的几个星期里，除了编辑《红旗报》所涉及的日常工作和无数的咨询之外，罗莎·卢森堡还为斯巴达克联盟纲领撰写了草稿，这是 1918—1919 年之交成立的德国共产党的纲领的基础。在《斯巴达克联盟想要什么？》这个标题下，可以发现她当时的纲领性战略方法的精髓。这篇文章是她最重要的政治遗产，于 12 月 14 日刊登在《红旗报》上。这里，她再次取得了成功：语言的纯熟、

---

① Weber 1993：135.
② 转引自 Ritter 1945：22.

分析的敏锐、思想的激进和希望的广阔形成了一个整体。

卢森堡的纲领草案结构清晰。第一部分是对战略形势的解读，对作为行动空间的时代的解读。第二部分总结了她对社会主义的看法，并继承了前文已经提出的立场。第三部分介绍了斯巴达克联盟所追求的最重要的目标，明确地将其与社会民主党和独立社会民主党以及布尔什维克区分开来。第四和第五部分包含了对国际主义的承诺，并表达了斯巴达克联盟的自我形象。

1. 时代的选择——社会主义或野蛮

1918年秋，许多社会主义者的共识是，四年世界大战的结束就是欧洲资本主义的终结。破坏似乎如此广泛，商业和政治统治界彻底丧失合法性，人们的愤怒和改变的意愿被长期压抑，除了彻底决裂似乎没有其他的可能。在斯巴达克联盟的纲领中，罗莎·卢森堡提出的核心论点是，资本主义会不可避免地导致野蛮。对她来说，资本主义主要不是一个经济问题，不仅仅是一个导致剥削和战争的统治体系。它首先是一种破坏文明的、与人类的文化发展不相容的制度。在短短的两页纸，10个段落中，每一句话都是浓缩的，概括了她的解释，尽语言上的全力将替代方案表述清楚：

"世界大战使社会处于二者必择其一的境地：要就是资本主义继续存在、新的战争和在混乱与无政府状态中迅速灭亡，要就是铲除资本主义剥削。

随着世界大战的结束，资产阶级的阶级统治就失去了它存在的权利。资产阶级的阶级统治不再能把社会从帝国主义的放肆破坏后遗留下来的可怕的经济崩溃中拯救出来……

在这一时刻，社会主义是人类唯一的救星。在资本主义社会正坍塌的墙上，《共产党宣言》中的话像发出火焰的预兆一样燃烧着：**不是社会主义就是在野蛮中灭亡！**"[①]

卢森堡批判资本主义的特点是，她重点关注文明的标准、人人享有有尊严和富足的生活、和平、安全、保护文化多样性以及团结的共同发展。如果看一看当时常见的马克思主义表述的背后，我们就会发现这种广阔的视角，恩斯特·布洛赫后来能够直接继承的视角。

2. 社会主义是自由的自决

随着十一月革命的爆发，社会主义革命被提上了卢森堡的议程。马克思在 1881 年给社会主义者纽文胡斯的信中写道，关于未来的浓雾已经清除。社会主义已经成为一个现实问题。卢森堡早在 1905 年的革命中就已经遇到了这个问题。在她 1906 年的《波兰王国和立陶宛社会民主党纲领解说》中，她所阐释的立场非常准确地反映了她对社会主义社会的基本理解。社会主义社会秩序的"主要基础"是明确的："我们只要知道这个制度是建立在全部生产资料归社会所有的基础之上，生产不是由每个生产者自己，而是由整个社会及其选举出来的

[①] 《卢森堡文选》下卷，人民出版社 1990 年版，第 525 页。

机构管理，这就足够了。这样我们就可得出结论说，在未来的制度下既不会有贫困，也不会有懒汉充斥，既不会有危机，也不会对明天心中无数。随着向私人剥削者出卖劳动力的情况的消除，造成今天社会不平等的根源也就消失了。"① 在她的经济学著作和讲座课中，她也一再强调社会主义作为基于公有制的秩序的特征，并着重指出了与前资本主义经济方式的联系②。只有在生产没有社会组织的情况下才需要商品和货币交换③。

12月4日，卢森堡的文章《社会的社会主义化》发表在德国共产主义青年团的前身自由社会主义青年团的报纸《青年近卫军》上。这篇文章后来还以《德国的布尔什维克主义》和《社会化》为题发表在其他报纸上。其中，她概述了社会主义改造对于年轻一代工人阶级来说最重要的任务：

"一切社会财富，在地表以及地下有宝藏的土地，所有工厂和工场，都必须从剥削者的手中夺走，作为人民的共同财产。一个真正的工人政府的首要职责，是通过一系列权力宣言将最重要的生产资料宣布为国家财产，并置于社会控制之下。随后，真正的和最困难的任务才开始：在全新的基础上搞经济建设。"④

---

① 《卢森堡文选》下卷，人民出版社1990年版，第24页。
② 参见例如 GW 7.1: 213。
③ GW 7: 494ff。
④ GW 4: 433。

卢森堡关注五个实际的挑战：第一，提高"劳动生产率"；第二，执行普遍劳动的义务；第三，节约型经济；第四，显著改善劳动条件；第五，也是最重要的，建立社会主义劳动纪律。最大的挑战是："社会主义经济的工人必须表现出，即使没有饥饿的鞭策，没有资本家和他背后的监工，他也能勤奋而有序地劳动，遵守纪律，做到最好。这包括内在的自律，思想上的成熟，道德上的严肃，还有尊严感和责任感，是无产者的整个内心重生。"①

在斯巴达克联盟纲领第二部分中，卢森堡阐述了一种对社会主义的理解，这种理解从根本上依赖于一点——从对资本主义工资的依赖中解放出来的人们的自主行动。同样有10个段落不断重新强调着来阐述这一基本思想。迷雾真的散去了：不仅要夺取政权，还要塑造新的社会主义条件，这都必须是"工人阶级自己的事业"②。她再次拿出了刚刚发表的文章《社会的社会主义化》中的思想：

"无产阶级群众必须学会从被资本家投入生产过程的死机器变成这一过程的会思考的、自由的、主动的领导人。他们必须具有公众的积极分子的责任感，而公众是全部社会财富的唯一主人。他们必须发展这种精神：没有厂主的皮鞭，却很勤劳；没有资本家的监工，却有极高的效率；没有奴役却守纪律；没有统治却有秩序。群众从公众

---

① GW 4: 436.
② 《卢森堡文选》下卷，人民出版社1990年版，第527—528页。

利益出发的最高尚的理想主义、最严格的自我约束、真正的公民感,是社会主义社会的道德基础,正如愚昧、利己主义、腐化堕落是资本主义社会的道德基础一样。"①

卢森堡并不注重等级化组织的大规模生产、完美的官僚机构,以及广泛的苏维埃制度下精心设计的民主规则。对她来说,计划和纪律、劳动意愿和绩效必然是社会主义社会的一部分。但是,这些对于将社会整体转变为人们通过自由讨论和自由决策来规范自己事务的生活环境来说仅仅是不可或缺的条件。如何实现仍是个需要回答的问题。倒不如说,这是一种呼吁:在"人民群众和他们的机关即工兵代表苏维埃之间的经常的、生气勃勃的相互作用"中,人民的活动应该"使国家充满社会主义精神"②。在这一点上,卢森堡将社会主义永久定义为一个自由王国的社会,不是没有艰苦的、必要的劳动,不是没有自律和控制,也不是没有民主的努力和对这种自由的威胁,但可以被塑造为共享自由的空间。社会主义是最适合人类的,因为它是最活泼的、最自由的成长方式——这是一个可以赋予社会主义未来的视野!

3. 革命的下一项任务

在列出具体要求之前,斯巴达克联盟纲领的第三部分以一段较长的介绍开篇。这部分有两个进攻方向。它首先明确区分

---

① 《卢森堡文选》下卷,人民出版社1990年版,第527页。
② 同上。

了暴力和恐怖的界限。卢森堡此前曾对布尔什维克使用国家组织的恐怖活动持批评态度。她还认为，斯巴达克联盟对布尔什维克这一政策的认同是对其自身效用的巨大威胁。对她来说，恐怖既不是在武装冲突中使用武力，也不是起诉那些积极反对革命合法性的人。根据社会主义政府的决议没收工厂甚至土地，在她看来是理所当然的事情。她将恐怖定义为谋杀或迫害手无寸铁的人，以此作为政治威慑的手段。她认为针对专制政权的个别领导人——例如沙皇政权或第一次世界大战中哈布斯堡王朝的代表人物——的恐怖活动是合法的，只是并不都是合适的①。25另一方面，她坚决反对迫害无辜的人，反对因异议而逮捕和枪杀他们。她本人成了社会民主主义的帝国政府和与之结盟的右翼蓄意发动的有组织恐怖活动的受害者②。

布尔什维克苏维埃政府方面负责与德国左翼接洽的卡尔·拉狄克（Karl Radek）的立场很明确："不准备实行恐怖主义的专政是一把没有刀刃的刀。"在与他的谈话中，卢森堡反对："借助恐怖主义并没有使我们屈服。怎么能用恐怖主义做赌注呢？"③对于卢森堡来说，布尔什维克专政之所以是资产阶级的，正是因为它是"一小撮人的专政"④，而这与所追求的目标完全无关，并且布尔什维克的恐怖主义在她眼中也是资产阶级的。卢森堡首先着眼于使用的政治手段：

---

① 参看 GW 1.2：276f.，521，GW 6：362，GW 7：1064。
② Jones 2017.
③ Nettl 1967：694.
④ 《卢森堡文选》下卷，人民出版社1990年版，第504页。

第十一部分 十一月革命——在通往新起点的道路上

"在资产阶级革命中,流血、恐怖、政治谋杀是各上升阶级手中不可缺少的武器。

无产阶级为了实现自己的目的不需要恐怖,无产阶级仇恨和憎恶残杀人类。它不需这种斗争手段,因为它对的不是个人,而是制度,因为它不是抱着天真的幻想登上舞台的,而幻想的破灭必然会引起血的报复。无产阶级革命不是少数人按照他们的理想使用暴力塑造世界的绝望尝试,而是负有历史使命,要把历史的必然性变成现实的广大的亿万人民群众的行动。"①[26]

罗莎·卢森堡不是"非暴力的先知",但她赞成仅在绝大多数人,至少是工人阶级表明意愿的基础上进行革命暴力。同时,她认为这是尽量减少使用暴力的条件,而不是从少数人的立场出发,为了用残暴来弥补真正的弱点而诉诸恐怖手段进行"谋杀":公开战斗中的暴力是对的,懦弱地屠杀手无寸铁的人不行。

只有在与有组织的恐怖主义划清界限之后,卢森堡的纲领性文章才强调要"用铁拳"一往无前地②粉碎所有抵抗的任务。这也延续了在第一次俄国革命中已经起到积极作用的卢森堡的路线。她对革命暴力的倾向,对内战作为一种阶级斗争形式——旧阶级作为一个阶级被压制和剥夺财产——的倾向,在她眼里,这与对人的恐怖主义是不相容的,她在这个问题上很

---

① 《卢森堡文选》下卷,人民出版社 1990 年版,第 528 页。
② 同上,第 529 页。

尖锐，在涉及人的问题上是人道的。

罗莎·卢森堡于1918年12月制定了工兵代表苏维埃领导的社会主义政府的应急方案，首先提出解除反革命的武装、建立工人民兵，以及用苏维埃的干事彻底取代帝国官员。此外，革命法庭应该审判"两个霍亨索伦、鲁登道夫、兴登堡、提尔皮茨和他们的共犯，以及所有反革命的阴谋策划者"[1]。第二，工兵代表苏维埃的权力应该是永久性的。她接受了激进民主化的建议，该建议基于巴黎公社的规则——对议员的命令性授权和常设的召回机制。每天的最长工作时间应减少到六个小时。第三步，概述下一步的经济要求，包括没收王朝的所有财产和收入，废除公共债务，征用所有大中型农业企业进行土地改革，以及将所有大型农业企业转为共和国所有。所有这一切都是为了让工人在未来自己接管生产管理。

4. 斯巴达克联盟的自我形象

在斯巴达克联盟的纲领中，卢森堡再次阐述了她对党的理解，这是最直接依据马克思和恩格斯的《共产主义宣言》所做的，并与布尔什维克划清了界限："斯巴达克联盟不是那种想凌驾在工人群众之上或通过工人群众而上台执政的党，斯巴达克联盟只是无产阶级的最有觉悟的部分，它在广大工人群众的每一个步骤中向他们指出他们的历史任务，它在革命的各个阶级代表社会主义的最终目的，在所有的民族问题方面代表无产

---

[1] GW 4: 448.

阶级世界革命的利益。"① 不久后，她谈到斯巴达克联盟必须成为革命中"指引方向的罗盘"和"推动向前的楔子"②。27

关于卢森堡及其同志们试图在革命中培养的政治力量的自我形象的讨论再次爆发——在德国共产党建党大会上。与独立社会民主党的决裂已经发生。卢森堡现在也支持。在新政党的名称问题上，她提出了"社会主义工人党"这个建议，但没有被接受。按照胡戈·埃贝莱因（Hugo Eberlein）的说法，打破社会民主党"选举协会"的传统，并变成一个"革命的战斗组织"，这是一个基本共识。核心策略问题是德国共产党是否应该参加国民议会选举。大多数代表拒绝了这一点。

在关于参加选举问题的发言中，卢森堡将"教育"群众置于核心位置："我告诉各位，正是由于群众的不成熟……反革命才成功地建立了国民议会作为反对我们的堡垒。这条道路现在就是要穿透这个堡垒。"③ 1918 年底，苏维埃更多地站在社会民主党的路线上，到了 1920 年，十一月革命中的社会民主主义力量（社会民主党和独立社会民主党）就不再占有国会的多数了。罗莎·卢森堡提出了一个完全不同的趋势。她强调，只有绝大多数人支持社会主义变革的时候，才能够夺取政权，但是主要用的不是刺刀，而是首先借助于民主："如果群众足够成熟，那么我们这些小团体、少数人就会成为统治力量，那他们就会赋予我们权力，将那些不属于庙堂的人——我们的对

---

① 《卢森堡文选》下卷，人民出版社 1990 年版，第 533 页。
② GW 4：480.
③ GW 4：483.

手、资产阶级、小资产阶级等驱逐出庙堂。"① 对于那些声明反对参加选举的人,她宣告:"您的理解是:要么是机关枪,要么是议会制。我们想要精致的激进主义,而不仅仅是这种粗糙的非此即彼。"② 在罗莎·卢森堡撰写的斯巴达克联盟纲领中,任何通过政变夺取政权的行为都在与布尔什维克的明显——即使没有明确表达出来——争端中被拒绝了。夺取权力的先决条件始终是多数工人的意愿③。

1917年和1918年革命的经验也使罗莎·卢森堡超越了革命与改革之间的对立。面对左派的软弱,她于1918年12月开始寻找其他的社会化途径,并接受了建立苏维埃的想法。即使在革命基本失败的情况下,她也不想放弃这条自我组织和自我管理的新道路,她希望这条新道路能够超越社会民主党和工会的旧有联盟:"如今,我们必须专注于工人代表苏维埃制度,组织不能通过结合旧有的形式——工会和政党——联合起来,而是要建立在一个全新的基础上。工厂苏维埃、工人代表苏维埃,甚至更高级的,一个全新的结构,与旧有的、过时的传统毫无共同之处。"④

罗莎·卢森堡提出了一种在旧社会的怀抱中创造新社会元素的新战略,而不是进行全面攻击:"我们……必须把夺取权力的问题当作这样一个问题向自己提出来:整个德国的每一个

---

① GW 4:483.
② 同上。
③ GW 4:450.
④ GW 4:487.

工兵代表苏维埃在做什么，能做什么，应当做什么？权力在那里，我们必须从下而上地挖空资产阶级国家，我们要到处都使公共权力即立法和行政不再分离，而是结合起来，交给工兵代表苏维埃掌握。"①这使得改革和革命的问题被重新提出来：社会主义变革不再仅仅被视为"判决日"，而是一个通过改变权力关系、权力和财产结构、制度革新，以及超越资本主义的改革，此时此地就可以开始的过程。②

5. 柏林的一月起义和政府的恐怖活动

斯巴达克派的战略并非旨在立即以少数派的地位夺取政权。正如参谋长格勒纳将军后来所说："李卜克内西先生和同志们庆祝圣诞节，在柏林军队人数最少的那几天里完全保持安静"③。斯巴达克派试图教育工人并组建自己的政党。但帝国政府力求快速厘清权力关系。同一位格勒纳后来写道："1919年初，我们相信自己能够在柏林采取行动和肃清。现在和以后的所有措施都是在与军队指挥部完全一致的情况下采取的，但政府和人民的领导和责任很快由被任命为帝国武装部长的诺斯克承担了，他追随艾伯特的脚步，与军官们结成了牢固的联盟。"④

1919年1月的起义并不是德国共产党领导层决定的结果，而是由普鲁士总理赫希罢免柏林警察局长埃米尔·艾希霍恩引

---

① 《卢森堡文选》下卷，人民出版社1990年版，第559页。
② 有关此概念的详细信息，请参见 Klein 2013。
③ 转引自 Ettinger 1990：290f.
④ 转引自 Laschitza 1996：617.

起的。在1919年1月23日接受社会主义报纸《阿凡提》（米兰）采访时，没有人像普鲁士内政部长（自1919年1月4日起兼任柏林警察局长）欧根·恩斯特（社会民主党）这样开诚布公地指出1月的暴动是由社会民主党领导层策划的："斯巴达克派从一开始就不可能成功，因为我们的准备迫使他们尽早出击。他们的底牌比他们希望的更早被揭开，因此我们有能力对抗他们。"①

更换艾希霍恩被视为一种挑衅。1919年1月5日，由格奥尔格·莱德堡（Georg Ledebour）② 领导的柏林独立社会民主党组织的领导层与大多数"革命头目"一起，在卡尔·李卜克内西和威廉·皮克的支持下，以德国共产党总部的名义行事——但总部并不知情，召集柏林工人走上街头。事后，由于他们无法达成任何共识，这些"革命领袖"让20万示威者单独留在冰天雪地里好几天③，历史学家海因里希·奥古斯特·温克勒（Heinrich August Winkler）评论道："柏林部分工人阶级的起义从一开始就没有领导。"④ 1月5日柏林工人的大型群众游行，以及起义也会得到广泛的军事支持的假设，激发了自身的活力。李卜克内西支持起义，利奥·约吉希斯则要求保持距离。

尽管如此，"斯巴达克起义"时至今日仍被一再提及。1919年10月2日，普鲁士州议会主席（社会民主党）罗伯

---

① Ernst 1919.
② 详细参见 Lebedour 1919。
③ Schütrumpf 2018b.
④ Winkler 1985：122.

特·莱纳特（Robert Leinert）在1919年1月柏林暴乱的调查委员会面前做陈述时，无意中透露了当时掌权者对"斯巴达克"的真正理解："斯巴达克派，按照当时的称呼，即斯巴达克联盟、独立党和多数社会主义者各有3名代表。"① 斯巴达克派是所有那些不追随弗里德里希·艾伯特和古斯塔夫·诺斯克的人，包括社会民主党成员。

既没有号召游行也没有以任何方式参与其中的罗莎·卢森堡，在《红旗报》中一再呼吁自称为"革命领袖"的人不要辜负他们对群众所负的责任。尽管在1月7日至8日晚上发生了争夺《红旗报》编辑权而做的斗争——这就是为什么该报在1919年1月8日只能作为单页的号外出版，罗莎·卢森堡拒绝在《红旗报》上发表1919年1月8日再次游行示威的呼吁。相反，她写了一篇文章，警告不要搞政变："摧毁艾伯特-谢德曼政府并不需要冲进首相官邸和驱逐……几个人。"②

罗莎·卢森堡知道，当第一次进攻的力量耗尽时，每一次革命都会不可避免地遭受挫折。在对1905—1906年俄国革命的分析中，罗莎·卢森堡——继弗里德里希·恩格斯之后——得出的结论是，革命越是从政治变革转向社会变革，这种挫折就越小。反革命一方应该受到压力，使其宁愿选择安全的妥协，也不要不确定的胜利。

这就是为什么罗莎·卢森堡打算与1918年11月11日新成立的斯巴达克联盟一起尽可能地推动革命走向社会主义，可以

---

① Schütrumpf 2018b：8029.
② 《卢森堡文选》下卷，人民出版社1990年版，第566页。

说是向反革命一方"展示手段"。但这些都是不切实际的理论；现实看起来是不同的：社会内部的力量对比阻碍了革命的任何进步。几周前还在追随像埃里希·鲁登道夫这样的军事独裁者的工人阶级，并没有在一夜之间成为社会主义的追随者。

最后，由罗莎·卢森堡（身后总是利奥·约吉希斯）、弗兰茨·梅林和卡尔·李卜克内西领导的斯巴达克派/德国共产党在这场革命中只在一个方面真正发挥了作用：作为投影面，作为幻觉中的布尔什维克替代品，使所有罗莎·卢森堡更右翼的阵营都合法化，转而反对"共同的敌人"。目的是不惜一切代价阻止革命继续朝着社会革命的方向发展；为此，柏林工人的任何挑衅都是合理的。

1919年1月12日，柏林的起义被镇压。这是一次彻底的失败，导致工人士气低落，并导致革命头目失去了权力和合法性，他们是1918年11月9日柏林革命权力更迭背后的实际推动者。一波恐怖浪潮开始了：手无寸铁的人被枪杀；德国共产党领导人成为被追捕的目标。卡尔·李卜克内西和罗莎·卢森堡于1月15日被捕，被带到伊登酒店（Eden-Hotel），然后在帕布斯特（Pabst）上尉的命令下被谋杀。

"我当时（1919年1月）参加了德国共产党的会议，卡尔·李卜克内西和罗莎·卢森堡在会上发言。在我的印象中，这两个人是革命的精神领袖，我决定把他们杀了。在我的命令下，二人被接走了。必须要做出偏离法律立场的决定……除掉这两个人的决定对我来说并不容易做……我仍然

第十一部分 十一月革命——在通往新起点的道路上

认为，从道德神学的角度来看这个决定也是完全合理的。"①

正如其中一名凶手后来承认的那样："那天晚上的事就像在喝醉之后发生的一样。我们互相残杀了四年，再多一个也无所谓。"② 1919 年 3 月 10 日，一名刑事警官谋杀了在拘留待审中的利奥·约吉希斯。他试图弄清卢森堡和李卜克内西的谋杀案。2 月 2 日，保尔·列维绝望地在卡尔·李卜克内西和罗莎·卢森堡的葬礼悼词中这样开篇："就好像大地喝不饱血液。它喝了四年的血，无穷无尽的血。"③ 罗莎·卢森堡在被捕时，随身带着歌德的《浮士德》。她一定希望等待她的只是新的监狱时光。然而，她也准备好了死"在岗位上"。她当时甚至还不到 48 岁。她对为终结资本主义、殖民主义、种族主义和战争的革命现实政策的 30 年探索仍未完成。她的敌人丧尽天良。

1919 年 1 月 14 日，她的最后一篇文章发表在《红旗报》上，并以这句话结束：

"'柏林秩序井然！'你们这些麻木不仁的刽子手！你们的'秩序'是建立在沙滩上的。明天革命就将'隆隆地再次冲天而起'，吹着军号，令你们胆战心惊地宣告：**我过去这样，现在这样，将来依然这样！**"④

---

① Pabst 1962.
② 转引自 Hannover/Hannover-Drück 1979：139.
③ Levi 1919：3.
④ 《卢森堡文选》下卷，人民出版社 1990 年版，第 579 页。

第十二部分　被轻视，被赞赏——但也不可或缺？

"没有什么比在正确的时间提出的一个想法更有力量。"

——维克多·雨果

"许多超前于时代的人都不得不在很不舒服的栖身之处等候时代赶上来。"

——斯坦尼斯拉夫·莱克

即使在她死后，对手对她这位纤小女子的恐惧也并没有消失——无论是在自己的阵营还是敌人的阵营中。1933年，纳粹去掉了由密斯·凡·德·罗（Mies van der Rohe）设计的革命纪念碑上的红星，这座纪念碑位于柏林的弗里德里希斯费尔德公墓，在罗莎·卢森堡和卡尔·李卜克内西的坟墓旁边。1935年，该纪念碑被全部拆除，坟墓遭到亵渎并被夷为平地。那些墓碑现在都在博物馆里。

罗莎·卢森堡的著作在很大程度上被遗忘了，这对大多数

第十二部分 被轻视，被赞赏——但也不可或缺？

思想家来说是很常见的事情。但对于罗莎·卢森堡的情况，还有人推波助澜。当斯大林开始"纯洁"工人运动和所有民主的社会主义思想，并以列宁的布尔什维克所采用的"民主集中制"取而代之时，罗莎·卢森堡在1931年获得了一项特别特殊的荣誉：她的作品被"歪曲丑化"了。因为斯大林想起格里戈里·季诺维也夫创造的一个构想——卢森堡主义。他在党内斗争中使用了这个结构，在20世纪30年代初期，这场斗争进入了最后阶段，消灭了旧布尔什维克主义的整个卫队：

"德国社会民主党左派，帕尔乌斯和罗莎·卢森堡是怎样对待这些争论［第一次俄国革命的战略——作者注］的呢？他们编造了一种空想的、半孟什维主义的、彻头彻尾充满了孟什维克的否认工农联盟政策的精神的不断革命方案（对马克思的革命方案的畸形的曲解），并拿这个方案来同布尔什维克的无产阶级和农民的革命民主专政的方案相对立。后来托洛茨基（马尔托夫在某种程度上）就抓住了这个半孟什维主义的不断革命方案，并且把它变成了反对列宁主义的武器。"①

这种指责更加奇特，因为罗莎·卢森堡——正如我们所看到的——除了今天再次被讨论的积累理论之外，几乎从未把她的理论观点形成一个整体，或系统地提出，而几乎总是于别人

---

① 《斯大林全集》第13卷，人民出版社1956年版，第81—82页。

观点的争论中发展她的理论立场。罗莎·卢森堡没有一幢理论大厦——自己的政治经济学、哲学、政治理论或社会心理学。

　　罗莎·卢森堡流传下来的以及使她对新兴的斯大林主义如此危险的，也根本不是任何一幢理论大厦——而是她的政治立场：她对宣传和民主的不妥协的要求，以及她对自由作为任何解放运动的基本条件的坚定不移的坚持。由于这很难被反驳，所以必须捏造一个理论大厦——斯大林的思想家在这方面确实知识渊博，一丝不苟。

　　他们在列宁和罗莎·卢森堡的著作中寻找关于各种主题的表述，过滤掉分歧，宣布罗莎·卢森堡的所有不同意见都是"错误"。最后一步工作是把这些"错误"系统化。"卢森堡主义"已经准备好了。当共产国际几乎被完全强制统一并且没有人敢于提出异议时，提出了对罗莎·卢森堡的"空想的和半孟什维主义的方案"的指控。克劳迪·波佐利（Claudio Pozzoli）在谈到卢森堡的命运时说得很对："她被谋杀了两次。而且两次都是双重谋杀：先是被反革命和社会民主党，后是被斯大林主义。不仅要清除她的肉身，还要抹去对她的记忆：她的思想必须被盖上病态的章，她的著作必须被清理，那些视她为革命象征的人被当作被社会抛弃的人，这样官僚主义剥夺工人组织的能力就变得畅通无阻了。"①

　　1925年，当时的共产国际主席格里戈里·季诺维也夫声称：

---

① Pozzoli 1974a: 13.

第十二部分 被轻视,被赞赏——但也不可或缺?

"如果不考虑许多杰出的马克思主义者的错误——他们试图努力在新时代的条件下应用马克思主义,但没有取得全部成功——就不可能正确地掌握列宁主义及其在全世界共产党建设中的实际应用。这里也包含了……罗莎·卢森堡的错误。这些政治领袖越接近列宁主义,他们的观点在不同意列宁主义的那部分,因为是错误的,所以就越是危险。今天的情况是,一些共产国际的政党……如果不克服卢森堡主义的缺点,就不可能实现真正的布尔什维克化。"[1][28]

此外,斯大林主义者只会对斯大林的对手托洛茨基花费如此多的气力,而托洛茨基也被赋予了自己的"主义":托洛茨基主义——托洛茨基的支持者后来当然将其变为正面的,将其作为他们的旗帜。托洛茨基主义被视为地狱的产物,而且"托洛茨基主义者"的污名几乎自动导致了从30年代中期开始在苏联的谋杀,但卢森堡主义被定性为"半孟什维主义"——只有专家才能轻松解读的属性。这被翻译为"软弱的托洛茨基主义",目的是摧毁罗莎·卢森堡的权威,是防止斯大林势力范围内的任何人再次援引她对民主和自由的要求。

1871年3月5日出生在波兰扎莫什奇、1919年1月15日在柏林蒂尔加滕被凶手沉入兰德韦尔运河的罗莎·卢森堡会留下什么?是否在未来留下的不仅仅是她的名字和她被谋杀的故事?她毕生事业的动力、贯穿毕生事业的矛盾、她在英年早逝

---

[1] Sinowjew 1925: 102.

之前坚决要解决的问题,今天是否仍然重要?

  罗莎·卢森堡的毕生事业继续产生影响。现在她去世已经一百年了。这种影响发生了波浪般的变化,呈现出充满希望或更阴郁的色调。但它从未停止,这是因为一方面卢森堡为克服剥削、压迫和战争做出不可抗拒的努力,另一方面她要求自己一定要过丰富自决的生活,她体现二者之间惊心动魄的关系的方式一百年来一直激励着人们。这种激励并没有减弱。尤利娅·基莱特(Julia Killet)广泛概述了克拉拉·蔡特金、卡尔·拉狄克(Karl Radek)、路易莎·考茨基(Luise Kautsky)和保罗·弗勒利希(Paul Frölich)的个人回忆。① 她还探讨了彼得·内特尔(总的来说至今仍是标准)和安娜丽丝·拉施扎(Annelies Laschitza)的重要科学传记,弗雷德·奥尔斯纳(Fred Oelßner)和赫尔穆特·希尔施(Helmut Hirsch)、雅科夫·德拉布金(Jakow Drabkin)、海因茨·诺布洛奇(Heinz Knobloch)和迪特马尔·达特(Dietmar Dath)以及约恩·许特隆普夫等人的更早的流行科学传记。值得注意的是,基莱特还研究了卢森堡的文学性散文,甚至包括电影。基莱特的书中收集了阿尔弗雷德·德布林(Alfred Döblin)、埃贡·艾尔温·基希(Egon Erwin Kisch)和海纳·米勒(Heiner Müller)、昆特·赖斯(Günter Reisch)和玛格雷特·冯·特洛塔(Margarethe von Trotta)等人的散文或电影。

  在卢森堡被谋杀后,只有少数人继续致力于她的事业。首先当然是保尔·列维;在政治上,他是罗莎·卢森堡的继承

---

① Killet 2020.

者。他试图在德国共产党和德国社会民主党之外永久建立起卢森堡的政治方法,这一尝试很早就失败了①。1921 年被共产党开除后,他转向整理卢森堡的遗产,出版了《论俄国革命》(1921—1922 年)和《国民经济学入门》(1925 年)。《入门》取材于罗莎·卢森堡在社会民主党党校的讲座课,与《资本积累论》(1913 年)一起完善了罗莎·卢森堡的政治经济学著作。就在 1922 年,卢森堡的积累理论在德国共产党党校的一门课程的指导中被称为"德国共产主义的理论基础"②。随着德国共产党的"布尔什维克化",这种对卢森堡理论著作的积极引用也结束了。

格奥尔格·卢卡奇(Georg Lukács)在 1922 年的《历史与阶级意识》中研究卢森堡的方式方法具有持续的重要性。在他看来,卢森堡和列宁是 20 世纪初重建革命马克思主义的两位历史人物。在他的著作前言中写道,"罗莎·卢森堡是唯一一位在事实性经济学和方法论经济学意义上真正延续马克思的毕生事业,并在这方面将其与当前的社会发展状况具体联系起来的马克思的学生"。卢卡奇明白:"对于从真正共产主义革命的、马克思主义的认识出发的人来说,只有对罗莎·卢森堡一生的理论创作进行批判性分析,才能达成这种认识。"③ 卢卡奇认为,卢森堡将社会再生产的**总体性**作为其积累理论的出发点,从而得以为一种革命的现实政治奠定基础。他论述的出发

---

① Bloch 1998.
② Kinner 2001:595.
③ Lukács 1968:164.

点是:"**总体性范畴的统治地位是革命原则在科学中的承载者**"①,因为只有通过这一范畴才能解释资本主义社会的历史性。卢卡奇继续说,只有这种知识才能使罗莎·卢森堡所理解的政治成为可能,这种政治以革命的方式使最终目标和每个人的实际行动相互协调。"最终目标是……**与整体**(被视为过程的社会整体)**的关系**,通过这种关系,每个单独的斗争要素才获得了自身的革命意义。"② 在收入《历史与阶级意识》的卢卡奇著作中,1921年至1922年间出现了日益背离卢森堡主张的自我赋权优先,而转向列宁式政党的倾向。卢卡奇进而得出结论:"自由(就像社会化一样)不能代表一种价值本身,**自由必须为无产阶级统治服务,而不是让无产阶级统治为它服务**。"③ 自由沦为统治的工具。卢卡奇为德国共产党的三月起义进行了激烈的辩护,而保尔·列维和克拉拉·蔡特金都将这场起义谴责为暴动主义。

第一位试图普及卢森堡政治经济学著作的是社会研究所的创始人之一、后来的苏联军事情报局特工里夏德·左尔格④。然而,唯一一位根据系统性的理论联系进一步阐述卢森堡的政治经济学著作及其战略思考的人是弗里茨·施特恩堡(Fritz Sternberg),他1926年底出版了《帝国主义》(*Der Imperialismus*)一书。弗里茨·施特恩堡是魏玛共和国最重要的非正统批判马克思主义者之一,但与格奥尔格·卢卡奇或卡尔·科尔施不

---

① Lukács 1968:199.
② Lukács 1968:196.
③ Lukács 1968:469.
④ Sorge 1922.

同，他今天仍然几乎不为人知。虽然他最初在马丁·布伯的影响下转向了犹太复国主义的社会主义，后来在法兰克福大学成为弗朗茨·奥本海默的助手，但在与奥本海默闹翻后，他从1923年起集中精力为帝国主义时代奠定马克思主义的基础。1948年成为美国公民后，他像1933年流亡前一样，直到1963年去世都主要作为自由作家在工会中工作；他从未获得过教授职位①。他曾是"魏玛时代激进青年左翼社会主义的明星"，"一代青年社会主义知识分子的关键词赋予者"②。贝托尔特·布莱希特称他为自己的"第一位老师"③。施特恩堡写道："罗莎·卢森堡在方法上发现了扩大再生产与入侵非资本主义空间之间的"联系。"我们对她这本对马克思主义的进一步发展具有划时代意义的书的立场是这样的：我们认为她对马克思图式的批判在关键点上是正确的……然而，在论证的中间环节上……罗莎·卢森堡犯了一些决定性的错误……"④ 施特恩堡虽然纠正了其中的几个错误，但就像罗莎·卢森堡本人一样，始终是沙漠中的一位孤独的呼喊者。

  从他对卢森堡积累理论的独创性重述中，施特恩堡得出的结论是，革命行动不仅可能来得太早，也可能来得太晚。这一点具有双重意义：首先，主要国家的工人阶级已经上升到一个所失去的远比锁链要多的阶段，这在革命中也尤其如此。这一

---

① 关于施特恩堡见 Grebing 2014。
② Franz Walter 的话，转引自 Grebing 2014：143f。
③ Sternberg 2014：13.
④ Sternberg 1929：19f.

点也适用于不断壮大的职员阶层。没有一个阶级可以通过革命**直接**改善它的客观状况①；其次，可能会出现一个文明衰落的过程，这一过程将变得越来越难以阻止。施特恩堡在20世纪20年代中期写道，随着可预见的新的世界大战发生，现在可能会增加一个努力"建立反帝国主义阵营"的任务，因为只有这样"才有可能在下一次帝国主义战争之后甚或战争期间，使世界革命向前迈出决定性的一步"②。施特恩堡发展出了一种马克思式的积累理论，试图恰当地评价帝国主义时代的复杂性。取代最终都指向一个方向的主导趋势的是一种矛盾的、甚至是"邪恶的"混合状态，在这种状态下，通过自我组织和反霸权斗争形成能够对抗世界大战和文明倒退与衰败的时代的各种社会力量，比以往任何时候都更为重要。他用以下的话总结了他的立场：

> "一边是帝国主义及与之相伴的各种战争；接踵而至的是社会化成熟度的下降、野蛮状态、欧美的无历史性。一边是地狱。另一边是社会主义革命，是在恶化的条件下，在最残酷的斗争中，在社会生产力必要的、长期的衰退下进行的内战。但是，如果一边是地狱，另一边则是在进行社会主义革命后出现人类历史新纪元的希望。"③

---

① Sternberg 1971: 347.
② Sternberg 1971: 361.
③ Sternberg 1929: 134.

第十二部分 被轻视，被赞赏——但也不可或缺？

除了理论创作外，卢森堡的生活也是一系列出版物的主题。致索菲·李卜克内西的感人的《狱中书简》于 1920 年由青年近卫军出版社首次出版，并一再重印。众多读者往往是通过这些书信第一次接触到罗莎·卢森堡。卢森堡去世后不久，路易莎·考茨基也为她的朋友建了一座纪念碑，这座纪念碑至今仍有影响。1923 年，她出版了卢森堡写给她和她丈夫卡尔·考茨基的书信选集①。随后，在 1928 年，一本附有非常个人化的简略传记的纪念册②出版；接下来是 1937 年出版的罕丽达·罗兰·霍尔斯特的书③。在这两本书中，密友们留下了她们对罗莎·卢森堡的印象。

第一本全面的卢森堡传记偏巧是保尔·弗勒利希撰写的，他在卢森堡生前是她最坚定的反对者之一。他曾作为不来梅左翼激进派的代表参加了 1918 年底举行的德国共产党成立大会，并长期致力于在德国工人运动中尝试推行左翼社会主义。直到 1928 年被开除出德国共产党之前，他曾负责编辑出版罗莎·卢森堡的著作。第六卷（积累理论）于 1923 年出版，第三卷（反对改良主义的文章）于 1925 年出版，第四卷（工会斗争和群众罢工）于 1928 年出版。他在巴黎流亡时写的《卢森堡传》于 1939 年出版。这本书至今仍有意义，因为人们可以从中直接感受到卢森堡对她同时代人散发的那种精神光芒。在 1948 年为新版撰写的序言中，弗勒利希写道：当卢森堡

---

① Kautsky 1923.
② Kautsky 1929.
③ Roland-Holst 1937.

"在第一次世界大战期间经历了国际的崩溃和社会主义政党向帝国主义阵营的过渡，当工人群众反复充当资本主义制度的牺牲品，穿着军装的德国无产者甚至任由自己被用来反对俄国革命时，罗莎越来越大声地反复警告：仅凭资本主义社会陷入的灾难并不能给出社会主义取代资本主义的确定性。如果工人阶级没有找到自身解放的力量，那么整个社会以及工人阶级都会在毁灭性的斗争中被吞噬。人类面临着选择：社会主义或堕入野蛮状态！"[1]

第二次世界大战后，人们过了几十年才开始真正重新接受罗莎·卢森堡的著作。阿尔弗雷德·德布林（Alfred Döblin）的小说《1918年11月。一场德国革命》的第三卷题为《卡尔和罗莎》。然而，直到20世纪70年代末，这部小说几乎完全未受关注[2]。在民主德国，弗雷德·奥尔斯纳（Fred Oelßner）的《罗莎·卢森堡简略评传》一书于1951年出版。当时，奥尔斯纳是统一社会党——民主德国的共产主义执政党——政治局成员，并被认为是该党的首席意识形态家。同时，他在党的生涯中多次因其非正统的观点而闻名。1956年后，他主张采取更强有力的改革路线，并于1958年被开除出政治局。该书受到了苏联共产党和统一社会党对卢森堡的矛盾态度的影响。著作的第一部分题为《战斗的一生》，第二部分则题为《有缺陷的体系》。该书没有描述卢森堡开放性的探索过程，而是把机

---

[1] Frölich 1990: 11.
[2] Döblin 2008.

械论的世界观、崩溃论和对自发性的崇拜、1918—1919年革命中的"孟什维克阶段论"以及拒绝"无产阶级军队征战计划"强加给卢森堡。甚至她对恐怖的拒绝也受到了批评。奥尔斯纳在写作时非常尊重卢森堡的人格,但坚决反对卢森堡的核心政治取向,认为她应对1933年之前德国共产主义运动的失败负直接责任。

"尽管罗莎·卢森堡对德国工人运动的贡献是巨大的,尽管我们对她战斗的一生充满敬意,尽管我们因为罗莎为工人事业的不懈奋斗而热爱她,但我们不能忘记:她的错误和失误也是巨大的,这些错误把德国工人阶级引向了错误的轨道。重要的是,我们不能对事实视而不见,即问题不在于个别的错误,而是整个错误观点的体系('卢森堡主义')。这些观点是德国共产党成立后失败的决定性原因之一……"①

上文提到过,20世纪20年代,人们首次尝试结集出版罗莎·卢森堡的著作。1951年,一部两卷本选集在民主德国出版,其中罗莎·卢森堡的著作前有列宁和斯大林的贬低性文章。1966年,奥西普·K. 弗莱希特海姆（Ossip K. Flechtheim）编辑出版了三卷卢森堡的政治著作。根据统一社会党政治局的决定,1970年至1975年间出版了一部五卷本的著作集,其中

---

① Oelßner 1951: 7f.

也收入了即便从"马列主义"的观点来看极具争议性的卢森堡著作《俄国社会民主党的组织问题》（1904年）和《论俄国革命》（1918年）。随后，20世纪80年代，现存书信的很大一部分被发表。试图在马列主义允许的范围内撰写一部全面的卢森堡传记并对其进行评价，是安娜丽斯·拉施扎（Annelies Laschitza）和君特·拉措恩（Günter Radczun）在1971年出版的著作《罗莎·卢森堡。她在德国工人运动中的活动》（1971年）的特点。两人都是在民主德国出版卢森堡著作和书信的推动者。即使是在2010年到2020年期间出版的《罗莎·卢森堡全集》的最新几卷（第6卷和第7卷）也还是由安娜丽斯·拉施扎负责。通过拉施扎的工作，以及霍尔格·波利特（Holger Politt）编辑出版的卢森堡用波兰语写的关于民族问题与第一次俄国革命的重要著作，才得以奠定对罗莎·卢森堡全部著作进行全面分析的基础，使人们不再仅仅关注她在德国社会民主党内活动。

波兰历史学家费利克斯·蒂希（Feliks Tych）在20世纪60年代末出版了卢森堡现存的800封写给利奥·约吉希斯的信件，为全面呈现卢森堡的著作奠定了决定性的基础。时至今日，她的一系列著作仍然没有翻译成德文或英文。但是，如果卢森堡本人真的认为"她最重要的思想工作领域在波兰"[①]，那么对她遗产的实质性部分的掌握还远未完成。她著作的德文版尚未出完，而与此同时，在彼得·胡迪斯（芝加哥）和何萍

---

① Roland-Holst 1937: 75.

(武汉)的领导下,著作的英文和中文版本已经启动,其中还包括卢森堡的波兰文、俄文和法文著作。在巴西,伊莎贝尔·卢雷罗(Isabel Loureiro)出版了三卷本的卢森堡著作。

20世纪60年代开启了对罗莎·卢森堡著作的新一轮接受,并一直持续至今。起因是传统的社会民主主义和党派共产主义战略在东西方和南北方都已失效。这引发了探寻过程,一方面指向安东尼奥·葛兰西,另一方面指向罗莎·卢森堡,他们似乎提供了理论构想的选择和战略的选择。"卢森堡的吸引力,至少在最初是相当明显的:她的政治立场超越了专制共产主义和社会民主主义之间日益尖锐的对立;强调激进民主,以克服工会和左翼政党的组织僵化;回应对参与式民主的呼吁;以及在她的著作《资本积累论》中包含的对帝国主义和殖民占领的关注。"[①]就卢森堡而言,她主要有两个理论成为广泛接受的焦点。首先,她以工人阶级自我赋权为中心的独特政治观得到了重新评价。关键始终在于她把民主理解为一种革命实践,解放的主体在这种实践中形成,并在同一过程中产生他们自己自我解放的条件。[29]其次,她的积累理论得到了系统的继承,这一理论被理解为对资本主义分析的激进延伸,并启发了女权主义、反帝国主义、生态学和聚焦护理工作的理论,并在去增长运动中也受到欢迎。

彼得·内特尔的巨著[②]成为西方传记性卢森堡研究的权威之作。他自己的捷克背景,在维也纳长大并流亡到英国的经历,使他对卢森堡直到去世前所活动的特定社会文化环境非常

---

① Albo 2016:27.
② 1967年版,1957年首次以英文出版。

敏感。在彼得·内特尔的传记之前，西欧从20世纪60年代开始出现了接受罗莎·卢森堡作品的大潮。它始于意大利最重要的左翼社会主义政治家之一莱里奥·巴索①的著作，以及吉尔伯特·巴迪亚关于德国斯巴达克派②的著作。在德意志联邦共和国，约阿希姆·希尔施（Joachim Hirsch）撰写的非常简短但至今仍值得一读的短篇传记和文选于1969年由罗沃尔特（Rowohlt）出版社出版。③十年后，出现了内特尔之后最全面的卢森堡传记。该书由吉尔伯特·巴迪亚（Gilbert Badia）撰写，标题为《罗莎·卢森堡——记者、政论家、革命者》④。遗憾的是，它还没有以英文或德文出版。安娜丽斯·拉施扎在1996年撰写了一部新的全面的卢森堡传记，吸收了最新研究成果⑤。除了已经提到的传记之外，还出现了一大批其他的传记和对卢森堡著作的阐释作品⑥以及凯特·埃文斯（Kate Evans）令人印象深刻的图文小说⑦。国有社会主义崩溃后，莱因哈特·霍斯费尔德（Reinhard Hoßfeld）为批判性的重新阅读进行了一次出色的要素"收集"。⑧

20世纪70年代，"第三世界"正在形成的新殖民主义依

---

① Basso 1969.
② Badia 1967.
③ Hirsch 1969.
④ Badia 1975.
⑤ Laschitza 1996.
⑥ Geras 1976；Drabkin 1988；Schmidt 1988；Ettinger 1990；Gallo 1993；Cheng Renqian 1994；Soden 1995；Shepardson 1996；Seidemann 1998；Hetmann 1998；Maurer 1999；Dath 2010；Piper 2018.
⑦ Evans 2015.
⑧ Hoßfeld 1993.

附体系①和新妇女运动②的马克思主义批评家又重新开始研究卢森堡的资本主义积累理论。这次接受具有战略导向。其关键在于探索伴随着南北冲突与资本积累和再生产劳动之间的冲突进行解放斗争的可能性。向新自由主义金融市场资本主义的过渡拓宽了视野。人们越来越清楚地看到，资本积累与社会再生产的整体是多么紧密地交织在一起，不断地渗透和重塑社会③，以及资本统治采取了哪些侵略性和破坏性的形式④。各种统治关系（阶级、性别和种族）之间的联系已被反复使用卢森堡的积累理论进行了分析。基于卢森堡的著作，弗里加·豪格（Frigga Haug）作出了关于"妇女政治"和卢森堡的革命现实政治概念及这一概念在理论和实证之间特殊关系的重要研究⑤。卢森堡的政治和国家观也得到了研究⑥。

罗莎·卢森堡关于彻底资本化极限的思想——伊莎贝尔·卢雷罗（Isabel Loureiro）最近关注了这一点——以另一种方式重新出现在生态学话语中："目前的'通过剥夺进行积累'的模式，除其他问题外，与不可持续的农业问题相关：扩大单一作物，使用杀虫剂，土壤退化，砍伐森林，破坏生物多样性，浪费水资源，污染水源，威胁粮食安全，提高粮食价格。"伊莎贝尔·卢雷罗认为，资本不可能永远积累。"然而，并不是

---

① 主要见 Amin 1977；Pedrosa 1979。
② 见 Mies 1986；Werlhof et al. 1988。
③ 关于卢森堡积累理论当前的接受情况，见 Albo 2016：37 - 44；Dellheim/Wolf 2016；Le Blanc 2015；Krätke 2010、2016。
④ Harvey 2003；Dörre 2009；Schmidt 2013a；Dörre 2013；Brie 2016。
⑤ Haug 2007；更全面的讨论见 Brie 2009。
⑥ Brie/Haug 2011。

因为整个世界将一度彻底资本化，这样资本主义就会像卢森堡认为的那样找到它的逻辑和历史极限，而是因为我们星球的自然极限。"①

1973年9月18日至22日，西欧第一次关于罗莎·卢森堡的学术会议在雷焦艾米利亚举行——在导致萨尔瓦多·阿连德（Salvador Allende）的社会主义政府垮台的智利军事政变几天后。组织者是莱里奥·巴索（Lelio Basso）。这次会议标志着卢森堡研究国际合作的开始。在伊藤成彦的倡议下，1980年在苏黎世成立了国际罗莎·卢森堡学会。吉尔伯特·巴迪亚（Gilbert Badia）、米夏埃尔·洛威（Michael Löwy）、伊雷娜·佩蒂（Irène Petit）、泰奥·平库斯（Theo Pinkus）、费利克斯·蒂希和克拉迪·韦尔（Cladie Weill）等人都参与了创建②。

巴索在1973年论证卢森堡的现实性时提出了一个问题，"在过去四十年中被忽视的罗莎·卢森堡的遗产是否包含有用的元素，特别是对西方的工人运动：作为马克思思想和当今世界现实之间的纽带"③。对卢森堡的接受来自对左派持续性战略危机的意识和对替代选择的寻求。近几十年来，它已成为全球性的现象。迄今为止，国际罗莎·卢森堡学会的会议已经在北京、柏林、波鸿、芝加哥、广州、汉堡、莫斯科、首尔、坦佩

---

① Loureiro 2013：121.
② Ito 2007：87.
③ 转引自 Pozzoli 1974b：7.

雷和华沙举行①。一系列的会议论文得以出版，概述了卢森堡的全球接受情况②。关注的中心点始终是罗莎·卢森堡的民主概念和她的积累理论。在巴西，对罗莎·卢森堡著作的研究与建立新的社会和政治力量的努力有关。巴西劳动党（PT）、无地者运动（MST）或团结经济运动的创始人都使用了她的著作③。随着改革开放政策的推行，中国自20世纪80年代起也开始大幅度地接受卢森堡④。近十年来，卢森堡狭义上的经济著作也再次得到了更全面的讨论⑤。彼得·胡迪斯和凯文·B.安德森（Kevin B. Anderson）这样总结了卢森堡的著作至今仍能提出的问题："通过坚持在夺取政权之后实施革命民主的必要性，她提出了一系列我们这个时代未解答的问题，例如：是否有资本主义的替代方案？有没有可能在不重复官僚主义和极权主义的恐怖的情况下，阻止全球资本不断自我扩张的动力？在一个由全球化资本主义和恐怖决定的时代，**人类能否获得自由**？此外，她作为女性领袖和理论家在一个主要由男性主导的社会主义运动中的地位……引发了对性别关系与革命等问题的新思考。"⑥

罗莎·卢森堡的名字没有像其他无数人一样在柏林被遗忘，这也多亏了她的对手：斯大林主义者。因为罗莎·卢森堡

---

① 详见 Internationale Rosa-Luxemburg-Gesellschaft 2020。
② Bergmann et al. 1995；Bergmann/Haible, 1997；Das Argument 1997；Ito et al. 2002, 2007, 2010。
③ Loureiro 2003, 2010。
④ He Ping 2010, 2013；Wang Xuedong 2010。
⑤ Schmidt 2013b；Bellofiore 2013c；Dellheim/Wolf 2016。
⑥ Hudis/Anderson 2004：7f.

的"尸体"对他们当然有利用价值；与托洛茨基不同，著作被"净化"了的女革命者罗莎·卢森堡对斯大林主义者是有用的——作为一尊沉默的偶像。这种精神分裂现象在东欧阵营一直延续到1989年——尽管有下降的趋势。民主德国对罗莎·卢森堡的新关注是斯大林死后那些谨慎的开放进程的结果，尽管在苏联和与之结盟的国有社会主义国家中这些进程遇到了种种挫折，这些国家仍然一再尝试，最终促成了苏联的改革。苏联和波兰也做出了新的尝试，以赞扬卢森堡的生平事业①。霍尔格·波利特合理地指出："当波兰工人在1980年夏天以巨大的罢工浪潮震撼全国时，他们似乎是按照卢森堡笔下的菜单行事的。她一直对工人争取公民自由权利的斗争发出自己的声音；但她可能会批评，工人们都太急于把政治领导权交到其他的追随自己利益的人手中。"② 持不同政见者们在1988年1月诉诸罗莎·卢森堡对持不同思想者自由的要求，加剧了民主德国末期的政治危机。因此，她对布尔什维克一党专政的批判在70年后获得了直接的干预性力量。

自1990年以来，每年1月的第二个星期日都举行对罗莎·卢森堡和卡尔·李卜克内西的默默纪念活动，以悼念这两位白色恐怖的受害者。在活动中，许多从四面八方赶来的人怀着对20世纪左派失败的悲痛。在1948年至1989年间被分裂的城市中，在1919年发生谋杀的地方，罗莎·卢森堡的纪念碑比任何其他名人的纪念碑都要多，但是在漫长的时间里，在从

---

① 关于1945年后波兰的接受情况，见Politt 2015a：1399–1402。
② Politt 2015a：1400.

1947 年起以她的名字命名的地方——罗莎·卢森堡广场却没有她的雕像，那里自 1914 年以来坐落着人民剧院。1951 年，在那里竖立纪念碑的第一次尝试被统一社会党领导层阻止。直到 2006 年，罗莎·卢森堡的"纪念牌"才被安置在广场上。发起者和创作者无疑根据自己对卢森堡的理解，不愿把她放在一个基座上，因为他们清楚地知道，在那里她最默默无闻。相反，他们把她的一百句话制成金属纪念牌，嵌入地面。当卢森堡在想象中看到自己的话被铸成青铜永垂不朽时，会不会爆发出那令人畏惧的笑声，我们将永远不得而知。

注 释

1. 古拉格是苏联政府的一个机构,负责管理全国的劳改营。其俄语全称为"Главное Управление Исправительно—Трудовых Лагерей и колоний",简称"ГУЛАГ",意思为"劳改营管理总局"。——译者注

2. 总的来说,彼得·魏斯的话是合适的:"意识形态的顽固、呆板而僵化的代言人总是站在反动派一边,不管他们属于哪个集团,他们虚假的坚定好战的态度不过是为了保存过时的、僵死了的思想材料。"(Gioia 1989:9)

3. 朋友路易莎·考茨基后来描述卢森堡:"她这位伟大的生活艺术家,即使在严格的监禁中也知道如何让她的生活保持尊严,是的,她是怎样在监狱的生活中获得更多的满足,甚至可以说是更大的幸福,在那些可怕的时代比我们其他人从自由生活中获得更大的幸福——在她当时的来信中得到了有力的证明。"(Kautsky 1929:43f.)

4. 卢森堡的立场无疑是在莱奥·约吉希斯的特殊影响下形成的,但后者"始终在幕后"(Nettl 1967:91)。

5. 无政府主义者、马克思的盟友和后来的反对者米哈伊

尔·巴枯宁将《宣言》翻译成了俄语，随后还开始翻译《资本论》的第一部分。然而，实质性的工作是由俄罗斯人洛帕廷和丹尼尔逊完成的。1872年，马克思的著作《资本论》在圣彼得堡出版，这是有史以来的第一个译本。

6. 当罗莎·卢森堡于1906年被监禁在华沙时，正如汉娜·阿伦特在提到彼得·奈特尔时所指出的那样，来自社民党的资金和来自她的波兰同志威胁沙皇高官所使用的暴力是让她获得自由的两个条件。个人的忠诚是无条件的。

7. 列宁在批判中认为，这是由于俄帝国的领土划分造成的，在革命后自然会改变（Lenin 1913b: 34）。

8. 这里不是恰当评价伯恩施坦的立场的地方。他持久的功绩是揭露了他那个时代马克思主义的弱点，并把反向的趋势与重要的假设加以对照。像卢森堡一样，他完全沉浸在他的时代和社会主义运动的矛盾中（Eichhorn 2001），并试图推动这些矛盾。卢森堡侧重于革命，而伯恩施坦则侧重于改良（Meyer 1982；Heimann et al. 2020）。

9. 原文为"Kladderadatsch"，《喧声报》，也是一本德语政治讽刺周刊出版于1848年至1944年。该杂志的名称源自柏林的拟声词Kladderadatsch，意思是"某物坠落并随着撞击而破裂"。该杂志的标题使这个词如此受欢迎，以至于成为一个政治标语，讽刺地——尤其是奥古斯特·倍倍尔认为——描述了资产阶级社会的崩溃。——译者注

10. 卢森堡于1913年总结道："在20年的世界和平之后，上世纪的最后10年发生了6场血腥战争，新世纪的第一个10

年发生了4场血腥革命。没有社会改革——颠覆性法案、监狱法案和监狱实验,也没有产业民主——资本在卡特尔和资本家协会中的大规模联合以及大规模裁员的国际实践。取代国家民主的新繁荣的是,资产阶级自由主义和资产阶级民主的最后残余的可悲崩溃。"(GW 3:192)

11. 1871年5月巴黎公社失败后一周内被处决的人数约为3万人,远高于雅各宾派整个"恐怖统治"期间被送上断头台的1.7万人左右,约为在雅各宾派独裁统治的13个月以及1793—1794年的内战和侵略战争期间这种"恐怖统治"的受害者的一半到三分之二。正如社会主义者威兰特给米勒兰发的电报中所说:"如果[在内阁中——作者注]有一个名字不能出现,那就是加利费,因为对我们来说,他代表了所有罪行和凡尔赛宫的整个反动派……这意味着让刽子手,让工人阶级和社会主义最可恶的敌人当战争部长——针对我们的战争。"(Jaurès 1901:111)

12. 卢森堡在给科斯佳·蔡特金的信中表达了对拉萨尔的特别推崇:"斐迪南[拉萨尔]让你着迷,我非常高兴;我也对他赞不绝口,不会有任何人或任何事让我不喜欢他。对我而言,他对工作和科学仍有启发作用;科学在他那里表现出如此活跃、天才的本质。马克思确实更有力量,更有深度,但绝不像这个人那样闪闪发光,色彩斑斓。"(GB 2:308)

13. 乌尔里希·冯·胡滕(Ulrich von Hutten,1488—1523年)是德国人文主义者、骑士和宗教改革的支持者,他在生命的最后几年中以武力反对教皇的教会及其追随者。

14. 然而,这并不令人惊讶,因为列宁政党观的基本要素是从德国社会民主党中吸收的(Plener 1998:58f.)。然而,我们的看法与乌拉·普莱纳不同,我们认为布尔什维克在民主要求和形势的现实要求之间的矛盾中,大多数决定支持非民主的集中制,来形成决策作出决定和贯彻执行。党内或社会民主的核心规则一次又一次地由于"具体形势"而被中止。后来的斯大林化甚至放弃了民主主张〔在这方面,它实际上代表了对列宁立场的"逆转"(Plener)〕,但与此同时,它继续了此前由列宁发起的实践倾向,并将其推向极端。在苏维埃俄国的内战结束后,列宁曾有力地执行了对党派的禁令。

15. 她担心被孤立,并写道:"抗议不会再改变国会党团的态度,抗议只是一个纯粹的个人集会,现在不会被任何人理解,只会表明我们在空中完全被孤立,我们是多么渺小和无力。但更重要的是对以后的影响。抗议将彻底炸毁我们自己的一翼——也就是在群众内部,我指的不是领导人——并将把后来的对抗推迟很长时间。"(Zetkin 1914)

16. 彼得·奈特尔写道:"在斯巴达克派中,就像在波兰和立陶宛王国社会民主党中一样,人们最不愿意关心组织问题:让别人来创建基础设施,这样他们就可以'征服'使徒了。这种类比甚至延伸到人事关系上:在最高层……有一群非正式合作的领导人,他们外表团结,但保留了所有个人自由和明显的个人主义知识分子的特质;在他们下面,有一群不太有特权的积极分子,他们的任务是筹集资金,分发文献,一般来说是为领导层服务——没有外部魅力。没有人比罗莎·卢森堡对这种政治环境的创造贡献更大了，在她身上，高度面向公众的活动与受到严格保护的私人生活和意见的自主性奇怪地结合在一起。"（Nettl 1967：264）

17. 里卡多·贝洛费奥雷总结说："尽管有种种局限性，卢森堡的经济分析不啻是价值理论的复兴，是以企业间动态竞争为特征的货币经济中的剥削理论。它的独创性在于将马克思的观点纳入旧的（维克塞尔、熊彼特、凯恩斯）和新的（施密特、帕盖兹、格拉齐亚尼）货币流通理论的进一步发展。恰恰是考茨基或列宁、鲍威尔或布哈林所认为的她的'错误'，现在看来使卢森堡成了剥削、积累和危机的宏观经济理论的先驱。"（Bellofiore 2010）早在 1939 年，米哈尔·卡莱茨基（Michal Kalecki）就指出，在凯恩斯之前，卢森堡对有效需求问题给出了"最清晰的表述"（Kalecki 2003：46）。

18. 她可能是从马克西姆·高尔基的一组文章中摘引了持不同思想者这个词，正如马里昂·许特隆普夫所指出的那样。这些文章发表在 1918 年 10 月的《南德意志月刊》上，也就是在卢森堡出狱前不久。这个概念为什么作为边注写在已经基本完成的手稿上也可以从中得到解释。在这些文章中，高尔基批判性地审视了布尔什维克对权力的行使。1917 年 11 月 20 日，他写道："列宁反对对新闻自由的行动与斯托雷平、普莱维［俄国第一次革命后的首相及这次革命前的内政部长——作者注］以及类似的半吊子的行动有什么不同？列宁政府不是也像罗曼诺夫［沙皇——作者注］政府那样把所有持不同思想者关进监狱吗？"（高尔基 1918：21）在俄文原文中，高尔基使用了

"несогласномыслящие"一词，后来还使用了"инакомыслящие"（Gorki 1971：113，171）。

19. 她关于1917年春至1918年秋俄国革命的每一篇文章都以越来越大的决心和绝望提出了一个问题：德国无产阶级何时才能最终履行其发动社会主义革命的历史责任。参阅《俄国的革命》《老鼹鼠》《两个复活节的消息》《时代的热点问题》《历史的责任》《避免灾难》，最后是《俄国的悲剧》（加了前面提到的恩斯特·迈耶的编者按），这篇文章的结尾说："对于俄国所卷入的悲剧，只有一个解决办法：在德国帝国主义的背后起义，德国群众起义作为结束种族屠杀的国际革命信号。拯救俄国革命的荣誉［在罗莎·卢森堡眼里，苏维埃俄国和德意志帝国在布列斯特-立托夫斯克缔结的特别和平协议使其面临危险——作者注］在这个性命攸关的时刻与拯救德国无产阶级和国际社会主义的荣誉是一致的。"（GW 4：392）

20. 在她被杀的第二天，柏林的报纸说："以血还血！李卜克内西和卢森堡造成的流血事件要求报应。它来得很快，就罗莎·卢森堡的情况而言也很残酷，但却是正义的。那名加利西亚女人被殴打致死。民众的愤怒，现在是压倒性的、畸形的，要求报复。""悲哀，现在她被放出来了！……内战在柏林肆虐，当火药桶在柏林爆炸时，嗜血的罗莎也来到了帝国，把燃烧的火把扔到这里激动的群众中。小玫瑰，小玫瑰，红色的小玫瑰：德国在燃烧。"（Schütrumpf 2018a：69）

21. 伊萨克·多伊彻（Isaac Deutscher）非常生动地描述了——然而并不能用革命理论来解释——社会领导者（俄国工

人)与政治领导者(布尔什维克)之间的对立如何变得如此不可调和,以至于布尔什维克不得不寻找一个新的社会领导者(Deutscher 1972：456—482)。

22. 纳粹党人得以——清除了一些社会民主党人的杂质——在1933年毫无干扰地接管这个机构。尽管由于《凡尔赛条约》的签订,作为国中之国的军队被大量削减,但随着沙恩霍斯特式的,反拿破仑的征兵制度的重新建立,军队变得高度灵活,这使得民族社会主义者可以迅速自1935年起重新武装:帝国国防军的每个成员都早已接受了高一级军衔的训练;此外,人们还建立了一支庞大的预备役军队。

23. 这要追溯到1905年10月奥古斯特·贝贝尔和罗莎·卢森堡之间的争论,当时前者和卡尔·考茨基一样,主张俄国社会民主党参与杜马选举,而后者(和布尔什维克一样)对此坚决反对。卢森堡在给莱奥·约吉希斯的信中说:"请注意,奥古斯特指责我(但非常友好)是极端激进主义,并喊道:'小心,当革命在德国发生时,罗莎将处于左翼,我将处于右翼!'对此,他开玩笑地补充说:'但我们会吊死她,我们不会让她搅局。'对此,我平静地回答:'您还不知道到时候谁会吊死谁。'很典型。"(GB 2：204)

24. 正如莱因哈特·吕鲁普(Reinhard Rürup)所写的那样:"很明显,工兵代表苏维埃的大多数人都支持社民党的政治路线,而少数人支持独立社会民主党的路线。他们按照德国工人运动的传统实行民主,拒绝一切独裁的倾向,不仅主张建立议会民主制,而且主张尽快召集国民议会。"(Rürup 1994

彼得·勃兰特（Peter Brandt）将苏维埃中的力量对比总结如下："在上述12月中旬举行的第一次全国苏维埃代表大会上，多数社会民主党人与独立社会民主党人的人数是三比一。只有百分之几的代表属于共产主义派别。这与此时德国工人中实际的多数比例大致相符。"（Brandt 2009）

25. 1902年，她在谈到沙俄内务大臣西皮亚金被一个革命学生谋杀时这样写道："犯罪成了对付那些想扼杀整个民族的身居高位的大规模犯罪者的最后武器；这一行为是要求自然权利的暴力、革命的呼吁，针对的是国家权威的暴政。因此，即使不赞同它，也要从政治上理解它，从人性上把握和原谅它。"（GW 6：362）著名社会民主党人弗里德里希·阿德勒1916年10月对奥匈帝国首相卡尔·施图尔格的暗杀在她眼中受到了高度认可（GW 7.2：1064）。

26. 卢森堡在1918年9月写给她最亲密的战友之一尤利安·马希莱夫斯基的信中说："例如，拉狄克的想法是'屠杀资产阶级'，或者只是这种意义上的威胁，都是极其愚蠢的表现；只是对社会主义的败坏，仅此而已。"（AR 6：209）

"罗莎·卢森堡，作为世界公民，作为'即将到来的人'的公民，维护解放了的人类的未来。归根结底，这种观点要求通过革命的'非暴力'行动来克服非人道的暴力。但她的命运是生活在这样一个时代和国家，暴力虽然已经——从长远来看——过时了，但人们和条件似乎还不成熟，无法转而采用要求如此之高的非暴力行动方法。"（Flechtheim 2013：68）

27. 针对列宁的先锋队概念，保尔·列维在后来提到罗莎·卢森堡时,把党描绘成一个民主组织,它不在无产者之上,而是拥有各种不完美的地方,是群众的一部分:"党不再是一个绝对同质的、成熟人的俱乐部,对待自己和世界都是成熟的,而是数百万无产者意志的表现,他们是历史塑造的:具有长期受压迫的特征,意志薄弱,想法往往不明确,有幻想。社会主义者不是看不到这些缺陷的人……我们社会主义者……清楚,我们是一个在思想和经济解放方面仍有工作要做的阶级的意志表现。简而言之,这些就是'卢森堡主义'与'列宁主义'的区别。"(转引自 Beradt 1969:59f.)

28. 恩斯特·台尔曼(Ernst Thälmann)也同意这个判断:"今天,在共产国际存在的地方,在社会主义在无产阶级专政的苏联实现的时候,任何革新卢森堡主义的尝试和卢森堡主义的残余,都永远不会成为通向马克思列宁主义的桥梁,而始终是向社会法西斯主义的过渡,向资产阶级意识形态的过渡。"(Thälmann 1975:440)

29. 彼得·比尔从这一角度强调:"一种坚持超越资本主义和资产阶级议会制度的社会目标的左翼政治,必须在理论上和实践上反对占主导地位的自由主义民主概念,用自己的民主概念来实现集体自决,确保未来的革命尝试不会再次以国家官僚独裁的方式结束。"(Bierl 1993:13)

参考文献

Albo, Greg (2016): Rosa Luxemburg and Contemporary Capitalism. In: Dellheim, Judith/Wolf, Frieder Otto (Hrsg.), Rosa Luxemburg: A Permanent Challenge for Political Economy. On the History and the Present of Luxemburg's „Accumulation of Capital". London, 25 – 54.

Amin, Samir (1977): Imperialism and unequal development. Hassocks.

Anton, Bernward (2018): Wolfgang Heine und die „Erfindung" der Burgfriedenspolitik. In: Schöler, Uli/Scholle, Thilo (Hrsg.), Weltkrieg. Spaltung. Revolution: Sozialdemokratie 1916 – 1922. Bonn, 73 – 85.

Arendt, Hannah (1989): Rosa Luxemburg. In: Menschen in finsteren Zeiten. München, 43 – 68.

Arendt, Hannah (1995): Elemente und Ursprünge totaler Herrschaft. München.

Arendt, Hannah (2005): Macht und Gewalt. München.

Baden, Prinz Max von (2011): Erinnerungen und Dokumente.

Hamburg.

Badia, Gilbert (1967): Le Spartakisme. Les dernières années de Rosa Luxemburg et de Karl Liebknecht 1914 – 1919. Paris.

Badia, Gilbert (1975): Rosa Luxemburg. Journaliste, polémiste, révolutionnaire. Paris.

Baier, Walter (2011): Von Nationen und „Natiönchen", historischen und „geschichtslosen" Völkern-Rosa Luxemburg, W. I. Lenin und Otto Bauer. In: Brie, Michael/Haug, Frigga (Hrsg.), Zwischen Klassenstaat und Selbstbefreiung. Zum Staatsverständnis von Rosa Luxemburg. Baden-Baden, 145 – 169.

Balabanoff, Angelica (2013): Lenin oder: Der Zweck heiligt die Mittel. Erinnerungen. Berlin.

Basso, Lelio (1969): Rosa Luxemburgs Dialektik der Revolution. Hamburg.

Beckert, Sven (2014): King Cotton. Eine Globalgeschichte des Kapitalismus. München.

Bellofiore, Ricardo (2013a): Rosa Luxemburg-Kritik der politischen Ökonomie und die politische Perspektive. In: Schmidt, Ingo (Hrsg.), Rosa Luxemburgs „Akkumulation des Kapitals". Die Aktualität von ökonomischer Theorie, Imperialismuserklärung und Klassenanalyse. Hamburg, 37 – 51.

Bellofiore, Ricardo (2013b): General Introduction. Rosa Luxemburg on Capitalist Dynamics, Distribution and Effective Demand

Crises. In: Bellofiore, Riccardo (Hrsg.), Rosa Luxemburg and the Critique of Political Economy. London, 1 – 23.

Bellofiore, Riccardo (2010): „Like a candle burning at both ends". Rosa Luxemburg and the critique of political economy. *libcom. org.*

Bellofiore, Riccardo (Hrsg.) (2013c): Rosa Luxemburg and the Critique of Political Economy. London.

Beradt, Charlotte (1969): Paul Levi: Frankfurt a. M.

Bergmann, Theodor/Haible, Wolfgang (Hrsg.) (1997): Reform-Demokratie-Revolution. Zur Aktualität von Rosa Luxemburg. Supplement der Zeitschrift „Sozialismus" 5/1997. Hamburg.

Bergmann, Theodor/Rojahn, Jürgen/Weber, Fritz (Hrsg.) (1995): Die Freiheit der Andersdenkenden. Rosa Luxemburg und das Problem der Demokratie. Hamburg.

Bernstein, Eduard (1897): Probleme des Sozialismus. Eigenes und Übersetztes von Eduard Bernstein. 1. Allgemeines über Utopismus und Eklektizismus. In: *Die Neue Zeit*, 15 (6), 164 – 171.

Bernstein, Eduard (1898): Der Kampf der Sozialdemokratie und die Revolution der Gesellschaft. 2. Die Zusammenbruchs-Theorie und die Kolonialpolitik. In: *Die Neue Zeit*, 18 (1), 548 – 557.

Bernstein, Eduard (1900a): An meine socialistischen Kritiker. Vorwort zur französischen Ausgabe des Buches: Die Voraussetzungen des Socialismus. In: *Socialistische Monatshefte*, 6 (1), 3 – 14.

Bernstein, Eduard (1900b): Der Socialismus und die Colonialfrage.

In: *Socialistische Monatshefte*, 6 (9), 549 – 562.

Bernstein, Eduard (1902): Zur jüngsten Entwicklung der französischen Sozialdemokratie. In: (4), 250 – 262.

Bernstein, Eduard (1903): Der Marx-Cultus und das Recht der Revision. In: *Socialistische Monatshefte*, VII (1), 255 – 265.

Bernstein, Eduard (1969): Die Voraussetzungen des Sozialismus und die Aufgaben der Sozialdemokratie. Reinbek bei Hamburg.

Bierl, Peter (1993): Alle Macht den Räten. Rosa Luxemburg: Rätedemokratie und Sozialismus. Köln.

Bloch, Charles (1998): Paul Levi-Ein Symbol der Tragödie des Linkssozialismus in der Weimarer Republik. In: Grab, Walter/ Schoeps, Julius H. (Hrsg.), Juden in der Weimarer Republik. Darmstadt, 244 – 262.

Bloch, Ernst (2007): Naturrecht und menschliche Würde. Frankfurt am Main.

Brandt, Peter (2009): Der historische Ort der deutschen Revolution von 1918/19. In: *Globkult*, Text abrufbar unter: https://www.globkult.de/geschichte/entwicklungen/482-der-historische-ort-der-deutschen-revolution-von-191819.

Brangsch, Lutz (2011): Das Politikverständnis von Rosa Luxemburg: Soziales Lernen und politische Macht. In: Brie, Michael/ Haug, Frigga (Hrsg.), Zwischen Klassenstaat und Selbstbefreiung. Zum Staatsverständnis von Rosa Luxemburg. Baden-Baden, 92 – 144.

Brie, Michael (Hrsg.) (2009): Radikale Realpolitik Plädoyer

für eine andere Politik. Berlin.

Brie, Michael (2011): Der Fall Millerand-Regierungsbeteiligung der Sozialisten als Testfall marxistischer Staatstheorie. In: Brie, Michael/Haug, Frigga (Hrsg.), Zwischen Klassenstaat und Selbstbefreiung. Zum Staatsverständnis von Rosa Luxemburg. Baden-Baden, 33 – 61.

Brie, Michael (2016): A Critical Reception of Accumulation of Capital. In: Dellheim, Judith/Wolf, Frieder Otto (Hrsg.), Rosa Luxemburg: A Permanent Challenge for Political Economy. On the History and the Present of Luxemburg's „Accumulation of Capital". London, 261 – 303.

Brie, Michael (2017): Lenin neu entdecken: Das hellblaue Bändchen zur Dialektik der Revolution & Metaphysik der Herrschaft. Hamburg.

Brie, Michael (2018): Rosa Luxemburg neu entdecken. Ein hellblaues Bändchen zu » Freiheit für den Feind! Demokratie und Sozialismus «. Hamburg.

Brie, Michael (2019): Marx' Research Projekt As a Future Science for Emancipatory Action: A Delineation. In: Gupta, Shaibal/Musto, Marcello/Babak, Amini (Hrsg.), Karl Marx's Life, Ideas, and Influences. A Critical Examination on the Bicentenary. Cham, 61 – 84.

Brie, Michael/Haug, Frigga (Hrsg.) (2011): Zwischen Klassenstaat und Selbstbefreiung. Zum Staatsverständnis von Rosa

Luxemburg. Baden-Baden.

Bucharin, Nikolaj I. (1969): Imperialismus und Weltwirtschaft. Frankfurt am Main.

Caysa, Volker (2017): Rosa Luxemburg-die Philosophin. Leipzig.

Cheng Renqian (1994): Liuosha Lusenbao Shengping He Sixiang. Beijing.

Cliff, Tony (1969): Studie über Rosa Luxemburg. Berlin.

Córdova, Armando (1974): Rosa Luxemburg und die Dritte Welt. In: Pozzoli, Claudio (Hrsg.), Rosa Luxemburg: oder die Bestimmung des Sozialismus. Frankfurt am Main, 65 – 93.

Das Argument (Hrsg.) (1997): Die Linie Luxemburg-Gramsci. Zur Aktualität und Historizität marxistischen Denkens. Argument Sonderband AS 159. Berlin.

Dath, Dietmar (2010): Rosa Luxemburg. Berlin.

David, Eduard (1900): Der internationale Kongress und die» Einigung« der französischen Sozialisten. In: *Socialistische Monatshefte*, (11), 703 – 709.

Dellheim, Judith (2016): From 'Accumulation of Capital' to Solidarity Based Ways of Life. In: Dellheim, Judith/Wolf, Frieder Otto (Hrsg.), Rosa Luxemburg: A Permanent Challenge for Political Economy. On the History and the Present of Luxemburg's „Accumulation of Capital". London, 305 – 338.

Dellheim, Judith/Wolf, Frieder Otto (Hrsg.) (2016): Rosa

Luxemburg: A Permanent Challenge for Political Economy. On the History and the Present of Luxemburg's „Accumulation of Capital". London.

Deppe, Frank (1997): Zur Aktualität der politischen Theorie von Luxemburg und Gramsci. In: Argument (Hrsg.), Die Linie Luxemburg-Gramsci. Zur Aktualität und Historizität marxistischen Denkens. Argument Sonderband AS 159. Berlin, 14–32.

Deutscher, Isaac (1972): Trotzki. Bd. I: Der bewaffnete Prophet 1879–1921, Stuttgart u. a. 1972. Stuttgart.

Djilas, Milovan (1958): Die neue Klasse Eine Analyse de kommunistischen Systems. München.

Döblin, Alfred (2008): November 1918, November 1918. Eine deutsche Revolution. Erzählwerk in drei Teilen. Dritter Teil: Karl und Rosa. Frankfurt/M.

Dörre, Klaus (2009): Die neue Landnahme: Dynamiken und Grenzen des Finanzmarktkapitalismus. In: Soziologie-Kapitalismus-Kritik: eine Debatte. Frankfurt am Main, 21–86.

Dörre, Klaus (2013): Landnahme und Grenzen sozialer Reproduktion. Zur gesellschaftstheoretischen Bedeutung Rosa Luxemburgs. In: Schmidt, Ingo (Hrsg.), Rosa Luxemburgs „Akkumulation des Kapitals". Die Aktualität von ökonomischer Theorie, Imperialismuserklärung und Klassenanalyse. Hamburg, 82–116.

Drabkin, Jakow S. (1988): Die Aufrechten. Karl Liebknecht, Rosa Luxemburg, Franz Mehring, Clara Zetkin. Berlin.

Dunayevskaya, Raya (1981): Rosa Luxemburg, Women's Liberation, and Marx's Philosophy of Revolution. New Jersey.

Eberlein, Hugo (2005): Erinnerungen an Rosa Luxemburg bei Kriegsausbruch. In: *Utopie kreativ*, 147 (April), 355 – 362.

Eichhorn, Wolfgang (2001): Über Eduard Bernstein und Rosa Luxemburg. In: Kinner, Klaus/Seidel, Helmut (Hrsg.), Rosa Luxemburg. Historische und aktuelle Dimensionen ihres theoretischen Werkes. Berlin, 297 – 304.

Engels, Friedrich (1850): Der deutsche Bauernkrieg. In: MEW, Bd. 7. Berlin, 327 – 413.

Engels, Friedrich (1880): Die Entwicklung des Sozialismus von der Utopie zur Wissenschaft. In: MEW, Bd. 19. Berlin, 177 – 228.

Engels, Friedrich (1882): Brief an Karl Kautsky vom 7. Februar 1882. In: MEW, Bd. 35. Berlin, 269 – 273.

Engels, Friedrich (1886): Vorwort zur englischen Ausgabe [von „Das Kapital", Erster Band]. In: MEW, Bd. 23. Berlin, 36 – 40.

Engels, Friedrich (1892): Vorwort [zur zweiten polnischen Ausgabe (1892) des „Manifests der Kommunistischen Partei"]. In: MEW, Bd. 22. Berlin, 282 – 283.

Engels, Friedrich (1895a): Brief an Karl Kautsky vom 1. April 1895. In: MEW, Bd. 39. Berlin, 452.

Engels, Friedrich (1895b): Einleitung [zu Karl Marx' „Klassenkämpfe in Frankreich 1848 bis 1850"]. In: MEW, Bd. 22.

Berlin, 509 – 527.

Ernst, Eugen (1919): Come fu provocata L'insurrezione di Berlino, in: Avanti, giornale del Partito socialista, Anno XXIII, N. 23, 23 Gennaio 1919; In: *Avanti, giornale del Partito socialista*, 23. Januar 1919.

Ettinger, Elżbieta (1990): Rosa Luxemburg. Ein Leben. Bonn.

Evans, Kate (2015): Red Rosa. A Graphic Biography of Rosa Luxemburg. New York.

Fetscher, Iring (1974): Proletarisches Klassenbewusstsein nach Marx und Rosa Luxemburg. In: Pozzoli, Claudio (Hrsg.), Rosa Luxemburg: oder die Bestimmung des Sozialismus. Frankfurt am Main, 42 – 64.

Flechtheim, Ossip K. (2013): Rosa Luxemburg zur Einführung. Berlin.

Foucault, Michel (2010): Der Mut zur Wahrheit. Vorlesung am Collège de France 1983/84. Frankfurt am Main.

Frölich, Paul (1990): Rosa Luxemburg. Gedanke und Tat. Berlin.

Gallo, Max (1993): Rosa Luxemburg. Eine Biographie. Düsseldorf/Zürich.

Geide, Peter (1995): Rosa Luxemburg und die Weimarer Linke. In: Soden, Kristine von (Hrsg.), Rosa Luxemburg. Berlin, 138 – 143.

Geras, Norman (1976): Legacy of Rosa Luxemburg. London.

Gioia, Vittantonio (1989): Rosa Luxemburg und Antonio Gramsci: Zur ökonomischen Entwicklung im Monopolkapitalismus. In: *Die Linie Luxemburg-Gramsci. Zur Aktualität und Historizität marxistischen Denkens. Argument Sonderband AS* 159, 33 – 50.

Gorki, Maxim (1918): Ein Jahr russische Revolution. In: *Süddeutsche Monatshefte*, 16 (1), 1 – 62.

Gorki, Maxim (1971): Несвоевременные мысли: статьи 1917 – 1918 гг. Paris.

Grebing, Helga (2014): Nachwort der Herausgeberin. In: Der Dichter und die Ratio. Erinnerungen an Bertolt Brecht. Berlin, 141 – 163.

Grebing, Helga/Scherer, Klaus-Jürgen (Hrsg.) (2017): Streiten für eine Welt jenseits des Kapitalismus: Fritz Sternberg-Wissenschaftler, Vordenker, Sozialist. Paderborn.

Haffner, Sebastian (1969): Die deutsche Revolution 1918/19. Bern.

Hannover, Heinrich/Hannover-Drück, Elisabeth (Hrsg.) (1979): Der Mord an Rosa Luxemburg und Karl Liebknecht. Dokumentation eines politischen Verbrechens. Frankfurt am Main.

Harvey, David (2003): The New Imperialism. Oxford; New York.

Haug, Frigga (2007): Rosa Luxemburg und die Kunst der Politik. Hamburg.

Haug, Frigga (2013): Was bringt es, Herrschaft als Knoten zu denken? In: Brie, Michael (Hrsg.), Am Herrschaftsknoten ansetzen. Symposium zum 75. Geburtstag von Frigga Haug. Berlin, 8 – 13.

Haug, Wolfgang Fritz (2001): Revolutionärer Determinismus. Notiz zum Fokus der Luxemburgschen Dialektik. In: Kinner, Klaus/Seidel, Helmut (Hrsg.), Rosa Luxemburg. Historische und aktuelle Dimensionen ihres theoretischen Werkes. Berlin, 53 – 65.

Haupt, Georges (1974): Dynamik und Konservatismus der Ideologie. Rosa Luxemburg und der Beginn marxistischer Untersuchungen zur nationalen Frage. In: Pozzoli, Claudio (Hrsg.), Rosa Luxemburg: oder die Bestimmung des Sozialismus. Frankfurt am Main, 219 – 270.

He Ping (2010): Rosa Luxemburgs „Akkumulation des Kapitals" und China. In: Ito, Narihiko/Laschitza, Annelies/Luban, Ottokar (Hrsg.), Rosa Luxemburg. Ökonomische und historisch-politische Aspekte ihres Werkes: Internationale Rosa-Luxemburg-Gesellschaft in Tokio, April 2007, und Berlin, Januar 2009. Berlin, 43 – 49.

He Ping (2013): Rosa Luxemburg's The Accumulation of Capital: East and West. In: Bellofiore, Riccardo (Hrsg.), Rosa Luxemburg and the Critique of Political Economy. London, 144 – 158.

Heimann, Horst/Küpper, Hendrik/Scherer, Klaus-Jürgen (Hrsg.) (2020): Geistige Erneuerung links der Mitte. Der Demokratische Sozialismus Eduard Bernsteins. Marburg.

Heraklit (2011): Fragmente. In: Marciano, Laura Gemelli (Hrsg.), Die Vorsokratiker. Band 1. Griechisch-Deutsch. Berlin, 284 – 329.

Hetmann, Frederik (1998): Eine Kerze, die an beiden Seiten brennt. Freiburg.

Hilferding, Rudolf (1947): Das Finanzkapital. Eine Studie über die jüngste Entwicklung des Kapitalismus. Berlin.

Hirsch, Helmut (1969): Rosa Luxemburg. Reinbek.

Hobsbawm, Eric J. (1989): The Age of Empire, 1875–1914. New York.

Hobson, John Atkinson (1968): Der Imperialismus. Köln.

Hoßfeld, Reinhard (1993): Rosa Luxemburg oder Die Kühnheit des eigenen Urteils. Aachen.

Howard, Dick (1974): Theorie, Theoretiker und revolutionäre Praxis. In: Pozzoli, Claudio (Hrsg.), Rosa Luxemburg: oder die Bestimmung des Sozialismus. Frankfurt am Main, 94–126.

Hudis, Peter (2014): The Dialectic of the Spatial Determination of Capital: Rosa Luxemburgs Accumulation of Capital Reconsidered. In: *International Critical Thought*, 4 (4), 474–490.

Hudis, Peter/Anderson, Kevin B. (2004): Introduction. In: Hudis, Peter/Anderson, Kevin B. (Hrsg.), The Rosa Luxemburg Reader. New York, 7–30.

Internationale Rosa-Luxemburg-Gesellschaft (2020): Website. Internationale Rosa-Luxemburg-Gesellschaft. Text abrufbar unter: http://www.internationale-rosa-luxemburg-gesellschaft.de/html/english.html (Zugriff am 24.5.2020).

Ito, Narihiko (2007): Wegweiser zum Gedanken Rosa

Luxemburgs. Tokyo.

Ito, Narihiko/Bergmann, Theodor/Hochstadt, Stefan/Luban, Ottokar (Hrsg.) (2007): China entdeckt Rosa Luxemburg: Internationale Rosa-Luxemburg-Gesellschaft in Guangzhou am 21./22. November 2004. Berlin.

Ito, Narihiko/Laschitza, Annelies/Luban, Ottokar (Hrsg.) (2002): Rosa Luxemburg im internationalen Diskurs. Internationale Rosa-Luxemburg-Gesellschaft in Chicago, Tampere, Berlin und Zürich. Berlin.

Ito, Narihiko/Laschitza, Annelies/Luban, Ottokar (Hrsg.) (2010): Rosa Luxemburg. Ökonomische und historisch-politische Aspekte ihres Werkes: Internationale Rosa-Luxemburg-Gesellschaft in Tokio, April 2007, und Berlin, Januar 2009. Berlin.

Jaurès, Jean (1901): Der Eintritt Millerands ins Ministerium. In: *Die Neue Zeit*, (30), 109–115.

Jens, Walter (1995): Rosa Luxemburg. Weder Poetin noch Petroleuse. In: Soden, Kristine von (Hrsg.), Rosa Luxemburg. Berlin, 6–17.

Jones, Mark (2017): Am Anfang war Gewalt. Die deutsche Revolution 1918/19 und der Beginn der Weimarer Republik. Berlin.

Kalecki, Michal (2003): Essays on the Theory of Economic Fluctuations. New York.

Kautsky, Karl (1899): Bernstein und das Sozialdemokratische Programm. Eine Antikritik. Stuttgart.

Kautsky, Karl (1909): Der Weg zur Macht. Zweite Auflage. Berlin.

Kautsky, Karl (1911): Finanzkapital und Krisen. In: *Die Neue Zeit*, 29, 22-25, 764-772, 797-804, 874-883.

Kautsky, Karl (1914): Der Imperialismus. In: *Die Neue Zeit*, 32 (2), 908-922.

Kautsky, Karl (1965): Das Erfurter Programm (nach der ersten Ausgabe von 1892). Berlin.

Kautsky, Karl (1972): Brief an Hugo Haase vom 9 März 1909. In: Fülberth, Georg (Hrsg.), Der Weg zur Macht: Politische Betrachtungen über das Hineinwachsen in die Revolution. Frankfurt am Main.

Kautsky, Karl (2017): Diktatur und Demokratie. In: Schütrumpf, Jörn (Hrsg.), Diktatur statt Sozialismus. Die russische Revolution und die deutsche Linke 1917/18. Berlin, 142-148.

Kautsky, Luise (1923): Rosa Luxemburg. Briefe an Karl und Luise Kautsky 1896-1918. Berlin.

Kautsky, Luise (1929): Rosa Luxemburg. Ein Gedenkbuch. Berlin.

Killet, Julia (2020): Fiktion und Wirklichkeit. Die Darstellung Rosa Luxemburgs in der biographischen und literarischen Prosa. Hamburg.

Kinner, Klaus (2001): Die Luxemburg-Rezeption in KPD und Komintern. In: *Utopie kreativ*, 129/130 (Juli/August), 595-603.

Klein, Dieter (2013): Das Morgen tanzt im Heute. Transformation im Kapitalismus und über ihn hinaus. Hamburg.

Kossok, Manfred (2016): 1917-eine periphere Revolution? In: Schütrumpf, Jörn (Hrsg.), Sozialismus an der Peripherie. Berlin, 39 – 48.

Krätke, Michael (2010): Rosa Luxemburg und die Analyse des gegenwärtigen Kapitalismus. In: Ito, Narihiko/Laschitza, Annelies/Luban, Ottokar (Hrsg.), Rosa Luxemburg. Ökonomische und historisch-politische Aspekte ihres Werkes: Internationale Rosa-Luxemburg-Gesellschaft in Tokio, April 2007, und Berlin, Januar 2009. Berlin, 130 – 174.

Krätke, Michael (2016): On the Beginnings of Marxian Macroeconomics. In: Dellheim, Judith/Wolf, Frieder Otto (Hrsg.), Rosa Luxemburg: A Permanent Challenge for Political Economy. On the History and the Present of Luxemburg's „Accumulation of Capital". London, 123 – 155.

Kraus, Karl (1920a): Antwort an Rosa Luxemburg von einer Unsentimentalen. In: *Die Fackel*, 554 – 556 (November), 3 – 8.

Kraus, Karl (1920b): Brief Rosa Luxemburgs (mit Vorbemerkung). In: *Die Fackel*, 546 – 550 (Juli), 5 – 9.

Krauß, Cornelia (1999): Cornelia Krauß: Zum Bild Rosa Luxemburgs in der Frauenforschung. In: Maurer, Margarete (Hrsg.), Rosa Luxemburg: „Ich bin ein Land der unbeschränkten Möglichkeiten". Wien, 23 – 36.

Kulla, Ralf (1999): Revolutionärer Geist und republikanische Freiheit. Über die verdrängte Nähe von Hannah Arendt zu Rosa Luxemburg. Hannover.

Lange, Paul (2017): Rosa Luxemburg und die Bolschewisten (1921). In: Schütrumpf, Jörn (Hrsg.), Diktatur statt Sozialismus. Die russische Revolution und die deutsche Linke 1917/18. Berlin, 46–47.

Laschitza, Annelies (1990): Vorwort. In: Institut für Geschichte der Arbeiterbewegung (Hrsg.), Rosa Luxemburg und die Freiheit der Andersdenkenden. Extraausgabe des unvollendeten Manuskripts „Zur russischen Revolution" und anderer Quellen zur Polemik mit Lenin. Zusammengestellt und eingeleitet von Annelies Laschitza. Berlin, 7–32.

Laschitza, Annelies (1996): Im Lebensrausch, trotz alledem. Rosa Luxemburg. Eine Biographie. Berlin.

Laschitza, Annelies (1998): Die Welt ist so schön bei allem Graus. Rosa Luxemburg im internationalen Diskurs. Leipzig.

Laschitza, Annelies (2014): Vorwort. In: Gesammelte Werke, Bd. 6. Berlin, 19–66.

Laschitza, Annelies (2016): Vorwort. In: Gesammelte Werke, Bd. 7. Berlin, 7–72.

Laschitza, Annelies/Radczun, Günter (1971): Rosa Luxemburg. Ihr Wirken in der deutschenArbeiterbewegung. Berlin.

Le Blanc, Paul (2015): Introduction. In: Hudis, Peter/Le Blanc,

Paul (Hrsg.), The Complete Works of Rosa Luxemburg. Volume II, Economic Writings 2. London, vii – xxix.

Lebedour, Georg (Hrsg.) (1919): Der Ledebour-Prozeß. Gesamtdarstellung des Prozesses gegen Ledebour wegen Aufruhr etc. vor dem Geschworenengericht Berlin-Mitte vom 19. Mai bis 23. Juni 1919, aufgrund des amtlichen Stenogramms bearbeitet und mit einem Vorwort versehen von Georg Ledebour. Berlin.

Lenin, Wladimir I. (1903): Die nationale Frage in unserem Programm. In: Werke, Bd. 6. Berlin, 452 – 461.

Lenin, Wladimir I. (1904): Ein Schritt vorwärts, zwei Schritte zurück (Die Krise in unserer Partei). In: Werke. Bd. 7. Berlin, 197 – 430.

Lenin, Wladimir I. (1905): Sozialdemokratie und provisorische revolutionäre Regierung. In: Werke. Bd. 8. Berlin, 267 – 285.

Lenin, Wladimir I. (1913a): Drei Quellen und drei Bestandteile des Marxismus. In: Werke, Bd. 19. Berlin, 3 – 9.

Lenin, Wladimir I. (1913b): Kritische Bemerkungen zur nationalen Frage. In: Werke. Bd. 20. Berlin, 3 – 37.

Lenin, Wladimir I. (1914): Über das Selbstbestimmungsrecht der Nationen. In: Werke. Bd. 20. Berlin, 395 – 461.

Lenin, Wladimir I. (1916): Der Imperialismus als höchstes Stadium des Kapitalismus. Gemeinverständlicher Abriss. In: Werke. Bd. 22. Berlin, 189 – 309.

Lenin, Wladimir I. (1922): Notizen eines Publizisten. über das

Besteigen hoher Berge, über die Schädlichkeit der Verzagtheit, über den Nutzen des Handels, über das Verhältnis zu den Menschewiki u. dgl. m. In: Werke, Bd. 33. Berlin, 188 – 196.

Leonhard, Wolfgang (1981): Völker, hört die Signale. Die Anfänge des Weltkommunismus 1919 – 1924. München.

Levi, Paul (1919): Karl Liebknecht und Rosa Luxemburg zum Gedächtnis. Rede bei der Trauerfeier am 2. Februar 1919 im Lehrer-Vereinshaus zu Berlin. Berlin.

Levi, Paul (1969): Vorwort und Einleitung zu Rosa Luxemburg „Die russische Revolution". In: Zwischen Spartakus und Sozialdemokratie. Schriften, Aufsätze, Reden und Briefe. Frankfurt am Main/Wien, 96 – 135.

Levi, Paul (1990): Einleitung zu »Die Russische Revolution. Eine kritische Würdigung. Aus dem Nachlass von Rosa Luxemburg«. In: Institut für Geschichte der Arbeiterbewegung (Hrsg.), Rosa Luxemburg und die Freiheit der Andersdenkenden. Extraausgabe des unvollendeten Manuskripts „Zur russischen Revolution" und anderer Quellen zur Polemik mit Lenin. Zusammengestellt und eingeleitet von Annelies Laschitza. Berlin, 177 – 231.

Levi, Paul (2016): Wiederkunft. In: Schütrumpf, Jörn (Hrsg.), Gesammelte Schriften, Reden und Briefe/Gesammelte Schriften, Reden und Briefe Band II/2: Ohne einen Tropfen Lakaienblut. Sozialdemokratie, Sozialistische Politik und Wirtschaft. Berlin, 1155 – 1158.

Levi, Paul (2017): Zur Klarstellung (1922). In: Schütrumpf, Jörn (Hrsg.), Diktatur statt Sozialismus. Die russische Revolution und die deutsche Linke 1917/18. Berlin, 55–58.

Levi, Paul (2020): Ihre Gefängnisse (1922). In: Ohne einen Tropfen Lakaienblut. Schriften, Reden, Briefe, Band I/2: Spartakus, hrsg. von Jörn Schütrumpf, Berlin 2020, S. 1250–1257. Berlin, 1250–1257.

Loureiro, Isabel (2003): Rosa Luxemburg. Dilemas da ação revolucionária.

Loureiro, Isabel (2010): Die Aktualität der Ideen Rosa Luxemburgs aus brasilianischer Sicht. In: Ito, Narihiko/Laschitza, Annelies/Luban, Ottokar (Hrsg.), Rosa Luxemburg. Ökonomischeund historisch-politische Aspekte ihres Werkes: Internationale Rosa-Luxemburg-Gesellschaft in Tokio, April 2007, und Berlin, Januar 2009. Berlin, 10–21.

Loureiro, Isabel (2013): Die Aktualität von Rosa Luxemburgs »Akkumulation des Kapitals« in Lateinamerika. In: *Jahrbuch für Forschungen zur Geschichte der Arbeiterbewegung*, (II), 115–122.

Löwy, Michael (1989): Der Urkommunismus in den ökonomischen Schriften von Rosa Luxemburg. Für eine romantisch-revolutionäre Geschichtsauffassung. In: *Die Linie Luxemburg-Gramsci. Zur Aktualität und Historizität marxistischen Denkens. Argument Sonderband AS* 159, 140–146.

Löwy, Michael (2020): Rosa Luxemburg: Der zündende Funke

der Revolution. Hamburg.

Luban, Ottokar (1997): Rosa Luxemburg, Spartakus und die Massen. In: Bergmann, Theodor/Haible, Wolfgang (Hrsg.), Reform-Demokratie-Revolution. Zur Aktualität von Rosa Luxemburg. Supplement der Zeitschrift „Sozialismus" 5/1997. Hamburg, 11 – 27.

Lukács, Georg (1968): Geschichte und Klassenbewusstsein. In: Geschichte und Klassenbewusstsein. Neuwied, 161 – 517.

Luxemburg, Rosa (1968): Listy do Leona Jogichesa-Tyszki. Listy zebral, slowem wstepnym i przypisami opatrzyl Feliks Tych. Warszawa.

Luxemburg, Rosa (2011a): Das unabhängige Polen und die Arbeiterfrage. Aus dem Polnischen übersetzt und eingeleitet von Holger Politt. In: *Rosa-Luxemburg-Forschungsberichte*, 8, 33 – 87.

Luxemburg, Rosa (2011b): Im Lichte der Revolution. Zwei Texte aus dem Jahre 1906: »Zur Konstituante und zur Provisorischen Regierung« und »Vor dem Wendepunkt«, in: Rosa-Luxemburg-Forschungsberichte, Heft 12, Leipzig 2015, S. 7 – 58. In: *Rosa-Luxemburg-Forschungsberichte*, 12, 7 – 58.

Luxemburg, Rosa (2012): Nationalitätenfrage und Autonomie. Berlin.

Luxemburg, Rosa (2013): Wegmarkierungen. Zwei Texte Rosa Luxemburgs aus dem Jahre 1903. Aus dem Polnischen übersetzt und eingeleitet von Holger Politt. In: *Rosa-Luxemburg-Forschungsberichte*, 10.

Luxemburg, Rosa (2014): Nach dem Pogrom. Texte über Antisemitismus 1910/1911. Hrsg. und aus dem Polnischen übersetzt von Holger Politt. Potsdam.

Luxemburg, Rosa (2015a): Zur Konstituante und zur Provisorischen Regierung. In: Kinner, Klaus/Neuhaus, Manfred (Hrsg.), Im Licht der Revolution. Zwei Texte von Rosa Luxemburg aus dem Jahre 1906 und Paralipomena zu Leben und Werk. Leipzig, 15 – 54.

Luxemburg, Rosa (2015b): Arbeiterrevolution 1905/06. Polnische Texte. Herausgegeben von Holger Politt. Berlin.

Luxemburg, Rosa (2016): Herbarium. Herausgegeben von Evelin Wittich und mit einem Vorwort von Holger Politt. Berlin.

Luxemburg, Rosa/Jogiches, Leo (2015): Die politischen Aufgaben der polnischen Arbeiterklasse (1893). In: Enkelmann, Dagmar/Weis, Florian (Hrsg.), „Ich lebe am fröhlichsten im Sturm" (Rosa Luxemburg). 25 Jahre Rosa-Luxemburg-Stiftung: Gesellschaftsanalyse und politische Bildung. Berlin, 20 – 25.

Mandel, Ernest (1986): Rosa Luxemburg und die deutsche Sozialdemokratie. In: Mandel, Ernest/Radek, Karl (Hrsg.), Rosa Luxemburg. Leben-Kampf-Tod. Frankfurt am Main, 46 – 66.

Marx, Karl (1850): Die Klassenkämpfe in Frankreich 1848 bis 1850. In: MEW, Bd. 7. Berlin, 9 – 107.

Marx, Karl (1859): Zur Kritik der Politischen Ökonomie. Vorwort. In: MEW, Bd. 13. Berlin, 7 – 11.

Marx, Karl (1864): Provisorische Statuten der Internationalen

Arbeiter-Assoziation. In: MEW, Bd. 16. Berlin, 14 – 16.

Marx, Karl (1865): Über P. J. Proudhon. In: MEW, Bd. 16. Berlin, 25 – 32.

Marx, Karl (1881): Brief an Ferdinand Domela Nieuwenhuis vom 22. Februar 1881. In: MEW, Bd. 35. Berlin, 159 – 161.

Marx, Karl (1890): Das Kapital. Kritik der politischen Ökonomie. Erster Band. In: MEW, Bd. 23. Berlin.

Marx, Karl/Engels, Friedrich (1848): Manifest der Kommunistischen Partei. In: MEW, Bd. 4. Berlin, 459 – 493.

Marx, Karl/Engels, Friedrich (1872): Vorwort [zum „Manifest der Kommunistischen Partei" (deutsche Ausgabe 1872)]. In: MEW, Bd. 18. Berlin, 95 – 96.

Maurer, Margarete (Hrsg.) (1999): Rosa Luxemburg: „Ich bin ein Land der unbeschränkten Möglichkeiten". Wien.

Meyer, Thomas (1982): Bernsteins konstruktiver Sozialismus. Eduard Bernsteins Beitrag zur Theorie des Sozialismus. Berlin.

Mies, Maria (1986): Patriarchy and accumulation on a world scale. Women in the international division of labour. London.

Morris, William (2013): Die Kunde von Nirgendwo. Lich, Hess.

Nettl, Peter (1967): Rosa Luxemburg. Köln.

Neusuüß, Christel (1985): Die Kopfgeburten der Arbeiterbewegung oder die Genossin Luxemburg bringt alles durcheinander. Hamburg.

Oelßner, Fred (1951): Rosa Luxemburg. Eine kritische biographische

Skizze. Berlin.

Pabst, Waldemar (1962): Interview. In: *Deutscher Studenten-Anzeiger. Unabhängiges Forum deutscher Hochschüler.*

Papcke, Sven (1979): Der Revisionismusstreit und die politische Theorie der Reform. Fragen und Vergleiche. Stuttgart, Berlin, Köln, Mainz.

Parvus, Alexander (1896): Staatsstreich und politischer Massenstreik. In: *Die Neue Zeit*, (33, 35, 36, 38, 39).

Pedrosa, Mário (1979): A crise mundial do imperialismo e Rosa Luxemburgo. Rio de Janeiro.

Piper, Ernst (2018): Rosa Luxemburg. Ein Leben. München.

Plechanov, G. V. (1956): Programma social-demokrati českoj gruppy „Osvoboždenie truda". In: Izbrannye filosofskije proizvodenija. Bd. 1. Moskva, 371–376.

Plekhanov, Georgi (1956): Naši raznoglasija. In: Izbrannye filosofskije proizvodenija. Bd. 1. Moskva, 115–370.

Plener, Ulla (1998): Lenin über Parteidisziplin. Ein Exkurs. In: *Beiträge zur Geschichte der Arbeiterbewegung*, 40 (4), 56–64.

Politt, Holger (2012): Rosa Luxemburgs „Krakauer Horizont". In: Nationalitätenfrage und Autonomie. Berlin, 9–33.

Politt, Holger (2015a): Luxemburgismus. In: Haug, Wolfgang Fritz/Haug, Frigga/Jehle, Peter/Küttler, Wolfgang (Hrsg.), Historisch-kritisches Wörterbuch des Marxismus, Bd. 8/II. Hamburg, 1393–1402.

Politt, Holger (2015b): Unter Blitz und Donner: Zusammenstoß zweier Zeitalter. In: Arbeiterrevolution 1905/06. Polnische Texte. Herausgegeben von Holger Politt. Berlin, 9 – 34.

Politt, Holger (2018): In Zamość wurde die an Rosa Luxemburg erinnernde Gedenktafel entfernt. Text abrufbar unter: https://brandenburg.rosalux.de/news/id/38646/in-zamosc-wurde-die-an-rosa-luxemburg-erinnernde-gedenktafel-entfernt-ein-kommentar-von-holger-pol/ (Zugriff am 9. 11. 2018).

Poulantzas, Nikos (1975): Klassen im Kapitalismus-heute. Berlin.

Poulantzas, Nikos (1978): Staatstheorie. Politischer Überbau, Ideologie, sozialistische Demokratie. Hamburg.

Pozzoli, Claudio (1974a): Rosa Luxemburg als Marxist. In: Pozzoli, Claudio (Hrsg.), Rosa Luxemburg: oder die Bestimmung des Sozialismus. Frankfurt am Main, 9 – 20.

Pozzoli, Claudio (1974b): Vorwort des Herausgebers. In: Pozzoli, Claudio (Hrsg.), Rosa Luxemburg: oder die Bestimmung des Sozialismus. Frankfurt am Main, 7 – 8.

Radek, Karl (1986): Leben und Kampf unserer Genossin Rosa Luxemburg (1919). In: Mandel, Ernest/Radek, Karl (Hrsg.), Rosa Luxemburg. Leben-Kampf-Tod. Frankfurt am Main, 10 – 45.

Ritter, Rudolf (d. i. Wilhelm Hoegner) (1945): Lehren der Weimarer Republik. In: *Schweizer Monatshefte*, 25 (1), 14 – 34.

Roland-Holst, Henriette (1937): Rosa Luxemburg. Ihr Leben

und Wirken. Zürich.

Rürup, Reinhard (1994): Die Revolution von 1918/19 in der deutschen Geschichte. Text abrufbar unter: https://www.fes.de/fulltext/historiker/00186001.htm.

Schmidt, Giselher (1988): Rosa Luxemburg. Sozialistin zwischen Ost und West. Göttingen.

Schmidt, Ingo (2013a): Geschichte und Sozialismus. In: Schmidt, Ingo (Hrsg.), Rosa Luxemburgs „Akkumulation des Kapitals". Die Aktualität von ökonomischer Theorie, Imperialismuserklärung und Klassenanalyse. Hamburg, 138 – 165.

Schmidt, Ingo (Hrsg.)(2013b): Rosa Luxemburgs „Akkumulation des Kapitals". Die Aktualität von ökonomischer Theorie, Imperialismuserklärung und Klassenanalyse. Hamburg.

Schütrumpf, Jörn (Hrsg.) (2017): Diktatur statt Sozialismus. Die russische Revolution und die deutsche Linke 1917/18. Berlin.

Schütrumpf, Jörn (2018a): Zwischen Liebe und Zorn: Rosa Luxemburg. In: Rosa Luxemburg oder: Der Preis der Freiheit. Dritte, überarbeitete und ergänzte Auflage. Berlin, 11 – 100.

Schütrumpf, Jörn (Hrsg.) (2018b): Spartakusaufstand. Der unterschlagene Bericht des Untersuchungsausschusses der verfassunggebenden Preußischen Landesversammlung über die Januar-Unruhen 1919 in Berlin. Berlin.

Seidemann, Maria (1998): Rosa Luxemburg und Leo Jogiches. Die Liebe in den Zeiten der Revolution. Berlin.

Shepardson, Donald E. (1996): Rosa Luxemburg and the Noble Dream. New York.

Sinowjew, Georgi (1920): Zwei große Verluste. In: Karl Liebknecht und Rosa Luxemburg. Reden von G. Sinowjew und L. Trotzky auf der Sitzung des Petrograder Sowjets am 18. Januar 1919, Petrograd 1920. Petrograd, 18 – 32.

Sinowjew, Georgi (1925): Über die Bolschewisierung der Parteien. Reden vor der Erweiterten Exekutive, März/April 1925. Hamburg.

Soden, Kristine von (Hrsg.) (1995): Rosa Luxemburg. Berlin.

Soiland, Tove (2016): A Feminist Approach to Primitive Accumulation. In: Dellheim, Judith/Wolf, Frieder Otto (Hrsg.), Rosa Luxemburg: A Permanent Challenge for Political Economy. On the History and the Present of Luxemburg's „Accumulation of Capital". London, 185 – 217.

Sorge, Richard (1922): Rosa Luxemburgs Akkumulation des Kapitals. Bearbeitet für die Arbeiterschaft. Solingen.

SPD (1891a): Das Erfurter Programm.

SPD (1891b): Protokoll über die Verhandlungen des Parteitages der Sozialdemokratischen Partei Deutschlands, abgehalten zu Erfurt. Berlin.

Stadler-Labhart, Verena (1978): Rosa Luxemburg an der Universität Zürich 1889 – 1897. Zürich.

Stalin, J. W. (1955): Über einige Fragen der Geschichte des Bolschewismus. In: Werke, Bd. 13. Berlin, 56 – 64.

Sternberg, Fritz (1926): Imperialismus. Berlin.

Sternberg, Fritz (1929): Der Imperialismus und seine Kritiker. Berlin.

Sternberg, Fritz (1971): Der Imperialismus. Frankfurt.

Sternberg, Fritz (2014): Der Dichter und die Ratio. Erinnerungen an Bertolt Brecht. Berlin.

Sum, Ngai-Ling/Jessop, Bob (2013): Towards a Cultural Political Economy. Putting Culture in its Place in Political Economy. Northampton.

Thälmann, Ernst (1975): Der revolutionäre Ausweg und die KPD. Rede auf der Plenartagung des Zentralkomitees der KPD am 19. Februar 1932 in Berlin. In: Reden und Aufsätze 1930 – 1933. Köln, 262 – 340.

Thomas, Albert (1903): Nachklänge der Millerand-Debatte in Bordeaux. In: *Socialistische Monatshefte*, (7), 486 – 491.

Trotsky, Leon (1969): The Permanent Revolution and Results and Prospects. New York.

Trotzki, Leo (1920): Zwei große Verluste. In: Karl Liebknecht und Rosa Luxemburg. Reden von G. Sinowjew und L. Trotzky auf der Sitzung des Petrograder Sowjets am 18. Januar 1919, Petrograd 1920. Petrograd, 3 – 17.

Ungezeichnet (1918): Wie sie die Pressefreiheit auffassen. In: *Zentralorgan des Spartakusbundes*, 27. Dezember 1918.

Vaillant, Edouard (1901): Der Eintritt Millerands ins Ministerium. In: *Die Neue Zeit*, (31), 144 – 146.

Veerkamp, Ton (2013): Die Welt anders. Politische Geschichte der Großen Erzählung. Hamburg und Berlin.

Vollmar, Georgvon (1900): Zum Fall Millerand. In: Socialistische Monatshefte (12), 767 – 783.

Vollrath, Ernst (1973): Rosa Luxemburg's Theory of Revolution. In: *Social Research*, 40 (1), 83 – 109.

Wang Xue-Dong (2010): Zum Stand der Rosa-Luxemburg-Forschung in China. In: Ito, Narihiko/Laschitza, Annelies/Luban, Ottokar (Hrsg.), Rosa Luxemburg. Ökonomische und historisch-politische Aspekte ihres Werkes: Internationale Rosa-Luxemburg-Gesellschaft in Tokio, April 2007, und Berlin, Januar 2009. Berlin, 22 – 29.

Weber, Hermann (Hrsg.) (1993): Die Gründung der KPD. Protokoll und Materialien des Gründungsparteitages der Kommunistischen Partei Deutschlands 1918/1919. Mit einer Einführung zur angeblichen Erstveröffentlichung durch die SED. Berlin.

Werlhof, Claudia von/Mies, Maria/Bennholdt-Thomsen, Veronika (1988): Frauen, die letzte Kolonie. Zur Hausfrauisierung der Arbeit. Reinbek bei Hamburg.

Winkler, Heinrich August (1985): Von der Revolution zur Stabilisierung. Arbeiter und Arbeiterbewegung in der Weimarer Republik 1918 bis 1924. Berlin.

Zetkin, Clara (1914): Brief an Rosa Luxemburg und Franz Mehring vom 5. August 1914.

Zetkin, Clara (1972): Brief an Karl Kautsky vom 16. März 1909. In: Der Weg zur Macht: Politische Betrachtungen über das Hineinwachsen in die Revolution. Hrsg. von Georg Fülberth. Frankfurt am Main.

Zetkin, Clara (2016a): Brief an Mathilde Jacob. In: Die Kriegsbriefe. Band 1. Herausgegeben von Marga Voigt. Berlin, 355 – 356.

Zetkin, Clara (2016b): Die Kriegsbriefe. Band 1. Herausgegeben von Marga Voigt. Berlin.

图书在版编目（CIP）数据

罗莎·卢森堡 /（德）米夏埃尔·布里，（德）约恩·许特隆普夫著；胡晓琛，高杉译. —北京：中央编译出版社，2024.2
ISBN 978-7-5117-4479-1

Ⅰ. ①罗⋯ Ⅱ. ①米⋯ ②约⋯ ③胡⋯ ④高⋯
Ⅲ. ①卢森堡（Luxemburg, Rosa 1871-1919）-传记
Ⅳ. ①K835.167=5

中国国家版本馆 CIP 数据核字（2023）第 202921 号

Rosa Luxemburg: Eine revolutionäre Marxistin an den Grenzen des Marxismus
© Michael Brie/Jörn Schütrumpf

著作权合同登记号　图字：01-2024-0186

罗莎·卢森堡

责任编辑	宫青雲
责任印制	李　颖
封面设计	蒋　铮
出版发行	中央编译出版社
网　　址	www.cctpcm.com
地　　址	北京市海淀区北四环西路 69 号（100080）
电　　话	（010）55627391（总编室）　（010）55627359（编辑室） （010）55627320（发行部）　（010）55627377（新技术部）
经　　销	全国新华书店
印　　刷	北京盛通印刷股份有限公司
开　　本	880 毫米×1230 毫米　1/32
字　　数	238 千字
印　　张	11.5
版　　次	2024 年 2 月第 1 版
印　　次	2024 年 2 月第 1 次印刷
定　　价	78.00 元

新浪微博：@中央编译出版社　　微　信：中央编译出版社（ID：cctphome）
淘宝店铺：中央编译出版社直销店（http://shop108367160.taobao.com）
　　　　　（010）55627331

本社常年法律顾问：北京市吴栾赵阎律师事务所律师　闫军　梁勤
凡有印装质量问题，本社负责调换，电话：（010）55627320